Angriff auf die liberale Weltordnung

Christopher Daase · Stefan Kroll
(Hrsg.)

Angriff auf die liberale Weltordnung

Die amerikanische Außen- und Sicherheitspolitik unter Donald Trump

Springer VS

Hrsg.
Christopher Daase
Goethe-Universität
Frankfurt am Main, Deutschland

Stefan Kroll
Goethe-Universität
Frankfurt am Main, Deutschland

ISBN 978-3-658-23782-0 ISBN 978-3-658-23783-7 (eBook)
https://doi.org/10.1007/978-3-658-23783-7

Die Deutsche Nationalbibliothek verzeichnet diese Publikation in der Deutschen Nationalbibliografie; detaillierte bibliografische Daten sind im Internet über http://dnb.d-nb.de abrufbar.

Springer VS

Springer VS ist ein Imprint der eingetragenen Gesellschaft Springer Fachmedien Wiesbaden GmbH und ist ein Teil von Springer Nature
Die Anschrift der Gesellschaft ist: Abraham-Lincoln-Str. 46, 65189 Wiesbaden, Germany

Vorbemerkung

Der vorliegende Band geht zurück auf die Ringvorlesung „Angriff auf die liberale Weltordnung. US-Außen- und Sicherheitspolitik unter Trump", die im Sommersemester 2017 an der Goethe-Universität Frankfurt am Main stattfand. Die Ringvorlesung wurde in einer Kooperation der Goethe-Universität mit dem Exzellenzcluster „Die Herausbildung normativer Ordnungen" und dem Leibniz-Institut Hessische Stiftung Friedens- und Konfliktforschung durchgeführt. Planung und Organisation lagen bei Christopher Daase und Stefan Kroll, den Herausgebern dieses Bandes.

Nach der Wahl von Präsident Trump im November 2016 und der Amtseinführung im Januar 2017 verfolgte die Ringvorlesung das Ziel, bereits zu einem frühen Zeitpunkt über die außen- und sicherheitspolitischen Konsequenzen dieser Präsidentschaft zu reflektieren. Zum einen liegt hier ein gewisses Risiko, da die Ergebnisse der Analyse eines solchen „moving targets" nur vorläufigen Charakter haben und bereits nach kurzer Zeit überholt sein können. Dies trifft auch auf die Beiträge dieses Bandes zu, die überwiegend im Frühjahr 2018 fertiggestellt wurden. Es handelt sich um Momentaufnahmen, in denen vor allem das erste Amtsjahr Trumps untersucht wird.

Zum anderen haben Universitäten und außeruniversitäre Forschungseinrichtungen die Verantwortung, ein Phänomen wie Trump, das in vielerlei Hinsicht Besorgnisse in der politisch interessierten Öffentlichkeit und darüber hinaus ausgelöst hat, zu erklären und einzuordnen. Die große Nachfrage nach einer solchen wissenschaftlichen Begleitung wurde auch durch die hohe Zahl an Teilnehmerinnen und Teilnehmern an der Ringvorlesung dokumentiert, nicht nur aus der Universität, sondern auch aus der Stadtöffentlichkeit. Darüber hinaus haben regionale und überregionale Medien darüber berichtet, woraufhin uns Anfragen unter anderem von Schulen nach den Skripten und Aufzeichnungen der Vorlesung erreichten. Nicht zuletzt dies ist ein Grund, warum wir uns für die Publikation der Beiträge entschlossen haben.

Sehr wichtig war es uns auch, diese Ringvorlesung nicht, wie oftmals üblich, als Abendveranstaltung durchzuführen, sondern als Lehrveranstaltung im regulären Universitätsbetrieb. Die Studierenden hatten die Möglichkeit, schriftliche Leistungen einzubringen und Studienleistungen zu erwerben. Auf diese Weise ist eine hohe Zahl von Seminararbeiten und Essays von großer Qualität entstanden, die zum Teil ebenfalls einer Publikation würdig gewesen wären.

Der Band versammelt, mit einer Ausnahme, Frankfurter Beiträge zur Außen- und Sicherheitspolitik unter Trump. Frankfurt verfügt mit den bereits genannten Kooperationspartnern über ein hervorragendes Umfeld für sozial- und gesellschaftswissenschaftliche Forschungen. Die Autoren und die Autorin dieses Bandes forschen nicht alle dauerhaft oder ausschließlich zur US-amerikanischen Außen- und Sicherheitspolitik. Das Ziel bestand darin, die spezifischen Frankfurter Forschungsinteressen und -stärken – die kritische Theorie, die Normenforschung, die qualitative Analyse von Außen- und Sicherheitspolitik – auf die Trump-Präsidentschaft anzuwenden und fruchtbar zu machen.

Aufgrund des bereits geschilderten öffentlichen Interesses zielt der Band nicht nur auf ein wissenschaftliches Publikum. Die Länge und der Stil der Beiträge sind ganz bewusst so gewählt, dass diese auch außerhalb des Studiums und der Forschung mit Gewinn gelesen und diskutiert werden können. Manche der Beiträge dienen in gewisser Weise der Einführung und der Erklärung, welches die Fragen sind, die sich in den einzelne Unterdisziplinen der Politikwissenschaften angesichts der Trump-Präsidentschaft stellen, und die erst durch zukünftige Forschungsprogramme umfassend untersucht werden können.

Alle drei Kooperationspartner, der Fachbereich Gesellschaftswissenschaften der Goethe-Universität, der von der DFG geförderte Exzellenzcluster „Die Herausbildung normativer Ordnung" und das Leibniz-Institut Hessische Stiftung Friedens- und Konfliktforschung, haben die Planung und Durchführung der Ringvorlesung sowie die Publikation dieses Bandes unterstützt und gefördert. Darauf möchten wir an dieser Stelle hinweisen und uns dafür bedanken. Bedanken möchten wir uns darüber hinaus bei Ben Christian, Björn Dohl, Lydia Kögler und Thomas Siurkus, die als Studentische Hilfskräfte die Organisation der Vorlesungen und die Erstellung des Manuskripts auf hervorragende Weise unterstützt haben. Schließlich danken wir dem Verlag Springer VS, der von Beginn an großes Interesse an dieser Publikation bekundete und uns in der Umsetzung beraten und unterstützt hat.

Christopher Daase und Stefan Kroll
Frankfurt am Main, August 2018

Inhalt

III *America First?* Trump in etablierten Strukturen

Verzeichnis der Autorinnen und Autoren

Prof. Dr. Christopher Daase, Professur für Internationale Organisationen, Goethe-Universität/Exzellenzcluster „Die Herausbildung normativer Ordnungen"/Leibniz-Institut Hessische Stiftung Friedens- und Konfliktforschung

Prof. Dr. Nicole Deitelhoff, Professur für Internationale Beziehungen und Theorien globaler Ordnung, Goethe-Universität/Exzellenzcluster „Die Herausbildung Normativer Ordnungen"/Leibniz-Institut Hessische Stiftung Friedens- und Konfliktforschung.

Prof. Dr. Michael Dobbins, Juniorprofessur für Policy Analyse mit Schwerpunkt Bildungspolitik, Goethe-Universität.

Dr. Holger Janusch, DAAD-Langzeitdozent für internationale und europäische Politik, Andrássy Universität Budapest.

Dr. Stefan Kroll, Wissenschaftlicher Mitarbeiter am Leibniz-Institut Hessische Stiftung Friedens- und Konfliktforschung/ Koordinator des Leibniz-Forschungsverbunds „Krisen einer globalisierten Welt".

Dr. Sebastian Schindler, Wissenschaftlicher Mitarbeiter der Professur für Internationale Organisationen, Goethe-Universität/Exzellenzcluster „Die Herausbildung normativer Ordnungen".

Dr. Hans-Joachim Spanger, Vorstandsbeauftragter am Leibniz-Institut Hessische Stiftung Friedens- und Konfliktforschung.

Philip Wallmeier, Wissenschaftlicher Mitarbeiter der Professur für Internationale Organisationen, Goethe-Universität/Exzellenzcluster „Die Herausbildung normativer Ordnungen".

Prof. Dr. Reinhard Wolf, Professur für Internationale Beziehungen mit Schwerpunkt Weltordnungsfragen, Goethe-Universität.

I
Angriff auf die liberale Weltordnung und populistische Weltpolitik

Donald Trump und die Krise der liberalen Weltordnung

Christopher Daase

Zusammenfassung

Lange Zeit hieß es, die liberale Weltordnung werde von aufstrebenden autoritären Mächten wie China, Indien und Russland in Frage gestellt. Mittlerweile scheint die Weltordnung westlicher Prägung aber vor allem von innen unter Druck zu geraten, von Staaten, die sich einst für die Ideen des internationalen Liberalismus eingesetzt haben: für internationale Institutionen, Freihandel, Menschenrechte und Demokratie. Die Stichworte reichen von Trump, über den Brexit bis zu nationalistischen und populistischen Bewegungen in Europa. Die Vereinigten Staaten unter Trump belassen es aber nicht dabei, liberale Prinzipien von sich aus nicht mehr einzulösen. Trump unterminiert aktiv die liberale Ordnung vor allem auch dadurch, dass er andere Akteure dafür unter Druck setzt, an diesen Prinzipien festzuhalten. Das Kapitel wirft daher die Frage auf, ob Trump sich zum Vorreiter einer Ordnung aufschwingt, in der Institutionen, Recht und liberale Werte keine zentrale Rolle mehr spielen.

Schlüsselbegriffe

Trump, Krise, liberale Weltordnung, Freiheit, Institutionen, Recht, Freihandel

C. Daase und S. Kroll (Hrsg.), *Angriff auf die liberale Weltordnung*,
https://doi.org/10.1007/978-3-658-23783-7_1

1 Einleitung

Als der Kalte Krieg zu Ende ging, hieß es, der Liberalismus habe gewonnen. In seinem Buch über das „Ende der Geschichte" schrieb der amerikanische Intellektuelle Francis Fukuyama 1989, der Triumph des Westens über die Sowjetunion habe nicht nur die historische Niederlage des Kommunismus besiegelt, sondern auch die Alternativlosigkeit des liberalen Gesellschaftsmodells bewiesen (Fukuyama 1989, 1992). Das Zeitalter politischer Ideologien sei vorüber und die Demokratie weltweit auf dem Durchmarsch (Huntington 1991). Fünfundzwanzig Jahre später ist die Bilanz ernüchternd. Zwischen den Jahren 2000 und 2015 ist die Demokratie in 27 Ländern zusammengebrochen (Diamond 2016). Unterschiedliche Demokratie-Indizes zeigen, dass viele autoritäre Länder noch autoritärer und viele demokratische Länder weniger demokratisch geworden sind (Mazarr et al. 2017). International zeichnet sich ein ähnliches Bild ab. Auch hier ist die liberale Idee von einer regelbasierten internationalen Ordnung in die Defensive geraten.

Noch vor Kurzem hieß es, die liberale Weltordnung werde von aufstrebenden Mächten wie China oder Indien und einem wiedererstarkten Russland untergraben. Inzwischen zeigt sich allerdings, dass es die USA sind, die diese Ordnung bedrohen, also genau jene Macht, die über Jahrzehnte eine auf liberalen Werten, Normen und Institutionen gestützte internationale Gesellschaft schuf und maßgeblich prägte. Von einer Garantiemacht der liberalen Weltordnung sind die USA unter Präsident Trump zu einem Gefährder dieser Ordnung geworden. Es ist das Eine, wenn normative Ordnungen von außen kritisiert und herausgefordert werden. Etwas ganz Anderes ist es jedoch, wenn sich diejenigen, die diese Ordnungen etabliert und über Jahrzehnte aufrechterhalten haben, von ihnen abwenden. Dies kann als handfeste Krise bezeichnet werden.

Es stellt sich dann die Frage, wie es sein kann, dass ausgerechnet der Champion der liberalen Weltordnung, der seit Jahrzehnten die internationale Gesellschaft basierend auf den institutionalisierten Prinzipien individueller Rechte, multilateraler Kooperation, freien Handels und internationalen Rechts getragen hat, diese Ordnung aufkündigt? Denn so muss man die Politik, die Donald Trump seit seinem Amtsantritt betreibt, verstehen: als Abkehr von den Prinzipien des freien Welthandels und Hinwendung zum Protektionismus (vgl. dazu Janusch in diesem Band); als Diffamierung internationaler Organisationen und Denunzierung multilateraler Kooperation; als Verächtlichmachung internationaler Normen und die Missachtung des Völkerrechts (vgl. dazu Kroll in diesem Band).

Aber es wäre zu einfach, Donald Trump allein für die Krise der liberalen Weltordnung verantwortlich zu machen. Trump ist ebenso gut eine Folge, wie eine Ursache der Krise (vgl. dazu auch Wallmeier in diesem Band). Zurecht weist

Amitav Acharya darauf hin, dass es schon lange vor Trump Anzeichen dafür gegeben habe, dass der Freihandel erlahme, multilaterale Institutionen an Effektivität verlören und die Demokratie weltweit an Anziehungskraft verliere. Trump würde den Niedergang der liberalen Ordnung nur beschleunigen (Acharya 2017, S. 272). Tatsächlich ist Trump nicht allein. Der Brexit, die Abkehr Großbritanniens vom europäischen Friedens- und Integrationsprojekt, zielt in die gleiche Richtung, ebenso wie die illiberalen Tendenzen, die sich ganz offen in Polen und Ungarn, den ehemals liberalen Vorzeigeländern des „neuen Mitteleuropa", zeigen oder in rechts-populistischen Bewegungen in Frankreich, Italien, Österreich und Deutschland, um nur einige zu nennen (dazu ausführlich Deitelhoff in diesem Band), zum Ausdruck kommen: allesamt Entwicklungen, die sich gegen die Prinzipien und Institutionen einer offenen Gesellschaft, gegen Freihandel, Freizügigkeit und internationale Solidarität richten (vgl. ausführlich Mazarr et al. 2017). Es geht also um mehr als um die Person Donald Trump, es geht um die systemische Krise der liberalen Weltordnung, die Donald Trump auf die Spitze treibt.

Man kann nicht verhehlen, dass die Politikwissenschaft Schwierigkeiten hat, diese Krise zu erklären und das Phänomen Trump analytisch in den Griff zu bekommen. Der Grund dafür ist, dass die Begriffe und Theorien der Politikwissenschaft selbst in gewisser Weise Teil der liberalen Ordnung sind, so dass es schwerfällt, mit ihnen die Krise dieser Ordnung zu beschreiben. Einige Autoren ziehen daraus den Schluss, dass die Krise der liberalen Weltordnung auch eine Krise der Theorie internationaler Beziehungen sei (Dunne et al. 2014). Liberale Ansätze hätten die Disziplin *Internationale Beziehungen* in den 1980er und 1990er Jahren so stark dominiert, dass sie mit ihren theoretischen Annahmen und methodischen Vorentscheidungen analytische und ethische Blindstellen erzeugt hätten. Die aktuelle Krise könnten liberale Ansätze deshalb nur als populistische Abweichung von einem rationalistischen Normalzustand der Politik oder als bedauerlichen Rückschritt auf einem Fortschrittspfad politischer Modernisierung deuten. Tatsächlich können liberale Ansätze wenig darüber sagen, wie liberale Werte angenommen, bestritten und möglicherweise zurückgewiesen werden. Widerstand gegen liberale Werte, Normen und Institutionen hat keinen systematischen Ort in der liberalen Theorie internationaler Beziehungen (Daase und Deitelhoff 2015). Man braucht nicht gleich von der „Obsoleszenz" der liberalen Theorie sprechen, wie in den 1970er Jahren von der Obsoleszenz der Integrationstheorie gesprochen wurde (vgl. Haas 1975), aber man sollte sich fragen, inwieweit liberale Ansätze die Krisenphänomene der liberalen Weltordnung beschreiben und erklären können und wo sie an Überzeugungskraft eingebüßt haben und einer Revision bedürfen.

Im Folgenden will ich drei Dinge tun: Zuerst möchte ich darlegen, worin die liberale Weltordnung eigentlich besteht. Im zweiten Teil soll deutlich werden, dass diese Ordnung durchaus widersprüchlich ist und schon vor Trump Krisensymptome zeigte. Schließlich will ich im dritten Teil zeigen, wie die Politik Donald Trumps diese Widersprüche verschärft und welche Folgen sein Angriff auf die liberale Weltordnung hat.

2 Was ist die liberale Weltordnung?

Wenn von der liberalen Weltordnung die Rede ist, ist damit die historisch gewachsene und insbesondere im 20. Jahrhundert institutionell verfestigte Ordnung internationaler Politik gemeint, also das, was der britische Politikwissenschaftler Hedley Bull als „anarchische Gesellschaft" bezeichnet hat (Bull 1977). Das Konzept der „anarchischen Gesellschaft" erfasst zweierlei: Die Abwesenheit einer zentralen Ordnungsmacht, also das „Anarchische" internationaler Politik einerseits, und das Regelbasierte einer Gesellschaft, also die Geltung sozialer Konventionen, Normen und Institutionen auch im zwischenstaatlichen Verkehr. Die anarchische Gesellschaft hat sich auf der Grundlage der Prinzipien des Westfälischen Friedens, also der internationalen Staatengleichheit, herausgebildet und insbesondere im 19. Jahrhundert durch die britische Freihandelspolitik und das Prinzip der Freiheit der Meere entwickelt. Im 20. Jahrhundert hat sie insbesondere durch die Politik der USA entscheidende Impulse erhalten. Vor allem die Ideen Woodrow Wilsons, die auf eine territoriale Friedensordnung im Rahmen eines Systems kollektiver Sicherheit zielten und zur Gründung des Völkerbundes führten, waren von nachhaltiger Bedeutung. Nach dem Zweiten Weltkrieg war es US-Präsident Franklin D. Roosevelt, der den Faden institutionalisierter Kooperation wieder aufnahm und maßgeblich zur Errichtung des Systems der Vereinten Nationen aber auch der Weltwirtschaftsinstitutionen des Bretton-Woods-Systems beitrug. Es ist diese auf Sicherheit und Wohlstand zielende institutionelle Ordnung, die in ihrer ganzen Komplexität als liberale Weltordnung bezeichnet wird. Das heißt, es sind nicht nur die konkreten Institutionen und Organisationen, sondern auch die Normen und Werte, auf denen sie basieren: die Ideen von Offenheit und Fortschritt, regelbasierter Kooperation und Multilateralismus, individueller Freiheit und Menschenrechten (Doyle und Recchia 2011). Das macht die liberale Weltordnung zu einem schwer zu fassenden Phänomen, und die Behauptung, sie sei in einer Krise, ist schwierig zu belegen.

Wenn man versucht, die liberale Weltordnung genauer zu bestimmen, lässt sie sich mit vier Begriffen charakterisieren. Der erste Begriff, der zu nennen wäre, ist der Begriff der *Freiheit*. Die liberale Weltordnung basiert auf der Annahme universeller Prinzipien individueller Freiheits- und Menschenrechte. Damit wird dem Anspruch ethnischer oder nationaler Vorrechte und Differenzierungen eine Absage erteilt und die individuelle Freiheit des Menschen – auch gegenüber dem Staat – in den Mittelpunkt gestellt. Der zweite Begriff ist der der *Institution*. Die liberale Weltordnung basiert auf der Annahme, dass im Prinzip alle Probleme internationaler Politik – Sicherheit, Wohlstand, Entwicklung, Umwelt usw. – sich durch multilaterale Kooperation im Rahmen internationaler Institutionen bearbeiten, wenn nicht gar lösen lassen. Institutionen sind deswegen so wichtig, weil sie Erwartungsverlässlichkeit herstellen und Staaten dazu veranlassen, über ihre individuelle Nutzenmaximierung hinaus gemeinsame Interessen in den Blick zu nehmen. Der dritte Begriff ist der Begriff des *Rechts*. Die liberale Weltordnung basiert auf der Annahme, dass die Herrschaft des Rechts nicht nur innerhalb von Staaten, sondern auch im Verhältnis zwischen ihnen eine dauerhafte Ordnung stiften kann. So schwach die Durchsetzungsmöglichkeiten des Völkerrechts auch sein mögen, das Recht verkörpert im liberalen Verständnis die beste Möglichkeit, internationale Konflikte friedlich zu schlichten. Schließlich ist als vierter Begriff der Begriff des Handels, genauer des *Freihandels* zu nennen. Dass Handel nicht nur zu Wohlstand führt, sondern auch dem Frieden zwischen den Völkern dient, ist einer der ältesten Glaubenssätze des Liberalismus.

Mit den Begriffen Freiheit, Institutionen, Recht und Freihandel ist die liberale Weltordnung sicher nicht vollständig, aber doch als eine normative Ordnung charakterisiert, die sich dem Anspruch nach deutlich von anderen Ordnungsvorstellungen internationaler Politik – etwa dem „realistischen" Modell eines regellosen Raumes, in dem Staaten um Macht konkurrieren und nur das Recht des Stärkeren gilt (vgl. z. B. Waltz 1977) – abhebt. Das heißt nicht, dass die liberale Weltordnung in allen Einzelheiten und ohne Einschränkungen umgesetzt worden wäre, aber doch, dass das liberale Modell sich als normatives Ideal weitgehend durchgesetzt hat und bis heute als eine Art Richtschnur für die Entwicklung der internationalen Beziehungen dient.

Seit mindestens zehn Jahren werden allerdings immer mehr Schwächen dieses Modells sichtbar, und schnell war das Wort von der Krise in aller Munde (Ikenbery 2008). Dabei galt bis vor Kurzem folgendes Narrativ: Der Westen, insbesondere die Vereinigten Staaten und Europa (gemeint ist die Europäische Union), seien die Hüter des liberalen Internationalismus und hielten die liberale Ordnung aufrecht. Neue Mächte würden aufsteigen, die von dieser Ordnung überproportional profitiert hätten und nun mehr Mitsprache einfordern würden. China, Indien, Brasilien, aber auch Russland besäßen jedoch andere politische Systeme, andere kulturelle Werte, andere ökonomische Aspirationen und folglich andere Interessen, die mit denen des Westens nicht kompatibel seien. Sie würden den Westen herausfordern, indem sie mehr Macht und Einfluss in internationalen Organisationen fordern und die internationale Werteordnung in eine weniger liberale Richtung lenkten: fort von Individualrechten hin zu Kollektivrechten, fort von Freihandel hin zu Protektionismus, fort von multilateralen Institutionen hin zu Bilateralismus, fort von rechtlicher hin zu politischer Konfliktregelung. Der Effekt sei, nach Ansicht von Vertretern des sogenannten politischen Realismus, ein gradueller Machtverlust der USA, der die Destabilisierung der Weltordnung zur Folge haben könnte (vgl. z. B. Brooks und Wohlforth 2008).

Gegen solch pessimistische Szenarien haben sich Vertreter der liberalen Schule bislang verwehrt. Auch John Ikenberry, einer der profiliertesten und einflussreichsten Theoretiker der liberalen Weltordnung, hält sie für verfehlt. Zwar verändere sich die Position der USA im globalen Machtgefüge, aber „the liberal international order is alive and well" (Ikenberry 2011, S. 58). Der Streit zwischen „dem Westen" und „den aufsteigenden Mächten" werde nämlich nicht um die Gültigkeit fundamentaler Prinzipien der Ordnung geführt, sondern vielmehr um Mitsprache- und Mitgestaltungsrechte *innerhalb* dieser Ordnung. Die Machtverschiebungen, die sich im internationalen System andeuten, versteht Ikenberry deshalb auch nicht als eine Niederlage der liberalen Weltordnung, sondern im Gegenteil als ihren endgültigen Sieg, da sie notwendige Machtanpassungen ermögliche: „The liberal international order has no competitors" (Ikenberry 2011, S. 60).

Diese Einschätzung von 2011 entspricht noch weitgehend Fukuyamas Befund vom Ende der Geschichte (Fukuyama 1992). Inzwischen stellt sich die Lage aber anders dar. Die größte Herausforderung für die liberale Weltordnung sind nicht mehr die illiberalen Staaten – China, Russland, Indien – die sich ein anderes internationales System wünschen, sondern die liberalen (oder ehemals liberalen) Staaten, die sich gegen die von ihnen selbst etablierte Ordnung wenden. Im Zentrum stehen die USA unter Trump und ihre abnehmende Bereitschaft, weiterhin *die* Ordnung aufrechtzuerhalten, die sie selbst schufen und die – nach Ansicht realistischer Kommentatoren wie Robert Kagans – angewiesen ist auf amerikanische Sicherheitsgarantien und die Bereitschaft, den freien Welthandel zu gewährleisten (Kagan 2017).

Ob die liberale Weltordnung tatsächlich auf eine starke Führungsmacht angewiesen ist, wie die Vertreter der sogenannten *Hegemonic Stabilty Theory* meinen (Gilpin 1981), oder ob es nicht doch auch andere Konstellationen gibt, mit denen die liberale Weltordnung auch ohne Hegemon aufrechterhalten werden kann, ist eine ebenso theoretisch wie praktisch wichtige Frage. Vertreter des politischen Realismus halten die starke Hand eines mächtigen Staates und seine Bereitschaft, Kosten für die Bereitstellung von Gemeingütern wie Sicherheit und Freihandel zu übernehmen, für zwingend notwendig, um die Stabilität eines internationalen Systems zu erhalten. Wo der Hegemon fällt oder sein Griff nachlässt, fällt auch die internationale Ordnung (Gilpin 1981). Vertreter liberaler Theorie sehen demgegenüber zumindest die Möglichkeit, dass auch unabhängig von einem Hegemon die internationale Ordnung durch das rationale Verhalten von Staaten und die unsichtbare Hand institutionalisierter Kooperation dauerhaft stabilisiert werden kann (Keohane 1989; Ikenberry 2017). Wie dem auch sei: Tatsache ist, dass sich die liberale Weltordnung und diejenigen Staaten und Organisationen, die sich ihr zurechnen, auf die amerikanische Führungsmacht als „wohlwollenden Hegemon" (*benevolent hegemon*) verlassen konnten, die bereit und in der Lage war, die Rolle einer Garantiemacht zu übernehmen (vgl. auch Janusch in diesem Band). Das bedeutete nicht, dass die USA global als Weltpolizist auftraten, aber doch dort eingriffen, wo es um die Fundamente der liberalen Weltordnung ging – was, nebenbei bemerkt, die USA nie davon abgehalten hat, auch und vor allem nationale Interessenspolitik zu betreiben. Aber es war eben „im nationalen Interesse" der USA, individuelle Freiheits- und Menschenrechte global zu fördern, Institutionen zu stärken und das Völkerrecht zu achten.

Das gilt heute so nicht mehr. Donald Trump vertritt ein viel engeres Verständnis „nationaler Interessen" und ist, wie zunehmend viele amerikanische Bürgerinnen und Bürger, nicht länger bereit, die finanziellen und politischen Kosten zur Aufrechterhaltung der liberalen Weltordnung zu tragen.

3 Die Widersprüche der liberalen Weltordnung

Die aktuelle Krise der liberalen Weltordnung ist aber nicht nur und nicht einmal vorrangig das Werk ihrer Gegner, sondern auch und vor allem die Folge liberaler Politik, beziehungsweise ihrer Widersprüchlichkeit. Im Folgenden will ich anhand der oben genannten vier Grundelemente der liberalen Weltordnung Entwicklungen skizzieren, die schon vor Trump zu einer „Legitimitätskrise" der liberalen Weltordnung bzw. einer „Autoritätskrise" ihrer Führungsmacht geführt haben, die die gegenwärtige Administration nur verschärft und als Argument für eine Neuorientierung US-amerikanischer Außen- und Sicherheitspolitik nutzt.

Freiheit. Im Zentrum liberalen Denkens steht, wie gesagt, die Freiheit des Individuums. Damit wird dem Anspruch ethnischer, aber auch nationaler Vorrechte und Differenzierungen eine Absage erteilt und dem Staat und anderen kollektiven Körperschaften eine untergeordnete, dienende Funktion zugewiesen: Staaten sind für das Wohl des Menschen da, nicht umgekehrt. Im internationalen System sind diese Ideen 1948 mit der *Allgemeinen Erklärung der Menschenrechte* und 1966 mit dem Pakt über bürgerliche und politische Rechte institutionalisiert worden. Das ist der Grund, warum das UN-Menschenrechtsregime heute als das Herzstück des liberalen Ordnungsprojektes angesehen werden kann (Charvet und Kaczynska-Nay 2008). Allerdings steht dieses Regime in einer deutlichen Spannung zum Souveränitätsprinzip, das den Staaten weitgehende Freiheit von äußeren Eingriffen zusichert und das ebenfalls ein zentraler Baustein der liberalen Ordnung ist, insofern es dem Selbstbestimmungsrecht der Völker eine institutionelle Basis gibt (Freeman 1999).

Wichtiger aber als diese Spannung selbst ist die paradoxe Praxis, wie in der liberalen Weltordnung mit dieser Spannung umgegangen wird. Der Kern der Menschenrechte besteht in ihrem Charakter als Abwehrrechte gegenüber dem Staat; gleichzeitig führt aber die Praxis liberaler Menschenrechtspolitik zur Legitimation des Eingreifens dritter Staaten in innerstaatliche Angelegenheiten – nämlich zur Durchsetzung von Menschenrechten. Während die menschlichen Freiheitsrechte den liberalen Staat auf Nichtintervention verpflichten, ermöglichen sie im Rahmen der liberalen Weltordnung staatliche Intervention. Die Diskussion über sogenannte „humanitäre Interventionen" und die Frage, ob Militäraktionen zum Schutz vor massiven Menschenrechtsverletzungen mit oder ohne Mandat des UN-Sicherheitsrats gerechtfertigt sind, zeigen, wie liberale Argumente für eine Politik genutzt werden können, die anderen liberalen Werten widerspricht. Die liberalen Verfechter eines extensiven Interventionsrechts argumentieren dabei mit der normativen Priorität individueller Freiheitsrechte vor kollektiver Staatssouveränität. Die 2005 auf dem Millenniums-Gipfel der UN-Generalversammlung angenommene Resolution zur Schutzverantwortung (*Responsibility to Protect*) beansprucht das Recht der internationalen Gemeinschaft, militärisch tätig zu werden, wenn ein Staat nicht in der Lage oder willig ist, massive Menschenrechtsverletzungen zu unterbinden. Das liberale Credo geht aber darüber hinaus, insofern das humanitäre Interventionsrecht nicht nur für die Weltgemeinschaft (durch ein Mandat des UN-Security Council), sondern auch für liberale Regionalorganisationen (z. B. die NATO) oder liberale Einzelstaaten reklamiert wird (Buchanan 2003). Im Grunde geht es um ein staatliches Interventionsrecht, um individuelle Freiheitsrechte gegen staatliche Intervention zu schützen, also um interventionistischen Nicht-Interventionismus.

Wohlgemerkt: Hier soll nicht das Konzept der „humanitären Intervention" oder die „Schutzverantwortung" als solche kritisiert, sondern nur auf die innere Widersprüchlichkeit liberaler Politik hingewiesen werden, die von vielen Staaten zunehmend als „imperialistisch" angesehen wird. Immer häufiger werden liberale Werte nicht über die institutionellen Entscheidungsprozesse internationaler Organisationen gefördert, sondern durch liberale Staaten im Alleingang oktroyiert. Dabei würden sich, so die Einschätzung von Anne Orford, Praktiken indirekter Herrschaft mit „Techniken kolonialer Administration" verbinden (Orford 2011, S. 203). In dem Maße, in dem liberale Projekte wie die *Responsibility to Protect*, der

International Criminal Court oder das *Peacekeeping* als Bevormundung durch den Westen oder gar als neo-koloniale Versuche der Unterdrückung angesehen werden, verlieren sie an Glaubwürdigkeit und die liberale Weltordnung an Legitimität.

Institutionen. Auch im Hinblick auf internationale Institutionen ist die Politik liberaler Staaten zunehmend widersprüchlich. Institutionalisierung ist eigentlich ein Kernanliegen des Liberalismus, weil davon ausgegangen wird, dass auf diese Weise Kooperationsstrukturen geschaffen werden können, die dauerhaft die anarchischen Struktur des internationalen Systems bändigen, wenn nicht überwinden können (Stein 1983; Oye 1985; Keohane 1989). Von internationalen Organisationen wird angenommen, dass sie, anders als Nationalstaaten, die dem Eigeninteresse verpflichtet sind, dem Allgemeinwohl der internationalen Gesellschaft und damit der liberalen Weltordnung dienen (Abbott und Snidal 1998; Simmons und Martin 2002). Auch wenn dieses Idealbild einer empirischen Prüfung nicht standhält – weil internationale Organisationen erstens durchaus bürokratische Eigeninteressen haben, die dem Gemeinwohl widersprechen können und zweitens der Eigeninitiative internationaler Organisationen in der Regel durch die Mitgliedsstaaten enge Grenzen gesetzt werden – genießen internationale Organisationen eine hohe Reputation (Barnett und Finnemore 2004).

In den letzten Jahren werden aber immer stärker auch die Probleme internationaler Organisationen diskutiert, ihre Ineffizienz, Ineffektivität und der Widerstand gegen Reformen (Barnett und Finnemore 1999). Das hat dazu geführt, dass insbesondere liberale Staaten nach Mitteln und Wegen gesucht haben, außerhalb dieser Organisationen zu kooperieren (Daase 2009). War also die liberale Weltordnung lange durch einen „move to institutions" gekennzeichnet (Kennedy 1987), also einem stetigen Zuwachs an internationalen Organisationen und formalen Vereinbarungen, macht sich gegenwärtig ein „move from institutions" bemerkbar (Alvarez 2006), ein Trend weg von formalen hin zu informellen Kooperationsstrukturen. Zu denken ist etwa an die stetig zunehmende Bedeutung der G7, die G20 und andere informelle Institutionen im Bereich der Wirtschafts- und Finanzpolitik, aber auch der Sicherheitspolitik, die den etablierten Organisationen, etwa den Vereinten Nationen, durchaus Konkurrenz machen und dem eigentlichen Credo liberaler Politik wiedersprechen, dass formale internationale Institutionen das Mittel der Wahl zwischenstaatlicher Kooperation sind.

Insbesondere die USA sind nach dem Ende des Ost-West-Konflikts zunehmend auf Distanz zum liberalen Dogma des Multilateralismus gegangen (Skidmore 2005). Dabei haben sie auch unter den demokratischen Präsidenten Clinton und Obama zunehmend die Neigung gezeigt, entweder unilateral zu handeln oder mit kurzfristigen Allianzen, den so genannten „Koalitionen der Willigen" (*coalitions of the willing*), Macht und Legitimität zu maximieren, ohne formale multilaterale Vereinbarungen einzugehen. Grund dafür ist nicht nur die „unilaterale Versuchung", von der David Skidmore meint, sie liege im Wesen der amerikanischen Demokratie (Skidmore 2011), sondern auch die Absicht, politische Zusammenarbeit zu flexibilisieren und damit effektiver zu machen. Allerdings geht, wie Robert Keohane und Joseph Nye gezeigt haben, die Effektivität flexibler Kooperation in so genannten „Clubs", die an ihrem gemeinsamen Interesse, nicht aber unbedingt am Gemeininteresse interessiert sind, auf Kosten der Legitimität (Keohane und Nye 2001). Nicht umsonst stehen nicht die Sitzungen des UN-Sicherheitsrates, sondern die Gipfeltreffen der G7 und G20 regelmäßig in der Kritik der Zivilgesellschaft, weil sie als illegitime weil informelle Foren liberaler Herrschaft angesehen werden. Formalität ist jedenfalls nicht mehr der einzige Modus liberaler Kooperationspolitik.

Recht. Auch in Bezug auf das internationale Recht hat sich in den letzten Jahren eine Verschiebung des liberalen Diskurses ergeben. Grundsätzlich gilt, dass die liberale Weltordnung eine Rechtsordnung ist, oder zumindest in der Verrechtlichung von politischen Beziehungen und Problembereichen die Möglichkeit gesehen wird, Konflikte zu vermeiden oder friedlich zu regeln (Zangl und Zürn 2004; Abbott et al. 2000). In diesem Sinne ist nicht zuletzt das große liberale Projekt zu sehen, den Krieg nicht nur rechtlich einzuhegen, sondern ganz zu verbieten. Tatsächlich ist es historisch gelungen, über das Haager und Genfer Recht, den Völkerbund, den Brian Kellogg-Pakt bis hin zum allgemeinen Gewaltverbot in der UN-Charta, den Krieg als legales Mittel der Politik zu ächten.

Das Problem und der Widerspruch des liberalen Rechtsprojektes bestehen nun allerdings nicht darin, dass das Kriegsverbot immer wieder gebrochen wird; das passiert mit vielen Verboten und sie sind deshalb nicht weniger Verbote. Problematischer ist, dass gerade im liberalen Verständnis von der Überwindung des Krieges der Krieg eine zentrale Rolle spielt. Schon Hans Kelsen argumentierte in seinem Buch „Peace through Law" 1944, dass der „Krieg gegen den Krieg" notwendig sei, um auch international das Gewaltmonopol und die Geltung des Rechts durchzusetzen. Dabei zögerte Kelsen nicht, auf die Sprache des „gerechten Krieges" zurückzugreifen und denjenigen Staaten, die die Werte liberaler Demokratie vertreten, ein höheres Recht zum Kriege einzuräumen (Kelsen 1944).

Ähnlich argumentieren liberale Theoretiker heute. Allen Buchanan etwa sagt, es gäbe ein höheres Recht als das Völkerrecht, nämlich die Gerechtigkeit universaler Werte und Menschenrechte, die bei den Entscheidungen über Krieg und Frieden berücksichtigt werden müssten. Diese Werte erlaubten es unter Rückgriff auf die Prinzipien des gerechten Krieges militärische Mittel dann anzuwenden, wenn durch das Brechen des Völkerrechts höherrangigen Gerechtigkeitsprinzipien zum

Durchbruch verholfen werde (Buchanan 2003). Dabei wird genau wie bei Kelsen mit einem Argument *de lege ferranda* argumentiert, das den Rechtsbruch mit Vorgriff auf zukünftig zu schaffendes Recht heilt.

Ähnlich war der Kosovo-Krieg gerechtfertigt worden, bei dem die NATO 1999 ohne UN-Mandat militärisch in den Jugoslawien-Konflikt eingriff, um grobe Menschenrechtsverletzungen zu unterbinden (vgl. z. B. Habermas 1999). Die Intervention, so urteilte eine von der UNO eingesetzte Expertenkommission, sei zwar illegal, aber legitim gewesen. Legalität und Legitimität stehen gerade im liberalen Rechtsdiskurs in einem spannungsvollen Verhältnis, weil einerseits das Legalitätsprinzip hochgehalten, andererseits aber auch kosmopolitische Moralität hochgeschätzt wird, die nicht selten mit dem staatlich geprägten Völkerrecht kollidiert. Mehr noch: Die Fortentwicklung des Völkerrechts im Sinne eines durchsetzbaren, starken Rechts scheint gezielte, moralisch begründete Rechtsbrüche zu erfordern. Was allerdings Liberale für die Innovationsfähigkeit des Völkerrechts halten, sehen andere als Heuchelei und den machtpolitischen Missbrauch des Rechts an (Brunee und Toope 2010).

Freihandel. Schließlich ist auch die vierte Kernidee der liberalen Weltordnung nicht ohne Widersprüche. Zwar basiert die liberale Weltordnung auf der Überzeugung, dass der Abbau tarifärer und nicht-tarifärer Handelshemmnisse global Wohlstand, Entwicklung und letztlich auch den internationalen Frieden fördert, doch ist die Umsetzung dieser Idee immer heftig kritisiert worden. Zum einen hat nämlich die Weltwirtschaftsordnung mit der weitgehenden Liberalisierung der Märkte keineswegs die globale Ungleichheit zwischen reichen und armen Ländern und die krassen Einkommensunterschiede zwischen den Menschen reduziert (Sassen 1999). Zum anderen hat die durch zunehmende wirtschaftliche Interdependenz gewachsene gegenseitige Abhängigkeit den Staaten auch neue Mittel der Zwangspolitik an die Hand gegeben. Ökonomische Sanktionen avancierten in den 1990er Jahren zum bevorzugten Mittel, um liberale Werte und die Interessen des Westens weltweit durchzusetzen (Martin 1992). Der Irak wurde zum Testgelände neuer ökonomischer Zwangsarsenale – mit schrecklichen humanitären Folgen für die Bevölkerung (Gordon 2010). Das liberale Welthandelssystem ist deshalb zu Recht auch immer als ein Herrschaftssystem angesehen worden, das es den wirtschaftlich avancierten Staaten erlaubt, ihre Macht „mit friedlichen Mitteln", aber nicht weniger brachial durchzusetzen.

Man kann also nicht sagen, dass erst mit Donald Trump die Fundamente der liberalen Weltordnung ins Wanken gerieten. Schon bald nachdem der Sieg des Liberalismus ausgerufen worden war, zeigten sich erste Risse und Widersprüche des liberalen Ideals. Und doch blieb die Idee einer liberalen Weltordnung die

Richtschnur einer auf Frieden und Freiheit gerichteten Politik, der sich die Mehrzahl der Staaten im internationalen System verpflichtet fühlten.

4 Angriff auf die liberale Weltordnung

Von einer Krise der liberalen Weltordnung kann man erst mit der Wahl Donald Trumps zum amerikanischen Präsidenten sprechen. Die rücksichtslose Umsetzung seiner Wahlkampfversprechen und seine am Slogan „America First" orientierte Politik bricht mit den zentralen Prinzipien der liberalen Weltordnung. Aber nicht nur das. Die USA unter Trump unterminieren auch aktiv die liberale Weltordnung: Es reicht nicht, dass Trump sich von liberalen Werten verabschiedet, indem er an harschen Verhörpraktiken von Terroristen festhält und ein unmenschliches Migrationsregime errichtet; er kritisiert auch andere Staaten (etwa der EU), an einer liberalen Flüchtlings- und Migrationspolitik festzuhalten. Es reicht ihm nicht, das Bekenntnis zum Freihandel zurückzunehmen und multilaterale Zoll- und Handelsabkommen zu kündigen, sondern er zettelt mutwillig einen Handelskrieg nach dem anderen an. Es genügt Trump nicht, den amerikanischen Beitrag zu internationalen Organisationen wie der UNO oder der NATO zu reduzieren, sondern er schwächt multilaterale Institutionen absichtlich, indem er die USA z. B. aus Gremien wie dem UN-Menschenrechtsrat zurückzieht oder die Beistandsverpflichtung der NATO in Frage stellt. Er bricht nicht nur mit den Prinzipien einer regelbasierten internationalen Ordnung und dem Grundsatz, dass Verträge eingehalten werden müssen (etwa mit Blick auf das Iran-Abkommen), sondern zwingt andere Staaten (etwa die europäischen Alliierten), es den USA gleichzutun.

Es ist also nicht nur so, dass die westliche Führungsmacht die Prinzipien der liberalen Weltordnung nicht länger unterstützt. Vielmehr unterminieren die USA unter Trump systematisch die einst von ihnen mitbegründete und über lange Zeit aufrechterhaltene normative und institutionelle Ordnung der Welt. Das ist das eigentliche Rätsel der amerikanischen Politik: Warum ziehen sich die USA nicht einfach aus internationalen Organisationen zurück und reduzieren ihr Engagement auf ein Maß, das ihnen finanzierbar zu sein scheint und ihren enger gesteckten nationalen Interessen entspricht? Warum, wenn sie den schleichenden Machtverlust fürchten, fördern die USA nicht eine weitere Integration, wo doch bekannt ist, dass engere Zusammenarbeit es absteigenden Hegemonen erlaubt, ihre Position weit über die Zeit ihrer tatsächlichen Machtentwicklung hinaus zu bewahren (Keohane 1984). Warum sucht Donald Trump die Konfrontation mit den Alliierten und nicht den Schulterschluss, warum zerstört er die Basis amerikanischer Vormacht und beschleunigt den eigenen Abstieg?

Man hat versucht, das erratische Verhalten Donald Trumps mit seinen persönlichen Charaktermerkmalen (vgl. dazu Wolf in diesem Band) oder innenpolitischen Rücksichtnahmen zu erklären. Aber es gibt wohl auch einen systemischen Grund, der das Verhalten der USA in der Perspektive eines absteigenden Hegemons verständlich macht. Anstatt nämlich ein Rückzugsgefecht im Rahmen der alten liberalen Ordnung zu führen und auf den weiteren Aufstieg konkurrierender Mächte (vor allem Chinas) zu warten, könnte es Trump rational erscheinen, sich selber zum Vorreiter einer Ordnung zu machen, in der Institutionen, Recht und liberale Werte keinen Platz mehr haben. Wenn Trump tatsächlich der Meinung ist, dass es die liberale Weltordnung ist, die Staaten wie China, Indien und Russland (aber auch den Europäern) einen komparativen Wettbewerbsvorteil einräumt (was nicht ganz von der Hand zu weisen ist), dann ist die Strategie nicht abwegig, diese Ordnung einzureißen und sich einen optimalen Ausgangspunkt für die Zeit nach der liberalen Weltordnung zu sichern.

Literatur

Abbott, Kenneth W., R.O. Keohane, A. Moravcsik, A. Slaughter, und D. Snidal. 2000. The Concept of Legalization.*International Organization* 54 (3): 401–419.

Abbott, Kenneth W., und D. Snidal. 1998. Why States Act Through Formal International Organizations. *Journal of Conflict Resolution* 42 (1): 3–32.

Acharya, Amitav. 2017: After Liberal Hegemony: The Advent of a Multiplex World Order. *Ethics and International Affairs* 32 (3): 271–285.

Alvarez, José E. 2006. International Organizations: Then and Now. *The American Journal of International Law* 100 (2): 324–347.

Barnett, Michael N., und M. Finnemore. 1999. The Politics, Power, and Pathologies of International Organizations. *International Organization* 53 (4): 699–732.

Barnett, Michael N., und M. Finnemore. 2004. *Rules for the World: International Organizations in Global Politics.* London: Cornell University Press.

Benvenisti, Eyal. 2006. "Coalitions of the Willing" and the Evolution of Informal International Law. Tel *Aviv University Law Faculty Papers* 31.

Brooks, Stephen G., und W.C. Wohlforth. 2008. *World Out of Balance. International Relations and the Challenge of American Primacy.* Oxford: Princeton University Press.

Brunnee, Jutta, und S.J. Toope. 2010. *Legitimacy and Legality in International Law.* Cambridge: Cambridge University Press.

Buchanan, Allen. 2003. Reforming the International Law of Humanitarian Intervention. In *Humanitarian Intervention. Ethical, Legal, and Political Dilemmas*, Hrsg. J.L. Holzgrefe, und R.O. Keohane, 130–173. Cambridge: Cambridge University Press.
Bull, Hedley. 1977. *The Anarchical Society. A Study of Order in World Politics*. London: Macmillan.
Charvet, John, und E. Kaczynska-Nay. 2008. *The Liberal Project and Human Rights. The Theory and Practice of a New World Order*. Cambridge: Cambridge University Press.
Daase, Christopher. 2009. Die Informalisierung internationaler Politik – Beobachtungen zum Stand der internationalen Organisation. In *Die Organisierte Welt: Internationale Beziehungen und Organisationsforschung*, Hrsg. K. Dingwerth, D. Kerwer, und A. Nölke, 290–308. Baden-Baden: Nomos.
Daase, Christopher, und N. Deitelhoff. 2015. Jenseits der Anarchie: Widerstand und Herrschaft im internationalen System. *Politische Vierteljahresschrift* 56 (2): 299–318.
Deudney, Daniel, und G.J. Ikenberry. 1999. The Nature and Sources of Liberal International Order. *Review of International Studies* 25 (2): 179–196.
Diamond, Larry. 2016. Democracy in Decline. How Washington Can Reverse the Tide. *Foreign Affairs* 95: 151–159.
Doyle, Michael, und S. Recchia. 2011. Liberalism in International Relations. In *International Encyclopedia of Political Science*, Hrsg. B. Badie, D. Schlosser, und L. Morlino, 1434–1439. Los Angeles: Sage.
Duncombe, Constance, und T. Dunne. 2018. After Liberal World Order. *International Affairs* 94 (1): 25–42.
Dunne, Tim, T. Flockhard, und M. Koivisto. 2014. Introduction: Liberal World Orders. In *Liberal World Orders*, Hrsg. T. Dunne, und T. Flockhart, 1–22. Oxford: Oxford University Press.
Fukuyama, Francis. 1989. The End of History? *The National Interest* 16: 3–18.
Fukuyama, Francis. 1992. *The End of History and the Last Man*. New York: Free Press.
Gilpin, Robert. 1981. *War and Change*. Cambridge: Cambridge University Press.
Gordon, Joy. 2010. *Invisible War. The United States and the Iraq Sanctions*. Cambridge: Harvard University Press.
Haas, Ernst B. 1975. *The Obsolescence of Regional Integration Theory*. Berkeley: Institute of International Studies, University of California.
Habermas, Jürgen. 1999. Bestialität und Humanität. Ein Krieg an der Grenze zwischen Recht und Moral. *Die Zeit*, 28. April 1999.
Huntington, Samuel P. 1991. Democracy's Third Wave. *Journal of Democracy* 2 (2): 12–34.
Ikenberry, John G. 2008. The End of Liberal International Order? *Foreign Affairs* 94 (1): 7–23.
Ikenberry, John G. 2011. The Future of the Liberal World Order: Internationalism After America. *Foreign Affairs* 90 (3): 56–68.
Kagan, Robert. 2017. The Twilight of the Liberal World Order. *Brookings Big Ideas for America*. https://www.brookings.edu/research/the-twilight-of-the-liberal-world-order/. Zugegriffen: 30. August 2018.
Kelsen, Hans. 1944. *Peace Through Law*. Chapel Hill: The University of North Carolina Press.
Kennedy, David. 1987. The Move to Institutions. *Cardozo Law Review* 8 (5): 841–988.
Keohane, Robert O. 1984. *After Hegemony. Cooperation and Discord in World Political Economy*. Princeton: Princeton University Press.
Keohane, Robert O. 1989. *International Institutions and State Power*. Boulder: Westview.

Keohane, Robert O., und J.S. Nye. 2001. The Club Model of Multilateral Cooperation and Problems of Democratic Legitimacy. In *Efficiency, Equity and Legitimacy: The Multilateral Trading System at the Millenium*, Hrsg. R.B. Porter, P. Sauve, A. Subramanian, A.B. Zampetti, 264–307. Washington: Brookings Institution Press.

Martin, Lisa. 1992. *Coercive Cooperation. Explaining Multilateral Economic Sanctions.* Princeton: Princeton University Press.

Mazarr, Michael J., A.S. Cevallos, M. Priebe, A. Radin, K. Reedy, A.D. Rothenberg, J.A. Thompson, J. Willcox. 2017. *Measuring the Health of the Liberal International Order.* Santa Monica: Rand Corporation.

Orford, Anne. 2011. *International Authority and the Responsibility to Protect.* Cambridge: Cambridge University Press.

Oye, Kenneth A. 1985. Explaining Cooperation under Anarchy: Hypotheses and Strategies. *World Politics* 38 (1): 1–24.

Panke, Diana, und U. Petersohn. 2017. President Donald J. Trump: An Agent of Norm Death? *International Journal* 72 (4): 572–582.

Siegel, Neil S. 2017. Political Norms, Constitutional Conventions, and President Trump. *Indiana Law Journal* 93: 177–205.

Simmons, Beth, und L. Martin. 2002. International Organizations and Institutions. In *Handbook of International Relations*, Hrsg. W. Carlsnaes, T. Risse-Kappen, und B.A. Simmons. 192–211. London: Sage.

Skidmore, David. 2005. Understanding the Unilaterlist Turn in US Foreign Policy. *Foreign Policy Analysis* 1 (2): 207–228.

Skidmore, David. 2011. *The Unilateralist Temptation in American Foreign Policy.* New York: Routledge.

Stein, Arthur A. 1983. Coordination and Collaboration: Regimes in an Anarchic World. In *International Regimes*, Hrsg. S. Krasner, 115–140. Ithaca: Cornell University Press.

Waltz, Kenneth. 1977. *Theory of International Politics.* Reading: Addison-Wesley.

Zangl, Bernhard, und M. Zürn. 2004. Make Law, Not War. Internationale und transnationale Verrechtlichung als Baustein für Global Governance. In *Verrechtlichung jenseits des Staates. Ein Baustein für Global Governance?*, Hrsg. B. Zangl, und M. Zürn, 12–45. Bonn: Verlag für Sozialwissenschaften.

Belebung und Zerstörung
Populismus und Weltpolitik in der Ära Trump

Nicole Deitelhoff*

Zusammenfassung

Mit Trumps Wahlsieg hat die traditionelle Führungsmacht des Westens, die maßgeblich verantwortlich zeichnete für den Aufbau und die Ausgestaltung der liberalen Weltordnung, wie wir sie heute kennen, einen Rechtspopulisten zum Präsidenten gemacht. Der Aufsatz untersucht die möglichen Implikationen populistischer Außenpolitik für die liberale Weltordnung und argumentiert, dass Populismus zwar kurzfristig Weltpolitik beleben kann, in dem er Bewegung in festgefahrene Konflikte bringt, mittel- und langfristig aber sein Zerstörungspotenzial überwiegt, weil er die Grundlagen dieser Ordnung, Vertrauen und Verlässlichkeit, zersetzt.

Schlüsselbegriffe

Populismus, Weltordnung, Hegemonie, Trump, Außenpolitik

* Dank für Recherche und redaktionelle Bearbeitung geht an Tine Hassemer und Ben Christian. Alle verbleibenden Fehler sind mir anzulasten.

C. Daase und S. Kroll (Hrsg.), *Angriff auf die liberale Weltordnung*,
https://doi.org/10.1007/978-3-658-23783-7_2

1 Einleitung

Der gegenwärtige Populismus lässt sich nicht auf den Aufstieg oder die Präsidentschaft von Donald Trump reduzieren. Im Gegenteil: Donald Trump stellt nur ein Beispiel unter vielen dar für das Aufkommen populistischer Bewegungen und Führungspersönlichkeiten. Andere Beispiele wären der britische Außenminister Boris Johnson und die UKIP in Großbritannien, Beppe Grillo und die Bewegung Cinque Stelle in Italien, Geert Wilders und seine Partei für die Freiheit oder der verstorbene venezolanische Präsident Hugo Chavez. Was Donald Trump von den anderen unterscheidet, ist, dass er Präsident der Führungsmacht des Westens und der ökonomisch stärksten Nation ist, auch wenn dieser Führungsanspruch zunehmend bestritten wird (vgl. Mazarr 2017; Nye 2017; Patrick 2017). Populismus in Venezuela mag die innenpolitischen Verhältnisse in Venezuela zerrütten und in der Region für Unruhe sorgen, hat aber zunächst wenig Auswirkungen auf die Weltpolitik. Auch die Cinque Stelle oder Geert Wilders können zwar die Europäische Union unter Druck setzen und darüber auch Einfluss auf die Weltpolitik nehmen, aber eine populistische Außenpolitik der USA, die als Hegemon verantwortlich sind für den Aufbau und die Aufrechterhaltung der multilateralen institutionellen Weltordnung, wie wir sie heute kennen, wirkt sich direkt auf die Weltpolitik aus (Ikenberry 2000, 2009).

Traditionell beruht der Hegemonialanspruch der USA nicht nur auf überlegener ökonomischer und militärischer Stärke, oder: *hard power*, sondern gleichermaßen auf der Überzeugungskraft ihres Ordnungsmodells, bzw. *soft power* (dazu Nye 2004; siehe auch Janusch in diesem Band). Sie bringt andere Staaten dazu, sich freiwillig dem Hegemonialanspruch unterzuordnen, weil sie an die ideelle Überlegenheit des dahinterstehenden Modells glauben. Diese *soft power* der USA, die bereits durch die militärisch gestützte Ordnungspolitik der USA im Mittleren und Nahen Osten sowie die damit verbundenen Folterskandale und den Drohnenkrieg geschwächt wurden, droht durch den Populismus komplett zu zerfallen.

Die Natur des Populismus zielt direkt auf *soft power*, weil sie deren Grundlagen – Internationale Institutionen, Vertrauen in die Intentionen des Anderen und Verlässlichkeit – aushebelt. Dadurch wird die Weltpolitik wieder unberechenbarer, sind weitere Institutionalisierungen gefährdet und damit ist grundsätzlich auch die Friedensfähigkeit der Weltordnung bedroht (vgl. Ikenberry 2018; Nye 2017).

Um das zu zeigen, wird der Beitrag zunächst die generellen Eigenschaften des Populismus herausarbeiten (Abschnitt 2). Diese Eigenschaften lassen sich nutzen, um den gegenwärtig zu beobachtenden Populismus in Europa und darüber hinaus zu kartieren (Abschnitt 3), um daraus schließlich einen genaueren Blick auf die potenziellen Gefährdungen der gegenwärtigen Weltordnung durch den Populismus zu gewinnen (Abschnitt 4). Der Populismus, so die wesentliche These dieses Beitrags, zeitigt nicht nur Gefahren für die Demokratie im Innern der Gesellschaft, sondern gleichermaßen hält er auch Risiken für die liberale Weltordnung bereit (Abschnitt 5).

2 Was ist Populismus?

Die Debatte um Populismus und seine Konsequenzen für Demokratie und Gesellschaft ist nicht neu. Im Zuge der Wahlerfolge populistischer Bewegungen oder Parteien in den letzten Jahren hat sie allerdings wieder Konjunktur und wie schon in früheren Debatten zeigt sich auch in der jetzigen, wie schillernd der Begriff des Populismus ist und wie gut er sich als politischer Kampfbegriff eignet (vgl. Puhle 2003). Populistisch sind immer die anderen. Das zeigt sich auch in der deutschen Debatte, die stellvertretend für viele andere herangezogen werden kann, um das Phänomen Populismus zu erschließen. Es gibt kaum Spitzenpolitikerinnen oder -politiker oder Parteien, die nicht schon einmal als populistisch charakterisiert wurden. Sei es die CSU unter Horst Seehofer (Hebel 2014), die FDP unter Möllemann (Casdorff 2000) oder später Westerwelle, die Grünen mit Claudia Roth, die SPD unter Gerhard Schröder (Der Spiegel 2005) und die Linke oder die AfD eigentlich durchgängig. Letztere durchgängig, weil Populismus besonders häufig den jeweiligen politischen Extremen angelastet wird. Gemeint ist mit Populismus in diesen Zuschreibungen oftmals eine *Stammtisch*-Politik, die zu einfachen Formeln greift, um am linken oder rechten Rand Stimmen zu fischen und dabei zumeist irrationale Politiken propagiert (Dahrendorf 2003) Aus der jüngeren Vergangenheit sind in diesem Zusammenhang etwa Vorschläge ähnlich dem der CSU zu nennen, die Ausländer verpflichten wollte, Zuhause deutsch zu sprechen (FAZ 2014). Auch das Chartern eines Schiffes durch die Identitäre Bewegung, um damit im Mittelmeer Flüchtlinge aufzugreifen und zurück nach Afrika zu bringen, gehört in diese Kategorie (FAZ 2017).

In dieser Spannbreite klingt bereits an, dass Populismus sich nicht an eine bestimmte Ideologie oder Programm binden lässt, vielmehr handelt es sich, wie Paula Diehl (2011, 2012) es nennt, um eine Logik politischen Handelns, die sich durch alle politischen Lager hinweg identifizieren lässt (Diehl 2012). Jan-Werner Müller spricht in seinem instruktiven Essay „Was ist Populismus?" daher auch von der Möglichkeit eines Populismus der Mitte (Müller 2016). Nicht die politischen Inhalte definieren den Populismus, sondern die Art und Weise, wie er Inhalte transportiert. Was die Merkmale dieser Logik nun angeht, so gibt es zumindest bis zu einem gewissen Grad in der Literatur deutliche Übereinstimmungen. Der

Populismus zeichnet sich in diesem Sinne durch Vereinfachung aus, durch Elitenfeindlichkeit, ein angespanntes Verhältnis gegenüber den repräsentativen Organen der Demokratie und ein Bekenntnis zur unmittelbaren Vertretung des Volkswillens (Dahrendorf 2003; Puhle 2003; Müller 2016; Diehl 2011; Jörke und Selk 2015).

Es ist das zuletzt genannte Merkmal, das so etwas wie den Kern der populistischen Logik ausmacht: der Anspruch, für „das Volk" zu sprechen. Dieser Anspruch basiert dabei auf einem direkten und exklusiven Zugang zu diesem mystischen Gebilde: Populisten wissen, wie das Volk denkt und *nur* sie wissen, wie es denkt und was es will. Daraus erklärt sich das angespannte Verhältnis zu repräsentativen Organen: Eine Repräsentation ist nicht nötig, wenn es diesen direkten und exklusiven Zugang gibt. Man vertritt nicht nur, nein, man *ist* das Volk. Hierin tritt, wie auch Jan-Werner Müller herausarbeitet, deutlich die anti-pluralistische Haltung im Populismus zutage (Müller 2016, S. 26). Komplexe Verfahren der Meinungsbildung, Mehrheitsverfahren oder etwa Kompromissbildung werden unnötig, weil sie den Volkswillen am ehesten verfälschen und am wahrscheinlichsten verraten: Wozu Mehrheiten, wenn man bereits weiß, was das Volk will? Aber es ist wiederum nicht allein die Absage an Pluralismus, die den Populismus ausmacht, sie verbindet sich darüber hinaus mit einem, wie Paula Diehl es nennt, „Betrugsnarrativ" (Diehl 2011, S. 281f). Nicht nur reklamieren Populisten mithin einen exklusiven Zugang zum Volk, sondern sie treten auch an, um ihm seine Macht wieder zu erringen, die ihm von korrupten Eliten entrissen wurde (Müller 2016, S. 45). Die Rede von den Volksverrätern und der Lügenpresse haben in dieser Logik ihre Heimat. Häufig ist dabei auch ein Rekurs auf das wahre oder authentische Volk zu vernehmen, das durch ebenjene repräsentativen Organe und das Agieren korrupter Eliten gar nicht mehr gehört wird. Volksverräter und Lügenpresse verhindern, dass das Volk seine Meinung offen äußern kann („Schluss mit der *political correctness*, den Rede- und Denkverboten" lautet das entsprechende Credo) oder auch nur erfahren kann, was wirklich passiert in seinem Namen. In der Jungen Freiheit schreibt die damalige Bundesvorsitzende der AfD, Frauke Petry, etwa euphorisch über Trumps Wahlsieg: „Die Political Correctness ist am Ende. Die Menschen sind der Euphemismen und wohlmeinenden Verkleisterung der Wirklichkeit überdrüssig. Sie haben es satt, ihre Probleme mit Bekundungen guten Willens zuzudecken" (Petry 2017). Das wahre Volk wiederum wird dann je nach politischer Couleur der Populisten über ethnische, religiöse oder soziale Merkmale herauspräpariert bzw. abgegrenzt.

Traditionell wird schließlich oftmals auch noch eine charismatische Herrschaftsstruktur im Sinne eines starken Führers im Populismus ausgemacht, der oder die die Rolle des Volkswillensverkünders oder Vollstreckers anstrebt. Tatsächlich gibt es dazu in Lateinamerika (Hugo Chavez, vgl. Pickert 2013) oder in Europa (Geert Wilders, vgl. Kamann 2016) viele Beispiele, aber es handelt sich nicht um ein definierendes Merkmal. Die AfD etwa, auf die viele der Merkmale zutreffen, hat nicht die eine Führungsfigur (Kamann 2017); ebenso wenig hatte das die Brexit-Bewegung in Großbritannien.

Während aber alle diese Merkmale einzeln für sich vielleicht unschön sein mögen, wird erst in ihrem Zusammenspiel unmittelbar deutlich, dass der Populismus jenseits aller Lippenbekenntnisse grundsätzlich antidemokratischer Natur ist, er verletzt zentrale Elemente demokratischer Auseinandersetzung. Obgleich man unterstellen kann, dass er demokratiefördernde Effekte zeigten kann, nämlich dann, wenn er die politische Öffentlichkeit belebt, sich über die Frage auseinanderzusetzen, wie sie leben will und was darunter zu verstehen ist, also plurale Meinungsbildung (entgegen seiner eigentlichen Zielsetzung) befördert, ist er in seinem Kern demokratiefeindlich (Dubiel 1986; Müller 2016). Er verneint die Pluralität von Meinungen und Willen und lehnt die Arbeit an politischen Kompromissen ab. Er setzt Rechte als Differenzierungsmerkmal zwischen wahrem Volk und jenen ein, die nicht dazu gehören sollen und können und verletzt damit systematisch das Prinzip politischer Gleichheit.

3 Der gegenwärtige Populismus in und jenseits von Europa

Der gegenwärtige Aufschwung populistischer und insbesondere rechtspopulistischer Bewegungen sowie Politikerinnen und Politiker ist unübersehbar. In den USA ist mit Donald Trump ein Rechtspopulist zum US-Präsidenten gewählt worden, in Polen sind mit Kaczinskys PiS und in Ungarn mit Orbans Fidesz rechtspopulistische Regierungen an der Macht. In den Niederlanden, in Frankreich, in Österreich, in Großbritannien oder Deutschland haben rechtspopulistische Bewegungen zuletzt große Erfolge erzielt. Das gilt auch noch nach den Wahlen in den Niederlanden, in denen Geert Wilders seine Erwartungen nicht erreichen konnte oder der Stichwahl um die Präsidentschaft in Frankreich, bei der die rechtsextreme Marine Le Pen Emmanuel Macron unterlag. In beiden Fällen haben die rechtspopulistischen Bewegungen bzw. Parteien enorme Wähleranteile mobilisieren können. In Deutschland ist die AfD mittlerweile die größte Oppositionsfraktion im deutschen Bundestag, in Österreich regiert die FPÖ mit der ÖVP. Auf der linkspopulistischen Seite lassen sich in Lateinamerika die linkspopulistischen Regierungen von Morales und lange Zeit von Chavez studieren (Puhle 2003), in Italien die Cinque-Stelle Bewegung von Beppe Grillo (Forchheimer 2018; Dobbert 2018) und in Spanien schließlich Podemos.

Die Gefahr des Populismus ist also keineswegs gebannt, wie man nach den ersten Niederlagen der rechtspopulistischen Herausforderer und den gegenwärtigen Schwierigkeiten vieler linkspopulistischer Bewegungen meinen könnte. So ist Maduro, der Nachfolger des verstorbenen venezolanischen Präsidenten Chavez zunehmend auf militärische Unterstützung angewiesen, um sich an der Macht zu halten. Und in Spanien kämpft Podemos mit etlichen Skandalen. Dass die Gefahr nach wie vor präsent ist, wird deutlich, wenn man sich die Zustimmungszahlen zur repräsentativen Demokratie in Europa ansieht und generell die Demokratieindizes studiert.

Nach einer Studie des Meinungsforschungsinstituts Ipsos von 2017 zeigt sich etwa, dass in vielen europäischen Mitgliedsländern der Wunsch nach einer autokratischen Führerpersönlichkeit weiter ansteigt. Die Liste führt Frankreich an mit über 80 % Zustimmung, gefolgt von Italien mit 68 % und Polen mit 60 % (Ipsos 2017, S. 7). Zugleich zeigen die Daten von Freedom House im sogenannten *Nations in Transit*-Index für die Staaten Mittel- und Osteuropas, dass 2017 in mehr als der Hälfte der 29 dokumentierten Staaten der Demokratiegrad gesunken ist. Ungarn nimmt dabei mittlerweile den niedrigsten Wert in der mitteleuropäischen Region ein und Polen verzeichnet immerhin den niedrigsten Wert seit Beginn der Studie (Freedom House 2017). Diese Zahlen lassen sich, wenn auch eingeschränkt, auf die USA übertragen, wo sich zeigen lässt, dass trotz des wirtschaftlichen Aufstiegs das Vertrauen der Bürgerinnen und Bürger in die Regierung und die politischen Institutionen allgemein (mit Ausnahme des Militärs) nicht wieder angestiegen ist, teils sogar weiter gefallen ist (Pew Research Center 2017).

Donald Trump und die Bewegung, die hinter ihm steht, die vor allem durch Breitbart und ähnliche Medien zusammengehalten wird, stehen paradetypisch für den gegenwärtigen Rechtspopulismus. Wie alle populistischen Bewegungen zeichnen sich auch die gegenwärtigen rechtspopulistischen Herausforderer durch eine grundsätzliche Kritik an der liberalen demokratischen Ordnung aus, wobei oftmals schon das Adjektiv liberal als Schimpfwort gilt. Bei Donald Trump kommt das in seinen Tiraden über das politische Amerika zum Vorschein, dessen Eliten dem Volk schon lange die Macht entrissen hätten, die er, Donald Trump, ihm nun zurückerobern werde.

Rechtspopulisten lehnen internationale Normen und Institutionen tendenziell ab, insbesondere wenn sie mit Einschränkungen der nationalen Souveränität einhergehen. Das gilt in Europa dann besonders für die Europäische Union, die mit Ausnahme der rechtspopulistischen Regierungen von Ungarn und Polen, von Rechtspopulisten abgelehnt wird.[1] Donald Trump reiht sich nahtlos ein: Die NATO nennt er zwischenzeitlich obsolet; Freihandelsabkommen werden gestoppt, der Klimavertrag schade dem amerikanischen Volk, darum wird er gekündigt. Populisten verlangen eine Abschottung der Gesellschaften nach außen, Trump will sogar eine Mauer an der Südgrenze der USA errichten, um das zu erreichen. Schließlich bestreiten Rechtspopulisten mehr oder minder deutlich liberale Grundrechte, wie das Recht auf freie Meinungsäußerung. Auch das kann man an Donald Trump studieren: Wer nicht seiner Meinung ist, ist ein Lügner, ein *loser*[2], ein armes Würstchen oder ein Gangster – oder war zuletzt im Mar-El largo mit blutenden Wunden einer Schönheits-OP (vgl. Pengelly 2018; Stack 2017).

Noch deutlicher ist Rechtspopulisten eine xenophobe, bisweilen auch offen rassistische Ausrichtung gemein. Von Geert Wilders und der Partei für die Freiheit, über PEGIDA und AfD bis hin zum Front National, PiS, Fidesz oder UKIP: Die Ablehnung von Flüchtlingen und generell Migration sowie Ressentiments gegen den Islam zeichnen alle diese Parteien und Bewegungen aus. Das gilt ebenso für Donald Trump, der das Stoppen der illegalen Einwanderung zu einem seiner Kernziele erklärt hat, die Mexikaner für eine Mauer an der Südgrenze zahlen lassen will und versucht, eine restriktivere Einreisepolitik gegenüber Muslimen aus dem Nahen und Mittleren Osten durchzusetzen, den sogenannten *muslim ban*. Trump hat auch bereits anklingen lassen, dass Muslime von Natur aus aggressiv seien (instruktiv dazu Beinart 2017).

Im Kern aber eint die rechtspopulistischen Bewegungen ihr Anspruch, für „das Volk" zu sprechen, bzw. ein Teil von ihm und damit anders als die herrschenden politischen Eliten zu sein. Donald Trump tut alles, um einen solchen Außenseiterstatus zu zelebrieren, egal wie oft man ihm nachweist, dass er diesen nicht ernsthaft reklamieren kann. Er geriert sich als „not one of them", sondern als *self-made* Millionär, dem es noch nach jedem Rückschlag gelungen ist, sich wieder an die Spitze zurückzuarbeiten. Dass er von seinem Vater mit einem großzügigen Budget eingedeckt wurde, mehreren Pleiten hingelegt hat, die viele amerikanische Bürger in den Ruin getrieben haben und schlicht selbst ein Kind der verabscheuten Oberschicht ist, ignoriert er geflissentlich (vgl. Reicher und Haslam 2017; Henriques 2017). Bei ihm wird auch die Idee eines unmittelbaren Zugriffs besonders augen-

---

1 Trotz aller Differenzen im Bereich der Flüchtlingspolitik oder mit Blick auf Rechtstaatlichkeitsstandards zeigen die polnische und die ungarische Regierung wenig Neigung, die EU zu verlassen.

2 Siehe Tweet vom 8. Mai 2013: https://twitter.com/realDonaldTrump/status/332308211321425920. Zugegriffen: 19. März 2018.

scheinlich, den er selbst auch forciert durch die extensive Nutzung von *twitter*, um seine Anhänger („das wahre amerikanischen Volk") direkt anzusprechen.

Von all diesen Merkmalen abgesehen, gibt es aber noch eines, das die rechtspopulistischen Bewegungen der Gegenwart auszeichnet. Sie nehmen es nicht so genau mit der Wahrheit. Ganz im Gegenteil: *Fake news* und Verschwörungstheorien sind zum Chiffre ihrer politischen Strategien geworden (siehe auch Schindler in diesem Band). Ob extrem hohe Kriminalitätsraten unter Ausländerinnen und Ausländern, vermeintliche Vergewaltigungen durch Flüchtlinge, die Frage, ob Barack Obama gar kein US-Bürger sei oder die Kosten, die Großbritannien wöchentlich an die Europäische Union entrichten muss – populistische Bewegungen greifen gezielt zu Lügen und Verzerrungen, um Erfolge zu erzielen. Sie haben damit auch Erfolg. Der *Leave*-Kampagne in Großbritannien hat es nicht geschadet, dass binnen kürzester Zeit von den Medien offenbart wurde, dass die von ihr behauptete Summe von 350 Millionen Pfund als wöchentliche Zahlung an die EU nicht stimmt, weil die EU einen erheblichen Betrag zurücküberweist, so dass die Endsumme eher bei ca. 160 Millionen Pfund anzusiedeln wäre. Auch als am Tag nach der Abstimmung führende Politiker der *Leave*-Kampagne, wie Nigel Farage oder Boris Johnson, zugaben, dass die Summe nicht korrekt ist und dass sie damit auch nicht für das marode Gesundheitswesen in Großbritannien zur Verfügung stünde, schadete ihnen das nicht im Geringsten.

Dass Barack Obama 2011 eine Pressekonferenz gab, auf der er seine Geburtsurkunde aus Hawaii präsentierte, um den Gerüchten um seine Herkunft, die insbesondere ein gewisser Donald Trump popularisierte, ein Ende zu machen, half ihm so gut wie gar nicht. Die Storyline änderte sich nur geringfügig, weil nun die Echtheit der Geburtsurkunde angezweifelt und den hawaiianischen Behörden ein Komplott unterstellt wurde. Auch hier sieht man deutlich die Figur des „wahren Volkes" aufscheinen, denn Barack Obama, dieser sozialistische Schwarze, kann kein echter Amerikaner sein, sondern muss im Ausland geboren sein.

Und ähnlich sieht es auch bezüglich der Kriminalitätsrate von ausländischen Mitbürgerinnen und Mitbürgern aus. Ein Beispiel aus Deutschland: Der AfD-Spitzenkandidat Pazderski für die Wahlen zum Berliner Abgeordnetenhaus gab in einer Talkshow im September 2016 öffentlich zu, dass die Statistiken seine Angaben zur Kriminalität von Ausländerinnen und Ausländern nicht deckten. „Aber es komme nicht auf die Statistik an, sondern auf das ‚Gefühl' der Bürger. Das was man fühlt, ist auch Realität" (Huffington Post 2016). Auf Grundlage dieses „Gefühls" konnte die AfD mit rund 14 Prozent der Stimmen ein sehr gutes Wahlergebnis in Berlin erzielen.

Diese Banalisierung des Unterschieds zwischen Fakt und Gefühl, Tatsachen und Meinung, zeichnet populistische Bewegungen aus. Dass Politikerinnen und

Politiker ein eher entspanntes Verhältnis zur Wahrheit haben, ist an sich nichts Neues. Und auch die gegenwärtige *Fake news*-Debatte ist so neu nicht. Schon in der Frage der US-Intervention im Irak in 2003 waren *fake news* ein großes Thema, als es um die Frage ging, ob Saddam Hussein Massenvernichtungswaffen habe, wie Colin Powell als Außenminister für die US-Regierung behauptete. Mittlerweile ist klar, dass das nicht stimmte und vermutlich wusste das die US-Regierung oder Teile der Regierung auch bereits zu diesem Zeitpunkt.

Was sich zwischen diesem Vorfall 2003 und den gegenwärtigen populistischen Kampagnen verändert hat, ist darum nicht so sehr, dass Politikerinnen und Politiker mehr lügen als vorher, sondern dass es sie und ihre Unterstützungsbasis kaum interessiert, wenn ihre Lügen aufgedeckt werden. Colin Powell hat erhebliche Reputationsverluste hinnehmen müssen; seine Glaubwürdigkeit war erschüttert, seine Karriere quasi beendet. Boris Johnson ist dagegen Außenminister von Großbritannien geworden und Donald Trump Präsident der Vereinigten Staaten.

Ganz offenkundig spielt nicht der Inhalt der Lüge die zentrale Rolle, sondern die Lüge übernimmt eine spezifische Funktion: Sie ist ein Signal an „die da oben", dass man ein „weiter so" nicht mehr hinnehmen will und damit ein Identifikationsmerkmal für jene (das wahre Volk?), die dies genauso wenig tun. Ein Mitglied der Tea Party Bewegung in den USA sagte etwa zur Frage nach der Debatte um Barack Obamas Herkunft: „The birther issue definitely isn't part of our core values, but what Donald Trump is doing is questioning things and saying: ‚Why do we have to just accept everything? To hold the birther view is to affiliate oneself with an attitude, not a truth claim'" (Hochschild und Einstein 2015, S. 608–609). Das bedeutet, je absurder die Lüge, desto glaubwürdiger und unterstützenswerter ist derjenige, der sie äußert. Donald Trump dürfte das Paradebeispiel dafür sein. Im Geiste der Revolte lässt man ihm alles durchgehen: Beleidigungen, Lügen und persönliches Fehlverhalten.

Das ist auch der Grund, warum es tatsächlich richtig ist, von postfaktischen Zeiten zu sprechen und nicht von Zeiten der politischen Lüge, denn die Wahrheit ist nicht länger der Gegenspieler der Lüge, sondern ein letztlich kontingentes Merkmal politischer Aussagen, das nicht länger über ihre Wirksamkeit mitentscheidet. Wenn die politische Lüge primär zum Symbol der Ablehnung des Establishments, der Ordnung und ihrer zentralen Institutionen und Normen wird, steht mehr auf dem Spiel als die kurzfristige Wirksamkeit eines Arguments. Innerhalb der jeweiligen Gesellschaften steht nicht weniger als die Demokratie selbst auf dem Spiel. Denn durch *post truth* oder *fake news* droht die Funktion öffentlicher Auseinandersetzung verloren zu gehen, die Aneignung dieser Ordnung durch die Entdeckung und Verhandlung politischer Alternativen. Aber nicht nur innenpolitisch steht einiges auf dem Spiel: Auch für die Weltpolitik hat diese Form von Populismus Auswirkungen.

4 Populismus und Weltordnung

Wenn Morales in Bolivien populistische Politik betreibt, mag das recht wenige Effekte auf die Weltordnung zeitigen. Wenn die Mehrheit der großen europäischen Staaten populistisch regiert wird, sieht das vielleicht schon anders aus, weil damit das politische Projekt der Europäischen Union in Frage gestellt wird. Wenn aber die USA einen Präsidenten haben, der populistische Außenpolitik betreibt, dann sind direkte Effekte für die Weltordnung zu befürchten, denn im Guten wie im Schlechten haben außenpolitischen Entscheidungen des Hegemons USA Auswirkungen auf die Weltpolitik. Die USA haben die gegenwärtige Weltordnung mit ihren Institutionen, Normen und Prinzipien maßgeblich nach Ende des zweiten Weltkrieges mitgeformt (Ikenberry 2000). Obgleich ihre Vormachtstellung durch das Aufkommen neuer Mächte, wie China, Brasilien oder Indien, tendenziell abnimmt, hat keiner dieser Staaten bislang nachhaltige Gestaltungsansprüche angemeldet. Die kritische Frage für den Hegemon USA sei allerdings auch nicht, so schrieb Josep S. Nye nach Ende des Kalten Krieges,

> „whether it will start the next century as a superpower with the largest supply of resources but to what extent it will be able to control the political environment and get other countries to do what it wants" (Nye 1990, S. 155).

Nye ging davon aus, dass die Antwort auf diese Frage gerade nicht in einem Mehr an ökonomischen oder militärischen Ressourcen liege, die Konkurrenten davon abhalten würden, die Macht des Hegemons herauszufordern, d. h. harter Macht, sondern vielmehr in der Fähigkeit des Hegemons, andere zu überzeugen, seinen Vorstellungen freiwillig zu folgen, weil sie sie für vernünftig und legitim halten (Nye 1990, S. 167). Gerade wenn sich Macht immer diffuser gestaltet, wie Nye das für die Zeit nach dem Kalten Krieg prophezeite und durch Interdependenz, technologische Entwicklungen und Kommunikation angetrieben sah, musste diese weiche Macht (*soft power*) besonders wichtig werden, um noch gestaltend in einer zunehmend heterogenen Welt tätig zu werden (Nye 1990,; 2004, Kapitel 4). Es ist gerade diese Form der Macht in der Weltpolitik, die der Populismus beschädigt: die Fähigkeit, andere zu überzeugen, in dem er Vertrauen und Verlässlichkeit zerstört, die Grundlage von *soft power* sind. Das lässt sich auf drei Problemfelder verengen:

(1) Abnahme der epistemischen Qualität von Weltpolitik; (2) Verringerung des Gestaltungsspielraums; (3) Zerstörungspotential.

(1) Die Postfaktizität rechtspopulistischer Bewegungen führt tendenziell zu einer Abnahme der epistemischen Qualität der Weltpolitik. Jahrzehntelang hat die Politikwissenschaft analysiert, welchen Stellenwert Wissen und Expertise in der nationalen und auch internationalen Politik haben. Haas und andere haben epistemische Gemeinschaften analysiert und den steigenden Einfluss von Experten und Expertengremien auf die Politikformulierung und -implementierung verfolgt (Haas, E 1990; Haas, P 1992). Inzwischen wird von epistemischer Autorität gesprochen, wie das etwa Michael Zürn in seiner Konzeption von Autorität jenseits des Staates tut (Zürn 2018). Nicht zuletzt hat auch Nye in seinen Überlegungen zur *soft power* von der Bedeutung von Wissen als Machtressource gesprochen (Nye 1990, S. 164), aber was bleibt davon in einer Atmosphäre, in der Deals und Vorteilsnahme zum Standardmodell werden? *You owe us*, wie Donald Trump gern äußert, verträgt sich nur wenig mit Fakten und Expertise. Besonders eindrücklich ließ sich das in seiner berühmten Rosengartenrede nachvollziehen, in der er den Klimavertrag aufkündigte mit der Begründung, er schade dem amerikanischen Steuerzahler und sei ein schlechter Deal für die USA (White House 2017). Der Klimavertrag basiert wie kaum ein anderes Vertragswerk auf wissenschaftlichen Fakten, die der US-Präsident aber für wenig relevant hält und dementsprechend handelt. Unter diesen Umständen wird es zunehmend schwieriger werden, eine gemeinsame Wissensbasis zu schaffen, die dann als belastbare Grundlage für gemeinsame politische Entscheidungen dienen kann. Internationale Politik muss dadurch nicht per se schlechter werden. Man könnte polemisch sagen, sie wird vielleicht auch nur wieder politischer. In jedem Fall wird sie aber weniger berechenbar, weil es an geteilten Grundlagen fehlt.

(2) Der ungezügelte Klientelismus, der mit den gegenwärtigen populistischen Bewegungen einhergeht, verringert den Gestaltungsspielraum in der liberalen Weltordnung. Ungezügelter Klientelismus mag zunächst merkwürdig klingen, denn letztlich betreiben alle Regierungen in der Außenpolitik Klientelismus, wenn sie ihre Bevölkerung vertreten. Im Populismus verbindet sich dieser generelle Anspruch, das nationale Interesse zu vertreten, nun aber mit einem Absolutheitsanspruch (ich diene dem Volk, dessen Willen ich ausführe, wenn nicht manifestiere), so dass die Möglichkeiten, Abstriche zugunsten gemeinsamer multilateraler Lösungen zu machen, relativ gering werden.

Gestaltungsspielraum in der Weltpolitik beinhaltet die Möglichkeit der Aushandlung und Austarierung von gegensätzlichen und die Genese von gemeinsamen Interessen durch und in internationalen Institutionen. Mit populistischen Politikerinnen und Politikern ist das dagegen kaum machbar. Die Kündigung des Klimaabkommens ist nur ein Beispiel dafür, wie der Gestaltungsspielraum schwindet. Auch die Respektlosigkeit, die populistische Politikerinnen und Politiker oftmals ihren Kollegen und Kolleginnen auf dem internationalen Parkett entgegenbringen, macht die internationale Kooperation nicht einfacher: Trump, der Angela Merkel zwar noch die Hand schüttelt, aber in der Pressekonferenz dann davon redet, dass Deutschland ihm und dem amerikanischen Volk Milliarden Dollar schulde (Schäfer 2017) oder Trumps physisches Abdrängen eines Staatsmanns beim Nato-Gipfel (Diaz 2017) sind dafür plastische Beispiele. Dieses Verhalten und die Kernbotschaft – „Ihr seid mir alle egal, mich interessiert nur der amerikanische Steuerzahler" – verringert auf Dauer zuverlässig das Verpflichtungsgefühl anderer Staaten gegenüber gemeinsamen internationalen Institutionen und Projekten und letztlich auch die Umsetzung internationaler Normen.

Mit Rechtspopulisten schwindet der Gestaltungsspielraum, weil sie nicht bereit sind, sich auf Kompromisse (zugunsten des gemeinsamen Ganzen) einzulassen. Politik betrachten sie eher als Nullsummenspiel, indem es darum geht, den besten Deal nach Hause zu bringen (vgl. Wolf in diesem Band). Langfristige Politik ist mit Populisten schwerlich zu machen. Darum kann ein Multimilliarden Dollar Waffendeal mit Saudi-Arabien auch wichtiger sein als die Stabilisierung des Nahen Ostens. *Soft power,* das macht Nye (1990, 2004) deutlich, hat viel damit zu tun, anderen ein Vorbild zu sein, dem sie nacheifern wollen. Populistische Politik kann das kaum leisten, weil sie nur in kurzfristigen Gewinnen und Verlusten denkt.

(3) Aus den gleichen Gründen nimmt die Zerstörungsmacht populistischer Politik in der Weltpolitik zu. Populistische Regierungen schränken durch ihre Politik mittelfristig ihren Gestaltungsspielraum für die Weltordnung ein, zugleich entwickeln sie aber auch Zerstörungspotential für diese Ordnung. Durch ihre Ignoranz gegenüber gewachsenen Institutionen und multilateralen Verpflichtungen, die teils auf delikaten und fragilen Interessenaushandlungen zwischen den Staaten beruhen, beschädigen sie internationale Institutionen und belasten bilaterale Beziehungen. Die nicht abgestimmte bzw. teils gegen den expliziten Widerstand der Bündnispartner vorgenommene Anerkennung von Jerusalem als Hauptstadt des Staates Israel und die Verkündung des Umzugs der US-amerikanischen Botschaft nach Jerusalem ist dafür beredtes Beispiel (Tagesschau 2017). Diese Politik droht, die ohnehin schon angespannte Lage im Nahen Osten weiter zu verschärfen und nimmt möglichen Vermittlungsversuchen Spielräume für Verhandlungsangebote. Auch die im Frühjahr 2018 eingeführten Strafzölle, die der US-Präsident verhängte, zeigen Zerstörungspotenzial, denn sie setzen das Freihandelsregime unter Druck, weil sie einen Handelskrieg provozieren könnten, der letztlich allen Staaten schadet. Gleiches lässt sich für das nukleare Nichtverbreitungsregime festhalten, das Trump ebenfalls attackiert, wenn er das Abkommen mit dem Iran über dessen friedliche Nutzung der Kernenergie als „schlechtesten Deal aller Zeiten" bezeichnet und das Abkommen kündigt (Landler und Sanger 2017). Setzt sich bei Staaten durch, dass die US-Regierung kein verlässlicher Partner ist, werden zukünftig immer weniger Staaten bereit sein, sich überhaupt auf solche Abkommen einzulassen. Das wird die Wahrscheinlichkeit von Konflikten signifikant erhöhen.

5 Schlussfolgerungen

Wenn Deals und Vorteilsnahme, wenn Nullsummenlogik und *brute power* wieder an Bedeutung zunehmen in der Weltpolitik und wenn Fakten immer weniger geeignet sind, Konflikte zu schlichten, dann nimmt mithin nicht nur die außenpolitische Gestaltungsfähigkeit ab, sondern die Konfliktwahrscheinlichkeit nimmt auch parallel dazu zu. Mit anderen Worten: Die *zone of cooperation* wird kleiner, während die *zone of conflict* zunimmt. Vereinbarungen werden generell kurzlebiger und in ihren Ansprüchen weniger ambitioniert, denn einem Partner, der nur an Deals glaubt und nur seinen Steuerzahler im Blick hat, kann man nicht vertrauen, dass er Vereinbarungen auch in Zukunft einhalten wird, wenn durch veränderte Rahmenbedingungen eventuell die Kosten einer Vereinbarung steigen. Dieses Vertrauen ist aber unabdingbar, um sich auf Vereinbarungen einzulassen.

Durch die gleichzeitige Zunahme an öffentlichem *blaming* und *shaming* („shithole states" (Dawsey 2018); „the Germans are very, very bad" (Faiola 2017); „Iran is a terrorist nation like few others" (Wilkinson 2017)) wird die Konfliktwahrscheinlichkeit in der Weltordnung erhöht. Wem man nicht trauen kann und wer sich respektlos bis aggressiv verhält, dem begegnet man bestenfalls reserviert. Schon jetzt lässt sich dies in Ansätzen beobachten. Die G7 agieren unauffällig distanziert, die Bundeskanzlerin spricht offen darüber, dass es in Zukunft eben auch ohne die USA gehen müsse (Meiritz et al. 2017). Zugleich nehmen die geopolitischen Spannungen zwischen Russland und dem Westen weiter zu und viele Krisen verschärfen sich bzw. bleiben unbearbeitet. In Syrien stellt sich Russland offen gegen alle Versuche, den Konflikt beispielsweise durch Waffenstillstandsabkommen zu zähmen. In der Grenzregion Afrin zwischen Syrien und der Türkei führt das NATO-Mitglied Türkei eine Militäroffensive gegen die kurdische Miliz YPG, Verbündete der USA im Kampf gegen den Islamischen Staat, durch, und der türkische Präsident Recep Tayip Erdogan spricht von der osmanischen Ohrfeige für die USA, wenn sich diese nicht dem Kampf gegen die kurdische Miliz YPG anschließen würden (Der Spiegel 2018). Die Konflikte und Spannungen zwischen den USA und ihren europäischen Verbündeten in der NATO und darüber hinaus machen es schwierig, überzeugende gemeinsame Antworten auf diese Krisen zu finden.

Die Weltpolitik wird mithin weniger berechenbar, kurzfristiger, krisenanfälliger und im Großen betrachtet weniger ambitioniert. Das heißt allerdings nicht unbedingt, dass Populismus im Ganzen schlecht ist für die Weltpolitik. Das Verhältnis zwischen Populismus und Weltpolitik gestaltet sich ganz ähnlich wie das Verhältnis von Populismus zur Demokratie im Inneren der Gesellschaft, es ist ein parasitäres Verhältnis. Populismus kann die Demokratie beleben, indem er über Kontroversen die öffentliche Auseinandersetzung wieder in Gang setzt. Zugleich zerstört er aber mittelfristig die Grundlagen öffentlicher Auseinandersetzung, in dem er Pluralität unterdrückt, die prinzipielle Gleichheit der Bürgerinnen und Bürger in Frage stellt (das wahre Volk und die Volksverräter) und Tatsachen als Grundlage für die Beurteilung von Kontroversen langsam zersetzt.

Ganz ähnlich ist es auch in der Weltpolitik. Populismus kann die Weltpolitik durchaus bereichern, nämlich immer dann, wenn er Bewegung in festgefahrene Konfliktkonstellationen bringt. Beispiele dafür könnten der Nahostkonflikt sein, der in den letzten Jahren jenseits des symbolischen Bekenntnisses zur Zweistaatenlösung kaum noch Bewegung sah oder auch der Konflikt um die magischen 2 %-Steigerung der Rüstungshaushalte der europäischen NATO-Mitglieder, die immerhin eine notwendige Debatte in Europa (und in Deutschland) ausgelöst haben, wie viel mehr und wichtiger noch, was überhaupt benötigt wird. Der Ausgang dieser Irritation ist aber notwendig ungewiss, weil eben keine Berechenbarkeit, keine Strategie dahinter liegt, auf die man bauen könnte. Mittelfristig überwiegt daher immer das Zerstörungspotenzial des Populismus.

Literatur

Beinart, Peter. 2017. Trump's Anti-Muslim Political Strategie. *Atlantic*, 27. November. https://www.theatlantic.com/politics/archive/2017/11/trumps-anti-muslim-retweets-shouldnt-surprise-you/547031/. Zugegriffen: 18.03.2018.

Casdorff, Stephan A. 2000. Freier deutscher Populismus: Möllemann will die FDP zur Volkspartei machen. *Tagesspiegel*, 1. Juni. https://www.tagesspiegel.de/politik/freier-deutscher-populismus-moellemann-will-die-fdp-zur-volkspartei-machen-kommentar/144952.html. Zugegriffen: 19. März 2018.

Dahrendorf, Ralf. 2003. Acht Anmerkungen zum Populismus. *Transit* 25: 156–163.

Dawsey, Josh. 2018. Trump derides protections for immigrants from 'shithole' countries. *Washington Post*, 12. Januar. https://www.washingtonpost.com/politics/trump-attacks-protections-for-immigrants-from-shithole-countries-in-oval-office-meeting/2018/01/11/bfc0725c-f711-11e7-91af-31ac729add94_story.html?utm_term=.4671141dd322. Zugegriffen: 19. März 2018.

Der Spiegel. 2005. Schröder startet Kampagne mit Bush-Kritik. 13. August. http://www.spiegel.de/politik/deutschland/populismus-schroeder-startet-kampagne-mit-bush-kritik-a-369698.html. Zugegriffen: 19. März 2018.

Der Spiegel. 2018. Erdogan droht USA mit „osmanischer Ohrfeige". 13. Februar. http://www.spiegel.de/politik/ausland/recep-tayyip-erdogan-droht-usa-mit-osmanischer-ohrfeige-a-1193266.html. Zugegriffen: 19. März 2018.

Diehl, Paula. 2011. Die Komplexität des Populismus: ein Plädoyer für ein mehrdimensionales und graduelles Konzept. *Totalitarismus und Demokratie* 8 (2): 273–291.

Diehl, Paula. 2012. Populismus und Massenmedien. *Bundeszentrale für politische Bildung*, 26. Januar. http://www.bpb.de/apuz/75854/populismus-und-massenmedien?p=all. Zugegriffen: 16. Februar 2017.

Diaz, Daniella. 2017. Watch President Trump push a prime minister aside. *CNN*, 25. Mai. https://edition.cnn.com/2017/05/25/politics/trump-pushes-prime-minister-nato-summit/index.html. Zugegriffen: 19. März 2018.

Dobbert, Steffen. 2018. Sieg der Populisten. *Zeit*, 5. März. http://www.zeit.de/politik/ausland/2018-03/italien-wahl-fuenf-sterne-bewegung-populisten-wahlentscheidung. Zugegriffen: 19. März 2018.

Faiola, Anthony. 2017. 'The Germans are bad, very bad': Trump's alleged slight generates confusion, backlash. *Washington Post*, 26. Mai. https://www.washingtonpost.com/world/trumps-alleged-slight-against-germans-generates-confusion-backlash/2017/05/26/0325255a-4219-11e7-b29f-f40ffced2ddb_story.html?utm_term=.c8e098c031e3. Zugegriffen: 19. März 2018.

FAZ. 2014. CSU bleibt dabei: Ausländer sollen zuhause deutsch sprechen. 7. Dezember. http://www.faz.net/aktuell/politik/einwanderung-csu-bleibt-dabei-auslaender-sollen-zuhause-deutsch-sprechen-13307495.html. Zugegriffen: 19. März 2018.

FAZ. 2017. Rechtsextreme wollen Flüchtlinge zurückbringen. 25. Juli. http://www.faz.net/aktuell/identitaere-chartern-boot-rechtsextreme-wollen-fluechtlinge-zurueckbringen-15122230.html. Zugegriffen: 19. März 2018.

Forchheimer, Tassilo. 2018. Noch kein Ergebnis – aber schon eine Revolution. *Tagesschau*, 5. März. https://www.tagesschau.de/ausland/italien-wahl-111.html. Zugegriffen: 19. März 2018.

Freedom House. 2017. Nations in Transit 2017: The False Promise of Populism. https://freedomhouse.org/report/nations-transit/nations-transit-2017. Zugegriffen: 19. März 2018.

Haas, Ernst B. 1990. *When Knowledge is Power: Three Models of Change in International Organizations*. Berkely: CA.

Haas, Peter M. 1992. Introduction: Epistemic Communities and International Policy Coordination. *International Organization* 46 (1): 1–35.

Hebel, Stephan. 2014. In der Populismus-Falle. *Frankfurter Rundschau*, 3. Januar. http://www.fr.de/wirtschaft/arbeit-soziales/zuwanderung-csu-seehofer-in-der-populismus-falle-a-638897. Zugegriffen: 19. März 2018.

Henriques, Gregg. 2017. Trump: An Antiestablishment Hero? In *Why irrational Politics Appeals*, Hrsg. Mari Fitzduff, 107–121. Santa Barbara: Praeger.

Hochschild, Jennifer, und K. L. Einstein. 2015. Do Facts Matter? Information and Misinformation in American Politics. Political Science Quarterly 130 (4): 585–624.
Huffington Post. 2016. TV-Duell in Berlin: Über diesen Satz des AfD-Kandidaten Pazderski lachte das Studio. 7. September. http://www.huffingtonpost.de/2016/09/07/rbb-tv-duelll-berlin_n_11884608.html. Zugegriffen: 19. März 2018.
Ikenberry G. John. 2000. *After Victory: Institutions, Strategic restraint, and the Rebuilding of Order After Major Wars*. New Haven: Princeton University Press.
Ikenberry, G. John. 2009. Liberal Internationalism 3.0: America and the Dilemmas of Liberal World Order. *Perspectives on Politics* 7 (1): 71–87.
Ikenberry, G. John. 2018. The End of Liberal International Order? *International Affairs* 94 (1): 7–23.
Ipsos. 2017. Whitepaper: Populismus in Europa und den USA – eine vergleichende Studie. https://www.ipsos.com/sites/default/files/ct/publication/documents/2017-10/5%20-%20Ipsos%20WP_Populismus_Mai2017.pdf. Zugegriffen: 19. März 2019.
Jörke, Dirk, und V. Selk. 2015. Der hilflose Antipopulismus. *Leviathan* 43 (4): 484–500.
Kamann, Matthias. 2016. Ohne Führungsfigur in den Wahlkampf. *Welt*, 22. November. https://www.welt.de/print/welt_kompakt/print_politik/article159691093/Ohne-Fuehrungsfigur-in-den-Wahlkampf.html. Zugegriffen: 19. März 2018.
Kamann, Matthias. 2017. Die AfD hat keinen Kopf und keine Erzählung. *Welt*, 9. Februar. https://www.welt.de/debatte/kommentare/article161959387/Die-AfD-hat-keinen-Kopf-und-keine-Erzaehlung.html. Zugegriffen: 19. März 2018.
Landler, Mark, und D. E. Singer. Trump Disavows Nuclear Deal, but doesn't scrap it. *New York Times*, 13. Oktober. https://www.nytimes.com/2017/10/13/us/politics/trump-iran-nuclear-deal.html. Zugegriffen: 19. März 2018.
Mazarr, Michael J. 2017. The Once and Future Order. *Foreign Affairs* (Januar/Februar). https://www.foreignaffairs.com/articles/2016-12-12/once-and-future-order. Zugegriffen: 19. März 2018.
Meiritz, Annette, A. Reimann, und S. Weiland. 2017. Jeder Satz ein Treffer. Der Spiegel, 29. Mai. http://www.spiegel.de/politik/deutschland/angela-merkel-das-bedeutet-ihre-bierzelt-rede-ueber-donald-trump-a-1149649.html. Zugegriffen: 19. März 2018.
Müller, Jan-Werner. 2016. *Was ist Populismus? Ein Essay*. Frankfurt am Main: Suhrkamp.
Nye, Joseph S. 1990. Soft Power. *Foreign Policy* 80: 153–171.
Nye, Joseph S. 2004. *Soft Power. The Means to Success in World Politics*. New York: Public Affairs.
Nye, Joseph S. 2017. Will the Liberal Order Survive? The History of an Idea. Foreign Affairs (Januar/Februar). https://www.foreignaffairs.com/articles/2016-12-12/will-liberal-order-survive. Zugegriffen: 19. März 2018.
Patrick, Stewart M. 2017. Trump and the World Order. The Return of Self-Help. Foreign Affairs (Januar/Februar). https://www.foreignaffairs.com/articles/world/2017-02-13/trump-and-world-order. Zugegriffen: 19. März 2018.
Pengelly, Martin. 2018. Trump: Schiff and senior Obama intelligence figures are 'liars and leakers'. Guardian, 5. Februar. https://www.theguardian.com/us-news/2018/feb/05/trump-attacks-schiff-and-senior-obama-intelligence-figures. Zugegriffen: 19. März 2018.
Petry, Frauke. 2017. Die Political Correctness ist am Ende. *Junge Freiheit*, 9. November. https://jungefreiheit.de/debatte/kommentar/2016/die-political-correctness-ist-am-ende/. Zugegriffen: 19. März 2018.

Pew Research Center. 2017. Public Trust in Government Remains Near Historic Lows as Partisan Attitudes Shift. 3. Mai. http://www.people-press.org/2017/05/03/public-trust-in-government-remains-near-historic-lows-as-partisan-attitudes-shift/. Zugegriffen: 19. März 2018.

Pickert, Bernd. 2013. Eine Führungsfigur – unbestreitbar. *Tageszeitung (taz)*, 6. März. http://www.taz.de/!5071929/. Zugegriffen: 19. März 2018.

Puhle, Hans-Jürgen. 2003. Zwischen Protest und Politikstil: Populismus, Neo-Populismus und Demokratie. In *Populismus. Populisten in Übersee und Europa* , Hrsg. Nikolaus Werz, 15–44. Opladen: Leske und Budrich.

Reicher, Stephen, und S. A. Haslam. 2017. The Politics of Hope: Donald Trump as an Entrepreneur if Identity. In *Why irrational Politics Appeals*, Hrsg. Mari Fitzduff, 25–40. Santa Barbara: Praeger.

Schäfer, Christoph. 2017. „Deutschland schuldet der Nato riesige Summen." *FAZ*, 18. März. http://www.faz.net/aktuell/wirtschaft/trump-deutschland-schuldet-nato-riesige-summen-14931086.html. 19. März 2018.

Stack, Liam. 2017. Trump, Mika Brzezinski and Joe Scarborough: A roller-coster relationship. New York Times, 29. Juni. https://www.nytimes.com/2017/06/29/business/trump-tweets-mika-brzezinski-joe-scarborough.html. Zugegriffen: 19. März 2018.

Tagesschau. 2017. Trump erkennt Jerusalem als Hauptstadt Israels an. 7. Dezember. https://www.tagesschau.de/ausland/trump-jerusalem-111.html. Zugegriffen: 19. März 2018.

White House. 2017. Statement by President Trump on the Paris Climate Accord. 1. Juni. https://www.whitehouse.gov/briefings-statements/statement-president-trump-paris-climate-accord/. Zugegriffen: 19. März 2018.

Wilkinson, Tracy. 2017. Trump slaps Iran with more sanctions but keeps nuclear deal in place. *Los Angeles Times*, 13. Oktober. http://www.latimes.com/politics/washington/la-na-pol-essential-washington-updates-trump-slaps-iran-with-more-sanctions-1507909688-htmlstory.html. Zugegriffen: 19. März 2018.

Zürn, Michael. 2018. *A Theory of Global Governance*. Cambridge: Cambridge University Press.

II

Zwischen Ego und *Fake News*: Das Phänomen Trump

Eingebildete Missachtung, Narzissmus und patronalistisches Denken

Die Wurzeln von Donald Trumps Aversion gegen die liberale Weltordnung

Reinhard Wolf

Zusammenfassung

Donald Trumps tiefsitzende Aversion gegen die liberale Weltordnung basiert nicht auf einer spezifischen Ideologie oder einer elaborierten Sicht auf die internationalen Beziehungen, sondern auf einem langjährigen Narrativ, demzufolge die USA seit Jahrzehnten systematisch missachtet werden. Für Trump besteht das älteste und wichtigste Problem der liberalen Weltordnung darin, dass sie zu einem massiven Statusverlust der Vereinigten Staaten geführt hat. Angeblich gewinnen die Vereinigten Staaten schon lange nicht mehr und werden immer seltener von anderen Regierungen ernstgenommen. Trumps geradezu obsessives Verlangen nach mehr Respekt gründet sich seinerseits auf seinem persönlichen Narzissmus, den er auf seine Nation überträgt, und auf seinem patronalistischen Politikverständnis, in dem personalisierte Austauschbeziehungen und strikte Hierarchien dominieren. In Trumps Welt werden nur die stärksten und härtesten Akteure respektiert – und nicht diejenigen, die sich an allgemeinverbindliche Regeln halten.

Schlüsselbegriffe

Trump, amerikanische Außenpolitik, liberale Ordnung, Freihandel, Status, Respekt, Narzissmus, Patronalismus, political machines, organisiertes Verbrechen

C. Daase und S. Kroll (Hrsg.), *Angriff auf die liberale Weltordnung*,
https://doi.org/10.1007/978-3-658-23783-7_3

1 Einleitung

Warum lehnt der 45. Präsident der USA die liberale Weltordnung ab? Woher rührt seine tiefsitzende Aversion gegen ein System von Normen, Regeln und Strukturen, das sein Heimatland über Jahrzehnte maßgeblich geprägt und gestützt hat? Weshalb setzt er sich für einen radikalen Bruch mit dieser Führungsrolle ein? Auf den ersten Blick sollte man von jemandem mit Trumps Biographie genau das Gegenteil erwarten. Schließlich hat Trump fast sein gesamtes Leben in New York verbracht – einer Stadt, die man durchaus als Hauptstadt der Globalisierung bezeichnen könnte, weil sie wie kaum eine andere Metropole internationale kulturelle Trends anstößt, das Herz des Weltfinanzsystems bildet und als Hauptsitz der Vereinten Nationen fungiert. Trump selbst hat immer wieder davon profitiert, dass Grenzen heute besonders durchlässig sind – nicht zuletzt bei seinen zahlreichen internationalen Geschäftsbeziehungen und durch die Ehen mit zwei Einwanderinnen. Vor diesem Hintergrund wäre eigentlich zu erwarten, dass er grenzüberschreitendem Austausch und dessen zuverlässiger Verregelung positiv gegenübersteht, statt einem engstirnigen Nationalismus das Wort zu reden.

Trumps tiefsitzende Abneigung gegen die liberale Weltordnung ist noch erstaunlicher, wenn man sich sein geringes Interesse an weltanschaulichen Fragen in Erinnerung ruft. Er ist kein politisch belesener Beobachter, der über Jahrzehnte ein leidlich konsistentes Weltbild entwickelt hat. Und er hat ein solches Bild auch nicht übernommen durch die Identifikation mit einem bestimmten politischen Lager. Trump hatte zu Beginn seiner geschäftlichen Karriere keine festen ideologischen Überzeugungen (Schwartz 2017, S. 71) und in den folgenden Jahrzehnten hat sich das kaum geändert (Dawsey et al. 2017; Green 2017). Andernfalls hätte er nicht zwischen 1999 und 2012 siebenmal die Parteizugehörigkeit gewechselt (Kranish und Fisher 2016, S. 290). Eine politische Sichtweise, die er allerdings seit vier Jahrzehnten hartnäckig vertritt, ist seine Empörung über den angeblichen Abstieg der USA, über die zahlreichen „Niederlagen" und „Demütigungen", die ihnen respektlose Konkurrenten angeblich immer wieder zugefügt haben. Dieses Klagelied, so die These dieses Beitrags, ist das kognitive Fundament, auf dem seine Kritik an der bestehenden Weltordnung fußt.

Der vorliegende Beitrag versucht der Frage auf den Grund zu gehen, welche Charakterzüge und persönlichen Erfahrungen hinter dieser ungewöhnlichen Sichtweise stehen. Dazu fasst er zunächst die Positionen zusammen, die Trumps Ablehnung der liberalen Weltordnung deutlich machen. Anschließend wird Trumps spezifische Sicht auf Amerikas globale Rolle dargestellt. Dabei wird erkennbar, dass er seit fast vier Jahrzehnten kontinuierlich beklagt, Amerika würde nicht mehr respektiert. Der dritte Teil des Beitrags versucht dann zu erklären, wie Trump zu seiner ungewöhnlichen Position gelangte. In diesem Zusammenhang wird die These vertreten, dass Trumps Erzählung vom selbstverschuldeten Niedergang der USA auf einem übersteigerten Statusbewusstsein basiert. Diese Obsession resultiert zum einen aus seinem persönlichen Narzissmus, zum anderen basiert sie auf einem antiliberalen Politikverständnis, das hierarchische Patron-Klient-Beziehungen betont, wie sie in der Zeit der New Yorker *political machines* (d.h. systematisch korrupten Parteinetzwerken) vorherrschten und im organisierten Verbrechen heute noch üblich sind. Trumps Denken ist seit langem von der Mikropolitik in rechtsfernen Räumen geprägt, in denen nur die stärksten und härtesten Akteure geachtet werden. Das Fazit erörtert mögliche Konsequenzen für Regierungen, welche die liberale Weltordnung bewahren möchten.

2 Trumps Konflikt mit der liberalen Weltordnung

Um Trumps antiliberale Positionen kenntlich zu machen, bedarf es zunächst einer Verständigung über die wichtigsten Normen der liberalen Weltordnung. Das Verständnis, das den folgenden Ausführungen zugrunde liegt, orientiert sich am sog. „kantischen Dreieck" (Russett und Oneal 1999). Dieses stellt, in Orientierung an Kants Friedensschrift, drei Grundprinzipien in den Mittelpunkt, die eine liberale Weltordnung auszeichnen:

1. Demokratische Rechtsstaaten sollen die Hauptakteure der internationalen Politik sein.
2. Die Grenzen zwischen diesen Akteuren sollen durchlässig sein, damit ein freier Austausch von Ideen, Personen, Gütern, Dienstleistungen und Kapital stattfinden kann.
3. Die Beziehungen zwischen den Akteuren sollen gewaltfrei auf der Basis des Rechts und im Rahmen internationaler Organisationen gestaltet werden.

Dass Trump solchen Forderungen überwiegend kritisch gegenübersteht, ist zunehmend deutlich geworden. Am sichtbarsten war schon immer seine Kritik am zweiten Grundprinzip, der Priorität für offene Grenzen. Seit Jahrzehnten brandmarkt Trump eine offene Handelsordnung, die den USA ein enormes Defizit in der Handelsbilanz beschert habe. Auch wenn er gelegentlich betont, dass er grundsätzlich den Freihandel befürworte (Trump 1999, 2015b; Washington Post 2016), hat er immer wieder herausgestellt, dass „fairer" Handel entscheidend sei. Mit anderen Worten: Die Handelsbeziehungen müssen so gesteuert (mithin eingeschränkt) werden, dass die amerikanischen Defizite eliminiert werden (Trump 1999, 2015a, S. 45, 47, 2018). Entsprechend harsch verurteilt er die Freihandelsabkommen, welche die USA in den vergangenen Jahrzehnten ausgehandelt haben, allen voran Chinas Beitritt zur WTO und den NAFTA-Vertrag mit Kanada und Mexiko. Ganz im Sinne dieser merkantilistischen Perspektive hat die neue Administration die amerikanische Beteiligung an der Transpazifischen Partnerschaft (TPP) zurückgezogen und ihr Engagement in der Welthandelsorganisation stark reduziert (Falke 2017a, 2017b). Massive Beschränkungen befürwortet er auch hinsichtlich der Grenzüberschreitungen von Personen. Am deutlichsten belegen dies seine Wahlkampfforderung nach einer Mauer, die vermeintliche mexikanische „Vergewaltiger" und Arbeitsmigranten abhalten soll (Trump 2015b), und sein pauschales Einreiseverbot für Staatsangehörige von sieben vorwiegend muslimischen Ländern. Wirksame Grenzen sind für Trump grundlegend: „A nation without borders is not a nation" (Trump 2017b).

Auch der dritte Pfeiler der liberalen Weltordnung missfällt dem 45. Präsidenten der USA. Trump ist zwar nicht grundsätzlich gegen friedliche Konfliktaustragung. Aber die zunehmende Verrechtlichung der internationalen Politik und der wachsende Einfluss internationaler Organisationen sind ihm ein Dorn im Auge, weil sie Amerikas Handlungsfreiheit beschränken: „I am skeptical of international unions that tie us up and bring America down, and will never enter America into any agreement that reduces our ability to control our own affairs" (Trump 2016d, auch Trump 2017b). Stattdessen sei die Souveränität und Unabhängigkeit der Nationen zu stärken (Trump 2017b, 2017c). Eine Unterwerfung unter internationales Recht lehnt Trump auch deshalb ab, weil er bezweifelt, dass andere Akteure regelkonform agieren. Namentlich China hält er immer wieder Verstöße vor, insbesondere im Bereich der internationalen Wirtschaftsbeziehungen (Falke 2017b; Trump 2015a, S. 43, 2018). In Trumps Sicht orientieren sich die Handelnden nicht an Normen und Regeln, sondern an den Potentialen und der Konfliktbereitschaft anderer Akteure. Nur Stärke, Härte und Entschlossenheit würden respektiert. „Weakness always causes problems" (Plaskin 1990 [Zitat]; Trump 2011, 2015a, S. 33, 47, 104–105, 136–38). Nicht zuletzt wendet sich Trump gegen die verbreitete Vorstellung, das internationale Recht gewährleiste legitimere Interaktionsergebnisse. Chancengleichheit und Verfahrensgerechtigkeit sieht er offenbar nicht als Garanten von Fairness. Fairness bemisst sich für ihn immer am Ergebnis der Interaktion und nicht am regelkonformen Verfahren (vgl. auch Kroll in diesem Band). Fair ist eine Handelsordnung, in der die amerikanische Handelsbilanz kein Defizit aufweist (Trump 1999, 2015a, S. 45, 47, 2018) .

Am verhaltensten ist sicherlich Trumps Kritik am ersten Pfeiler einer liberalen Weltordnung. Eine Ablehnung des demokratischen Rechtsstaates würde zweifellos einen unerhörten Tabubruch bedeuten. Dennoch hat Trump verschiedentlich zu erkennen gegeben, dass ihm Demokratie und Rechtsstaatlichkeit relativ wenig bedeuten. Sein problematisches Verhältnis zu rechtsstaatlichen Prinzipien belegen viele Äußerungen und Maßnahmen, u. a. das pauschale Einreiseverbot für Einwohner einiger muslimischer Nationen, seine wiederholte Befürwortung von Folter (New York Times 2016; The Guardian 2016) und – am eindrücklichsten – seine öffentliche Forderung, die Angehörigen von Terroristen zu „eliminieren", weil solch eine Politik todesbereite Attentäter eher abschrecke (Haberman 2015; Washington Post 2016).[1] Trumps zweideutige Einstellung zu demokratischen Prinzipien zeigt sich vor allem in den vielen lobenden Worten, die er für autoritäre Machthaber und deren Politik gefunden hat. Statt ihre repressiven Maßnahmen zu kritisieren, äußerte er vielfach Bewunderung für ihr Durchsetzungsvermögen und ihre Führungsstärke, die diejenige von Barack Obama deutlich in den Schatten stelle: so für Bashar al-Assad („I think in terms of leadership, he's getting an A and our president is not doing so well."), für den „tough cookie" Kim Jong-un („You gotta give him credit […] when his father died, he takes over these tough generals and he's the boss. It's incredible. He wiped out the uncle, wipes out this one, that one. It's incredible."), für Saddam Hussein („He killed terrorists. He did that so good! He didn't read them their rights."), für Chinas Parteiführung („Then they were vicious, they were horrible, but they put [the Tiananmen protests] down with strength. That shows you the power of strength.") und für Wladimir Putin („He's really very much of a leader…very strong control over his country.") (Laderman und Simms 2017, S. 90–93, 102, 127; Plaskin 1990; Tansey 2017, S. 116–117). Angesichts dieser geringen Begeisterung für Demokratie und Rechtsstaatlichkeit ist es nur konsequent, dass Trump wenig davon hält, das liberale Verfassungsmodell der USA zu exportieren. Einem liberalen Universalismus, wie ihn jeder Präsident des vergangenen Jahrhunderts vertreten hatte, erteilt Trump eine deutliche Absage: „We do not expect diverse countries to share the same cultures, traditions, or even systems of government" (Trump 2017c). Entsprechend wendet er sich auch gegen alle Versuche, die Demokratie der USA anderen Nationen aufzudrängen: „We do not seek to impose our way of life on anyone, but we will champion the values without apology" (Trump 2017a, 2017b [Zitat]).

1 Einige Monate später revidierte er diese Position allerdings mit der Ankündigung, als US-Präsident keine völkerrechtswidrigen Befehle zu erteilen (Haberman 2016b). Tags darauf sprach er sich aber schon wieder dafür aus, die Rechtslage entsprechend anzupassen (Haberman 2016a).

3 Trumps Verärgerung über den Niedergang der USA

Trumps Aversion gegen die liberale Weltordnung fußt nicht auf einer elaborierten anti-liberalen Ideologie, sondern hauptsächlich auf einem emotionalen Narrativ, das er in den vergangenen vier Jahrzehnten immer wieder öffentlich propagiert hat. Was Trump schon seit langem umtreibt und hauptsächlich zur Präsidentschaftskandidatur bewogen hat (Trump 2016b, S. 5–6), ist seine Wahrnehmung, dass die Vereinigten Staaten ständig übervorteilt und missachtet werden (Laderman und Simms 2017; Wolf 2017; Wright 2016). Amerika sei nicht mehr großartig (*great*), und das liegt nach seiner Auffassung vor allem daran, dass das Land international nicht mehr respektiert wird. Wie er 1990 in einem ausführlichen Interview mit dem *Playboy* erklärte: „Our country is right now perceived as weak … as being spit on by the rest of the world… I don't like being pushed around or taken advantage of. And that's one of the problems with our country today. This country is being pushed around by everyone" (Plaskin 1990).

3.1 Trumps Klage über die fortgesetzte Missachtung der USA

Diese Klage prägte bereits Trumps erste öffentliche Äußerungen zu politischen Themen. Schon 1980 erklärte er in einem Fernsehinterview, Amerika benötige wieder richtige Führung, um wieder das zu werden, was es einst war. Auf die Nachfrage, was denn konkret wiederhergestellt werden müsse, antwortete Trump: „It should really be a country that gets the respect of other countries… I just don't feel the country is going forward in the proper direction… we just sit back and take everybody's abuse" (Trump 1980, S. 33–34). Sieben Jahre später kaufte Trump eine ganze Anzeigenseite in der *New York Times*, auf der er unter dem Titel „There's nothing wrong with America's Foreign Defense Policy that a little backbone can't cure" die Leser beschwor, nicht länger hinzunehmen, dass die USA von ihren Verbündeten und Handelspartnern übervorteilt und ausgelacht würden (Trump 1987). Bezeichnenderweise sprach er dort noch nicht über negative Folgen, die Handelsbilanzdefizite für die amerikanischen Arbeitnehmer (vgl. auch Wallmeier in diesem Band) hätten. Das eigentliche Problem war für ihn auch damals der Mangel an Respekt.

Diese Obsession mit Respekt findet sich genauso noch in den jüngsten Äußerungen von Trump, und zwar sowohl bei öffentlichen Auftritten als auch in anderen Kontexten. So erklärte er 2016 in einem Hintergrundgespräch mit der *Washington Post*:

> „Yeah, I don't want people to be afraid. I want them to respect our country. Right now, they don't respect our country...People have respected me. My life has been a life where I've been respected. I want them to respect our country. I want them to respect our leader. But I want them to respect our country... [T]here is a tremendous lack of respect for our country. And I think for our leader." (Trump 2016b, S. 38–39)

Auf die Frage, wie Russland dazu bewogen werden könne, seine Streitkräfte aus Syrien abzuziehen, antwortete er in einer Wahlkampfdebatte: „So, number one, they have to respect you. [Putin] has absolutely no respect for President Obama. Zero" (CNN 2015).

Ursächlich für diese grassierende Missachtung sind für Trump die vielen Niederlagen, die sein Land zuletzt angeblich einstecken musste. Das Land gewinne seine Auseinandersetzungen nicht mehr: „...respect is about winning. We don't win anymore" (Trump 2016b, S. 38). Es ist sehr aufschlussreich, dass er genau mit dieser Behauptung auch die Rede begann, mit der er seine Präsidentschaftskandidatur ankündigte: „Our country is in serious trouble. We don't have victories anymore. We used to have victories, but we don't have them" (Trump 2015b). Vielmehr würde das Land ständig von anderen geschlagen. Es habe in Obamas Amtszeit „tons of humiliations" hinnehmen müssen (Trump 2011, S. 90, 2016f), „[is] pushed around, used by other countries" (Trump 2011, S. 7, 23), gerate gegenüber Feinden und Rivalen immer mehr ins Hintertreffen (Trump 2015b) und würde bei Handelsvereinbarungen ständig „besiegt" (Trump 2015a, S. 87, 2015b).

Diese demütigenden Niederlagen und Missachtungen sind aus Trumps Sicht besonders beschämend, weil sie leicht zu vermeiden wären. Die USA seien immer noch stark genug, um sich durchzusetzen (Kranish und Fisher 2016, S. 260, 365; Trump 2011, S. 14, 2015a, S. 43, 136). Wenn es auf der Welt „mit rechten Dingen zuginge", müssten die USA eigentlich ständig „gewinnen". Die Verantwortung für den Niedergang liege deshalb bei ihren naiven und inkompetenten Eliten, die schwächlich agierten (D'Antonio 2015, S. 420; Kranish und Fisher 2016, S. 365; Trump 2011, S. 4), sich bei Verhandlungen dumm anstellten (Trump 2015a, S. 43, 2015b, 2016b, S. 6, 2016c, S. 42) und insgesamt Amerikas Interessen vernachlässigten.

Eben dies, so versprach er im Wahlkampf immer wieder, werde sich mit seinem Amtsantritt sogleich ändern. Schwächlicher Internationalismus und Kosmopolitismus würden einer harten Interessenpolitik weichen, die den USA endlich wieder Respekt verschaffe: „We will no longer surrender this country, or its people, to the false song of globalism. The nation-state remains the true foundation for happiness and harmony" (Trump 2016d). Dies vor allem sei es, was ihn von seinen politischen Konkurrenten und seinen Vorgängern unterscheide:

> „The most important difference between our plan and that of our opponents, is that our plan will put America First. Americanism, not globalism, will be our credo. As long as we are led by politicians who will not put America First, then we can be assured that other nations will not treat America with respect. This will all change in 2017." (Trump 2016f)

Und einige Monate zuvor in einer Fernsehdebatte mit seinen republikanischen Konkurrenten: „If I'm president… the world will respect us. They will respect us like never before" (CNN 2015).

Diese starke Fokussierung auf Respekt prägt auch noch den Präsidenten Trump. Bezeichnenderweise nannte er die angeblich wiederhergestellte Achtung für die USA als einen der beiden größten Erfolge seines ersten Amtsjahrs, der von den Wählerinnen und Wählern auch ganz besonders honoriert würde. „We're going to win another four years for a lot of reasons, most importantly because our country is starting to do well again and we're being respected again" (New York Times 2017).

3.2 Trumps agonistisches Verständnis von Respekt

Trumps persönliches Verständnis von Respekt steht in einem engen Zusammenhang mit einem agonistischen Weltbild. Grundsätzlich ist die Einforderung von sozialer Achtung keineswegs zu verurteilen, vor allem dann nicht, wenn sie sich gegen willkürliche Diskriminierung richtet oder die angemessene Anerkennung von Fähigkeiten, Verdiensten oder gemeinnützigen Leistungen verlangt (Daase et al. 2015; Darwall 1977; Honneth 1992; Lindemann und Ringmar 2012; Rawls 1999; Wolf 2011). Beispielsweise ergab eine weltweite Studie, die im Auftrag einer internationalen Unternehmensberatung durchgeführt wurde, dass Beschäftigte am Arbeitsplatz überall den größten Wert auf eine respektvolle Behandlung legen (Mercer LLC. 2007). Wenn Trump mangelnden Respekt für die USA beklagt, will er aber nicht erreichen, dass ihre Vorzüge, Errungenschaften oder Beiträge ausreichend gewürdigt werden, sondern es geht ihm darum, dass die USA in konkreten Interaktionen „gewinnen", „sich durchsetzen", „ernstgenommen werden", „gefragt werden", ja sogar gefürchtet werden (Trump 2011, S. 4, 2015a, S. 33, 104, 2016b, S. 36, 38–39). Es geht ihm weniger um freiwillige Wertschätzung zwischen Gleichen, sondern um Ehrerbietung, Fügsamkeit und Unterordnung, die notfalls mit Einschüchterung erzwungen werden müssen. Trump sieht das Leben als ständigen Überlebenskampf, in dem man sich nur auf sich selbst verlassen kann (D'Antonio 2015, S. xxi, 57–59, 425; Kranish und Fisher 2016, S. 145, 175; McAdams 2016). Für ihn besteht die Welt aus zwei Gruppen: aus einer Vielzahl von „Verlierern" und einer kleinen „Elite" aus „Gewinnern", die stark seien, sich immer wieder durchsetzen könnten, durch ihre Erfolge und ihr unnachgiebiges Auftreten (*toughness*) das Image eines sehr ernstzunehmenden Akteurs erwürben und genau deshalb respektiert würden, was ihnen dann wiederum weitere „Siege" ermögliche (D'Antonio 2015, S. 424, 457; Kranish und Fisher 2016, S. 42, 45, 63, 94; Tuccille 1985, S. 38). Die vielen „Verlierer" verdienten dagegen keine Achtung: „...most people aren't worthy of respect" (D'Antonio 2015, S. 424).

Dieses agonistische Verständnis von Respekt ist offenkundig nicht zu vereinbaren mit einer US-Außenpolitik, die die liberale Weltordnung weiterhin stützt. In Trumps Sicht hat die Politik der vergangenen Jahrzehnte nur dazu geführt, dass die USA ständig „verloren" haben und „ausgenutzt" wurden. Sie haben als wohlwollender Hegemon zu bereitwillig öffentliche Güter bereitgestellt, um die Stabilität dieser Ordnung zu gewährleisten (vgl. auch Janusch in diesem Band). Dies mag zwar andere Akteure dazu bewogen haben, die Ordnung zu akzeptieren. Für die USA war diese stützende Rolle nach Trumps Ansicht aber ein Verlustgeschäft. Die negative Handelsbilanz und die steigende öffentliche Verschuldung sind für ihn klare Belege dafür, dass die eigenen Kosten nicht durch amerikanische Gewinne aufgewogen wurden. Sie zeigen, dass die Vereinigten Staaten der eindeutige Verlierer seien, der sich (fast) alles gefallen ließe. Problematisch ist für ihn dabei nicht nur die naive Großzügigkeit, mit der die amerikanischen „Globalisten" nationale Interessen angeblich hintangestellt haben, so dass Amerikas internationale Konkurrenten immer besser aufholen konnten (Trump 2011, S. 30, 2016a, 2016e). Der Fehler liegt auch in den Grundprinzipien der liberalen Ordnung selbst, nicht zuletzt im hohen Stellenwert von verbindlichen Regeln und multilateralen Prinzipien. Letztere benachteiligen die USA laut Trump vor allem dadurch, dass sie Washington daran hindern, auf bilateral „ausgewogenen", „fairen" Ergebnissen zu bestehen, insbesondere im bilateralen Handelsaustausch. Hier tritt diffuse Reziprozität an die Stelle des strikten *do ut des*, wie es Trump bevorzugt. Multilaterale Verhandlungen hindern Washington zudem daran, seine Verhandlungsmacht gegen schwächere Akteure effektiv einzusetzen. Bilaterale Formate sind da weitaus vorteilhafter (Trump 2016a). Ähnliche Einschränkungen amerikanischer Macht bewirkt die zunehmende Verrechtlichung, insofern normative Festlegungen Handlungsspielräume verringern und die Nutzung machtpolitischer Instrumente (spezifische Anreize und Drohungen) ausschließen. Die Forderung *America First* ist so kaum umzusetzen. Je mehr sich die USA auf diese Ordnung einlassen, umso mehr verschlechtern sich laut Trump ihre Chancen zu „gewinnen" und umso weniger haben andere internationale Akteure Veranlassung, die Vereinigten Staaten zu fürchten und ernst zu nehmen. Wenn sie wieder so respektiert werden möchten, wie Trump es so vehement einfordert, müssten die USA mit der liberalen Weltordnung brechen, die sie einst maßgeblich mitgeschaffen haben. Nur so könnten sie ihren einstigen Status wiederherstellen.

Nur so könnten Amerikanerinnen und Amerikaner wieder stolz auf ihr Land sein (Trump 2015b, 2016f, 2017d).

4 Wurzeln von Trumps Respektobsession

Woher kommt Trumps überaus hartnäckiges Beharren auf Respekt? Warum scheint es für ihn so wichtig zu sein, dass er seit Jahrzehnten bereit ist, für mehr Respekt Grundprinzipien der amerikanischen Außenpolitik aufzugeben? Warum prägt es in diesem hohen Maße seine Sicht der internationalen Politik? Wie eingangs betont, rührt diese Obsession nicht von einer ausformulierten politischen Ideologie oder Parteilinie her. Noch weniger ruht sie auf einer theoretisch fundierten Analyse des Weltgeschehens. Zwar erinnert das Betonen von Macht und nationalem Interesse an die (neo)realistische Schule. Trumps ständiges Insistieren auf Fairness und seine fundamentale Empörung über die angebliche Missachtung, ja Demütigung der USA passen jedoch keineswegs zu dieser Großtheorie. Die eigentliche Basis dieser Obsession (und damit auch der wichtigste Beweggrund, die liberale Weltordnung abzulehnen) scheint in Trumps Persönlichkeit und in seinem spezifischen Politikverständnis zu liegen. Hinsichtlich seiner Persönlichkeit ist vor allem auf seinen bekannten Narzissmus zu verweisen, der sein nationales Statusbewusstsein antreibt. Sein persönliches Politikverständnis erinnert stark an die Prinzipien von Patron-Klient-Beziehungen, die die Ära der *political machines* prägten und im organisierten Verbrechen dominieren. Wie weiter unten gezeigt werden soll, waren diese politischen Netzwerke bestimmt von transaktionalen Hierarchien, in denen Respekt für den jeweiligen „Boss" weitaus wichtiger war als die Einhaltung allgemeinverbindlicher Normen. Nicht zuletzt macht diese patronalistische Denkweise auch gut verständlich, weshalb Trump autoritären Machthabern so viel Bewunderung entgegenbringt.

4.1 Narzissmus

Trumps Narzissmus ist fast schon eine allgemein anerkannte Tatsache. Nicht nur viele politische Beobachter, sondern auch zahlreiche Biographen (D'Antonio 2015, S. 17–18; Glasser und Kruse 2016a, 2016b) und Psychologen (Gartner 2017; Malkin 2017; McAdams 2016; Zimbardo und Sword 2017) haben dem 45. US-Präsidenten diese Form übertriebener Eitelkeit attestiert. Und in der Tat mangelt es nicht an öffentlichen Belegen für Trumps enormes Interesse am Image eines erfolgreichen

„Gewinners". Erinnert sei in diesem Zusammenhang nur an seine übertriebene Darstellung seiner Fähigkeiten („I alone can fix it"; „[I am] a very stable genius") und seiner Erfolge als Geschäftsmann, Politiker, TV-Star und Frauenheld (Johnston 2017, Kap. 10, 18; Kranish und Fisher 2016, S. 118–20, 215). Für eine narzisstische Persönlichkeitsstruktur sprechen auch seine harschen Reaktionen auf öffentliche Bloßstellungen, Demütigungen und Kritik. Bezeichnenderweise bewertet er letztere fast immer als ungerechtfertigte Angriffe auf seine Person und beantwortet sie regelmäßig mit herabsetzenden Äußerungen über deren Urheber (Barbaro 2016; Lee und Quealy 2016). Selbst in Hintergrundgesprächen beharrt er darauf, dass er immer ein Gewinner gewesen sei, der allseits respektiert würde (Trump 2016b, S. 13, 38, 44).

Offenkundig überträgt Trump seine eigene Statusobsession auf die internationale Ebene. Ein „Gewinner" wie er will nicht einer *loser*-Nation angehören. Wie er verschiedentlich erklärte, verärgerten ihn immer wieder die angeblichen Niederlagen der USA und ihrer inkompetenten Führung. Sie weckten in ihm den Wunsch, in die Politik zu gehen und Amerika wieder Respekt zu verschaffen. Nichts habe ihn mehr verärgert als „the stupidity of the trade deals we have with China, with Japan, with Mexico" (Trump 2016b, S. 6). Er scheint sich ganz persönlich zu schämen für die heruntergekommene Infrastruktur, die die Vereinigten Staaten angeblich zu einem zweitklassigen Land oder zu einem Dritte-Welt-Staat machen (Trump 2015a, S. 121, 161, 2015b, 2016e). „We've become an embarrassment to ourselves and our history" (Trump 2011, S. 5, 96, 2015a, S. 137 [Zitat]). Trumps Nationalismus ist also nicht aufgesetzt oder bloße Wahlkampfrhetorik. Er identifiziert sich wirklich stark mit den Vereinigten Staaten und differenziert nicht zwischen seiner persönlichen Eitelkeit und seinen Gefühlen für die amerikanische Nation (Kruse 2017).

Seine politische Mission sieht er darin, sein Land wieder zu dem respektierten Gewinner zu machen, der es einstmals gewesen und der er selbst immer war. Um wieder voranzukommen, müsse es den Durchsetzungswillen zurückgewinnen, der erfolgreiche Individuen wie ihn selbst auszeichne: „Every successful person has a very large ego… Nothing wrong with ego. People need ego, whole nations need ego. I think our country needs *more* ego, because it is being ripped off so badly by our so-called allies" (Plaskin 1990). Da er selbst immer respektiert worden sei, scheint er sich berufen zu fühlen, seine persönlichen Erfolge analog für sein Land zu wiederholen: „People have respected me. My life has been a life where I've been respected. I want them to respect our country. I want them to respect our leader. But I want them to respect our country" (Trump 2016b, S. 6). Um Amerika wieder großartig zu machen und die Marke (*brand*) USA zu alter Größe zu führen, müsse er selbst politische Verantwortung übernehmen: „Our country needs a truly great leader, and we need a truly great leader now. We need a leader that wrote ‚The Art of the Deal'" (Trump 2015b).

4.2 Patronalistischer Modus Operandi

Während Trumps Narzissmus vor allem begreiflich macht, weshalb Trump das angebliche Verlierer-Image der USA so wütend macht, erklärt sein Verständnis von politischen Prozessen, warum er Respekt so stark mit Durchsetzungsvermögen, Härte und Einschüchterung assoziiert und weshalb es ihn so erzürnt, wenn sein Heimatland angeblich ausgelacht wird. In Trumps Sicht kommt es in der Politik nicht auf Normen oder Institutionen an, sondern auf persönliche Beziehungen zwischen Akteuren, die einander näher kennen (Wolff 2018, S. 212–218). Bezeichnenderweise setzt er große Hoffnung darauf, dass er durch persönliche Interaktion einen Rapport herstellen kann, der internationale Zusammenarbeit fördert: „...I would get along with a lot of the world leaders..." (CNN 2015). „I think I'd get along very well with Vladimir Putin" (Washington Post 2016). Auf diese Weise kann Vertrauen hergestellt werden, das nach seiner darwinistischen Weltanschauung sonst nicht zu rechtfertigen wäre (D'Antonio 2015, S. 424–425; Kranish und Fisher 2016, S. 94; Plaskin 1990; Sheehy 2017). Noch günstiger sind hierfür natürlich weit zurückreichende private Beziehungen. Nicht von ungefähr hat kaum ein amerikanischer Politiker so viele Familienmitglieder in leitenden Positionen erst in seinem Wahlkampfteam und dann im Weißen Haus beschäftigt (Wolff 2018, S. 27–30). Eine andere Methode, mit der verhindert werden kann, dass man von anderen übervorteilt oder hintergangen wird, sind bilaterale Transaktionen, bei denen Leistung und Gegenleistung gleichzeitig ausgetauscht werden und erkennbar ausgewogen sind – ein Prinzip, das Trump bekanntlich immer wieder betont, selbst bei langfristigen Handelsbeziehungen.

Solche informellen, rechtsfernen Netzwerke persönlicher Beziehungen sind jedoch nur aktionsfähig und stabil, wenn sie (auch) starke hierarchische Differenzierungen aufweisen. Wo abstrakte Normen und Verfahren wenig gelten, muss eine/r der eindeutige „Boss" sein, damit die Gruppe als ganze wirksam handeln kann. Wie Trump immer wieder betont, muss ein effektiver Führer *tough* sein. Er muss stets auf Loyalität bestehen (Glasser und Kruse 2016b; Kruse 2017; Trump 2016b, S. 23; Wolff 2018, S. 202), wie nicht zuletzt der ehemalige FBI-Direktor Comey und die ehemalige Justizministerin Yates erfahren durften, der das Weiße Haus offiziell „Verrat" vorwarf. Er kann sich nie Nachgiebigkeit oder Schwäche erlauben. Eine Reputation für Härte und Vergeltungsdrang ist laut Trump unerlässlich: „If you take the first step backward, you might as well just keep going. To put it in another way: If you can accept losing, then you have already lost" (Trump 2015a, S. 138). Jede Herausforderung, jeder Angriff muss mit mehrfacher Härte vergolten werden, damit der Widersacher einsieht, dass er sich fügen muss: „When a person screws you, screw them back fifteen times harder" (Kranish und Fisher 2016, S. 260). Trump muss immer zeigen, wer der stärkere ist (Kruse 2017; Schwartz 2017; Wolff 2018, S. 241, S. 275–76).

Diese Betonung von persönlichen Beziehungen, direkter bilateraler Transaktionen, unbedingter Loyalität, unmittelbarer Vergeltung und autoritärer Führung kennzeichnet weniger die Politik in liberalen Demokratien, sondern charakterisiert weit besser Interaktionsmuster in patronalen Netzwerken, wie sie in den *political machines* in amerikanischen Großstädten und den meisten traditionalen Gesellschaften, aber auch in Clans des organisierten Verbrechens üblich sind. Ein aktuelles Standardwerk bringt das Wesen dieser Politikform sehr gut auf den Punkt – und scheint Trumps politische Grundideen exakt wiederzugeben:

> "Patronal politics refers to politics in societies where individuals organize their political and economic pursuits primarily around the personalized exchange of concrete rewards and punishments trough chains of actual acquaintance, and not primarily around abstract, impersonal principles such as ideological belief or categorizations like economic class that include many people one has not actually met in person. In this politics of individual reward and punishment, power goes to those who can mete these out, those who can position themselves as patrons with a large and dependent base of clients" (Hale 2015, S. 9–10).

In dieser Art von Politik sind Entscheidungen über gesellschaftliche Probleme völlig zweitrangig. Die jeweiligen „Bosse" kümmern sich nicht um *policies*, sondern überlassen diese Fragen nachrangigen Akteuren (Wolfinger 1972). Worauf es ankommt, sind vorteilhafte Transaktionen und insbesondere die Reputation des Patrons. Sobald ein ernstzunehmender Rivale am Horizont erscheint, der die Klienten ebenfalls belohnen und anführen könnte, droht das pyramidale Netzwerk zu zerfallen. Um die Loyalität der Klienten zu bewahren, auf der sein Belohnungssystem letztlich basiert, muss der Boss daher alles daran setzen, dass erst gar nicht der Eindruck entsteht, dass er die Etablierung eines Rivalen oder die Schwächung seiner Autorität dulden könnte (Hale 2015, S. 34–38). Nur wenn er mit aller Härte gegen mangelnden Respekt vorgeht, kann er gewährleisten, dass er an der Spitze der Pyramide bleibt.[2]

Dass Trump ganz ähnlich über Politik denkt, dürfte kaum ein Zufall sein. Trumps Heimatstadt New York war bis Mitte der 1960er Jahre stark von *machine politics* geprägt. Wichtige Bauunternehmer wie sein Vater, der vom späteren Präsidenten als „tough son-of-a-gun" verehrte Fred Trump (Trump 1999; Tuccille 1985, S. 38), hatten kaum eine andere Wahl, als nach den Regeln der *machines* zu spielen,

2 Bezeichnend für diese sehr personalisierte Sicht auf Respekt (Schwartz 2017) und Durchsetzungsvermögen ist auch, dass Trump mangelnden Respekt für die USA öfter in einem Atemzug nennt mit der Missachtung ihres Präsidenten (*leader*) Obama. Siehe CNN (2015); Trump (2016b, S. 37f.), (2016e); D'Antonio (2015, S. 420).

wenn sie sich um lukrative Baugenehmigungen bemühten oder an einträgliche öffentliche Aufträge oder Subventionen kommen wollten. Der *self-made man* Fred Trump war dabei erfolgreicher als viele andere. Zum Zeitpunkt seines Todes war sein Unternehmen mehrere hundert Millionen Dollar wert. Er wurde zwar nie in einem Strafverfahren verurteilt, bewegte sich aber häufig am Rande der Legalität, wenn nicht gar jenseits dieser Grenze. Donald Trump scheint an diesen Praktiken keinerlei Anstoß genommen zu haben, sondern knüpfte bei seinen ersten Unternehmungen nahtlos an sie an. Wie schon sein Vater nutzte er in entscheidenden Momenten immer wieder die politischen Beziehungen der Familie und pflegte sie mit beachtlichen Geldspenden (D'Antonio 2015, S. xix, 20–24, 40–44, 77, 81, 127–45; Kranish und Fisher 2016, Kap. 3, S. 70–78).

Auch was die langjährigen Geschäftsbeziehungen zum organisierten Verbrechen anbelangt, trat Donald Trump in die Fußstapfen seines Vaters. Fred Trump unterhielt nach dem zweiten Weltkrieg enge Geschäftsbeziehungen mit William Tomasello, der von einer staatlichen Taskforce zur Bekämpfung der organisierten Kriminalität als Verbündeter der Mafiafamilien Gambino und Genovese identifiziert worden war (D'Antonio 2015, S. 41–43; Johnston 2017, S. 36–37). Trump jr. schmierte später beim Bau des Trump Tower offenkundig Gewerkschaftsvertreter, welche die Betonzulieferungen in Manhattan kontrollierten und bekanntermaßen mit der Mafia verbunden waren. Außerdem beschäftigte er für das Shuttle zu seinen Spielkasinos in Atlantic City zwei zwielichtige Hubschrauber-Unternehmen: das eine gehörte zum Teil einem gewissen John Staluppi, den die Justiz der Mafiafamilie Gambino zuordnete, das andere einem verurteilten Drogendealer, der vermutlich auch während seiner Partnerschaft mit Trump dessen reiche Kasino-Kunden mit Drogen versorgte (D'Antonio 2015, S. 177–179; Johnston 2017, Kap. 6 und 8; Kranish und Fisher 2016, S. 89–91). Vor einigen Jahren beschäftigte Trump zudem einen Mann namens Felix Sater als *Senior Advisor*, der ein Jahrzehnt zuvor u. a. wegen eines organisierten Aktienbetrugs verurteilt worden war, in den die Mafiafamilien Gambino und Genovese verwickelt waren. Sater beteiligte sich damals an einem nie verwirklichten Projekt Trumps in Fort Lauderdale, das mit einer Betrugsklage von über hundert Wohnungskäufern endete (Johnston 2017, Kap. 21; Kranish und Fisher 2016, S. 232–233).

Trump war somit früh vertraut mit den Machenschaften patronaler Netzwerke in Politik und organisierter Kriminalität. Unter dem Einfluss seines Vaters, der ihn schon früh anhielt, wie ein *killer* zu agieren (D'Antonio 2015, 51), und seines späteren Freundes Roy Cohn, der viele Mafiafamilien vor Gericht vertrat und wohl auch selbst von ihren Geschäften profitierte (D'Antonio 2015, 101–110; Kranish und Fisher 2016, Kap. 4), lernte Trump gleichsam von der Pike auf, wie man mit und in ihnen erfolgreich operierte. Es ist deshalb durchaus plausibel, dass diese unmittelbaren Erfahrungen sein Bild der Politik nachhaltig prägten und bis heute stark beeinflussen, nicht zuletzt hinsichtlich der Bedeutung von Respekt.

5 Schluss

Der Beitrag hat argumentiert, dass Trump eine tiefsitzende Aversion gegen die liberale Weltordnung hat, die nicht auf einer spezifischen Ideologie oder einer elaborierten Sicht auf die internationalen Beziehungen basiert, sondern auf einem langjährigen Narrativ, demzufolge die USA seit Jahrzehnten systematisch missachtet werden. Für Trump besteht das älteste und wichtigste Problem der liberalen Weltordnung darin, dass sie zu einem massiven Statusverlust der Vereinigten Staaten geführt hat. Dieses geradezu obsessive Verlangen nach mehr Respekt gründet sich seinerseits auf Trumps persönlichen Narzissmus, den er auf seine Nation überträgt, und auf seinem patronalistischen Politikverständnis, in dem personale Austauschbeziehungen und strikte Hierarchien dominieren. Was aber bedeutet dies für die internationalen Akteure, die an der liberalen Ordnung festhalten wollen? Welche Lehren lassen sich daraus für den Umgang mit der Trump-Administration ziehen? Inwieweit besteht für Amerikas bisherige Partner Hoffnung, dass Trump im Amt dazulernt oder von ihnen beeinflusst werden kann?

Die vorliegende Analyse legt die Schlussfolgerung nahe, dass Trump seine Ansichten über die liberale Ordnung nur noch marginal verändern wird. Dafür spricht nicht allein sein hohes Lebensalter, sondern auch der Umstand, dass Trumps Auffassung wahrscheinlich tief in seinen emotionalen Bedürfnissen verwurzelt ist. Wer sein ganzes Leben lang abhängig war von sichtbaren Erfolgen und deren öffentlicher Anerkennung, wird im Alter kaum ein bescheidener, uneitler Mensch werden. Und wer sich immer stark mit seiner Nation identifiziert hat, wird vermutlich auch nicht mehr zu einem glühenden Kosmopoliten – schon gar nicht, nachdem er gerade an die Spitze dieser Nation getreten ist. Insofern wäre es eine große Überraschung, wenn Trump auf eine pragmatischere Linie einschwenken würde, bei der der Status der USA und der ihnen gezollte Respekt eine untergeordnete Rolle spielen.

Etwas günstiger scheinen die Aussichten für die Veränderung seines spezifischen Politikverständnisses, das sein agonistisches Verständnis von Respekt prägt. Dass die USA nicht wie eine riesige *political machine* und schon gar nicht wie eine Mafiafamilie funktionieren, dürfte Trump in seinem ersten Amtsjahr gelernt haben. Dass mehrere Versionen seiner Einreiseverbote an den Gerichten gescheitert sind, sollte ihm deutlich gemacht haben, dass nicht einmal der Präsident über dem Recht steht. Das gleiche gilt für die laufende Russland-Untersuchung, die sein Justizministerium gegen seinen

Willen veranlasst hat. Analog zeigen auch das Scheitern seiner Gesundheitsreform (vgl. auch Dobbins in diesem Band) und der *government shutdown* vom Januar 2018, dass es in den USA nicht nur ein Machtzentrum gibt, wie in einem pyramidalen Patronage-Netzwerk. All dies lässt hoffen, dass Trump inzwischen verstanden hat, dass es ihm innenpolitisch selten nützt, wenn er versucht, wie ein Pate oder *machine boss* zu agieren, der alle mit Einschüchterung auf Linie bringen will.

Ob ein ähnlicher Lernprozess auch in der internationalen Arena erfolgen wird, erscheint jedoch sehr fraglich. Zum einen ist das internationale System längst nicht so verrechtlicht wie das politische System der USA. Und es gibt auch keine formalisierte Gewaltenteilung, die einen gleichrangigen Gegenspieler institutionalisieren könnte. Insofern ähnelt dort das politische Geschehen weit eher dem in den rechtsfernen Räumen, in denen patronalistische Netzwerke operieren. Hier kommt es tatsächlich mehr auf konkrete Beziehungen und demonstriertes Durchsetzungsvermögen an. Zum anderen agieren in der internationalen Arena die anderen Akteure meist etwas opportunistischer als Trumps Gegenspieler auf nationaler Ebene. Letztere lassen sich weit eher von rechtlichen Normen und Prinzipien der politischen Kultur leiten als ausländische Regierungen, die sich am nationalen Interesse orientieren und sich zum Teil wenig mit der existierenden Weltordnung identifizieren. Sie werden der Trump-Administration also weniger deutlich die Grenzen aufzeigen, beispielsweise indem sie ihr unmissverständlich zu verstehen geben, dass sie mit ihrer politischen Vorgehensweise das Ansehen der USA schwächt, statt es zu stärken. Aus der Perspektive vieler Regierungen wird es weit sinnvoller erscheinen, Trump mit vordergründigen Ehren und Respektsbekundungen zu umgarnen (wie es Chinas Führung kürzlich vorexerziert hat), als ihm gemeinsam mit anderen zu demonstrieren, dass nur prinzipiengeleitete Kooperation und wohlwollende Führung zu dauerhaftem Respekt führen. Trump wird diese Lektion mithin kaum lernen.

Für die Regierungen, die sich den Prinzipien der liberalen Weltordnung weiterhin verpflichtet fühlen, bedeutet dies, dass sie sich vor allem um Schadensbegrenzung bemühen müssen. Sie müssen dafür Sorge tragen, dass die tragenden Normen und zentralen Verfahren dieser Ordnung von der gegenwärtigen US-Regierung nicht dauerhaft verwässert werden. Daneben müssen sie bessere Vorsorge für den Fall treffen, dass Washington seinen Verpflichtungen nicht nachkommt oder zumindest nicht in dem Maße, wie es bisher der Fall war. Dies dürfte im gut institutionalisierten Europa noch eher möglich sein als in Ostasien, wo Trumps Unzuverlässigkeit manche Regierungen dazu veranlassen könnte, sich stärker an chinesischen Ordnungsvorstellungen zu orientieren. Nicht zuletzt müssen alle Regierungen dem internationalen Krisenmanagement größere Beachtung schenken – nicht nur weil die Trump-Administration hier bisweilen weniger Engagement zeigen könnte, sondern auch weil sie hier viel ungeschickter und emotionaler vorgehen könnte als bisherige Administrationen. Am wichtigsten für die Bewahrung der liberalen Weltordnung ist schließlich, dass in Trumps Amtszeit ein großer Krieg vermieden wird.

Literatur

Barbaro, Michael. 2016. What Drives Donald Trump? Fear of Losing Status, Tapes Show. *New York Times*, 25. Oktober. https://www.nytimes.com/2016/10/26/us/politics/donald-trump-interviews.html?_r=0. Zugegriffen: 6. März 2017.

CNN. 2015. CNN Live Event/Special GOP Presidential Debate. [Fernsehsendung]. Aired 8:10-11:15p ET. http://transcripts.cnn.com/TRANSCRIPTS/1509/16/se.02.html. Zugegriffen: 24. Februar 2017.

Daase, Christopher, C. Fehl, A. Geis, und G. Kolliarakis. 2015. Recognition in International Relations. Rethinking a political concept in a global context. *Buchreihe Palgrave studies in international relations*. Basingstoke: Palgrave Macmillan.

D'Antonio, Michael. 2015. *The Truth about Trump*. New York: St. Martin's Press.

Darwall, Stephen L. 1977. Two kinds of respect. *Ethics 88* (1): 36–49.

Dawsey, Josh, S. Goldmacher, und A. Isenstadt. 2017. The education of Donald Trump. The White House remains on a collision course between the president's fixed habits and the demands of his new job. *Politico*, 27. April. https://www.politico.com/story/2017/04/27/the-education-of-donald-trump-237669. Zugegriffen: 18. Januar 2018.

Falke, Andreas. 2017a. Abkehr vom Freihandel? Die Trump-Administration und die transatlantischen Handelsbeziehungen. In *Die Zukunft der transatlantischen Gemeinschaft*, Hrsg. F. Böller, S. Hagemann, A. Opitz und J. Wilzewski, 321–347. Baden-Baden: Nomos.

Falke, Andreas. 2017b. Trade Realism? Protektionismus und die amerikanische Außenhandelspolitik in der Ära Trump. Beitrag zur Konferenz *„Radikaler Bruch? Amerikanische Außenpolitik in der Ära Donald Trump"*, Akademie für politische Bildung, Tutzing, 15.-17.12.2017.

Gartner, John D. 2017. Donald Trump Is: (A) Bad, (B) Mad, (C) All of the Above. In *The dangerous case of Donald Trump. 27 psychiatrists and mental health experts assess a president*, Hrsg. B. Lee, 93–109. New York: St. Martin's Press.

Glasser, Susan B., und M. Kruse. 2016a. Trumpology: A Master Class. *Politico Magazine* 3(3). http://www.politico.com/magazine/story/2016/04/donald-trump-2016-campaign-biography-psychology-history-barrett-hurt-dantiono-blair-obrien-213835?paginate=false. Zugegriffen: 21. Februar 2017.

Glasser, Susan B., und M. Kruse. 2016b. 'I Think He's a Very Dangerous Man for the Next Three or Four Weeks'. *Politico Magazine*, 12. Oktober. http://www.politico.com/magazine/story/2016/10/donald-trump-2016-biographers-214350. Zugegriffen: 10. März 2017.

Green, Joshua. 2017. *Devil's Bargain. Steve Bannon, Donald Trump, and the Storming of the Presidency*. New York: Penguin Press.

Haberman, Maggie. 2015. Donald Trump Says Terrorists' Families Should Be Targets. *New York Times*, 2. Dezember. https://www.nytimes.com/politics/first-draft/2015/12/02/donald-trump-says-terrorists-families-should-be-targets/. Zugegriffen: 12. Januar 2018.

Haberman, Maggie. 2016a. Donald Trump Again Alters Course on Torture. *New York Times*, 5. März. https://www.nytimes.com/politics/first-draft/2016/03/05/donald-trump-again-alters-course-on-torture/. Zugegriffen: 12. Januar 2018.

Haberman, Maggie. 2016b. Donald Trump Reverses Position on Torture and Killing Terrorists' Families. *New York Times*, 4. März. https://www.nytimes.com/politics/first-draft/2016/03/04/donald-trump-reverses-position-on-torture-and-killing-terrorists-families/. Zugegriffen: 12. Januar 2018.

Hale, Henry E. 2014. Patronal politics. Eurasian regime dynamics in comparative perspective. Cambridge: Cambridge University Press.

Honneth, Axel. 1992. *Kampf um Anerkennung. Zur moralischen Grammatik sozialer Konflikte*. Frankfurt am Main: Suhrkamp.

Johnston, David C. 2017. *Die Akte Trump*. Wals bei Salzburg: Ecowin.

Kranish, Michael, und M. Fisher. 2016. *Trump revealed. An American journey of ambition, ego, money, and power*. New York: Scribner.

Kruse, Michael. 2017. 'He Has This Deep Fear That He Is Not a Legitimate President'. *Politico Magazine*, 18. Januar. http://www.politico.com/magazine/story/2017/01/trump-biographers-presidency-legitimate-214655. Zugegriffen: 10. März 2017.

Laderman, Charlie, und B. Simms. 2017. *Donald Trump. The making of a world view* (Revised edition). London: I.B. Tauris & Co. Ltd.

Lee, Jasmine C., und K. Quealy. 2016. The 319 People, Places and Things Donald Trump Has Insulted on Twitter. A Complete List. *New York Times*, 27. Februar. https://www.nytimes.com/interactive/2016/01/28/upshot/donald-trump-twitter-insults.html?__tt. Zugegriffen: 6. März 2017.

Lindemann, Thomas, und E. Ringmar. 2012. *The international politics of recognition*. Boulder: Paradigm Publishers.

Malkin, Craig. 2017. Pathological Narcissism and Politics: A Lethal Mix. In *The dangerous case of Donald Trump. 27 psychiatrists and mental health experts assess a president*, Hrsg. B. Lee, 51–68. New York: St. Martin's Press.

McAdams, Dan P. 2016. The Mind of Donald Trump. *The Atlantic* 5. https://www.theatlantic.com/magazine/archive/2016/06/the-mind-of-donald-trump/480771/. Zugegriffen: 6. März 2017.

Mercer LLC. 2007. Engaging Employees to Drive Global Business Success. *Insights from Mercer's What's Working Research*. http://mgt2210.pbworks.com/w/file/fetch/57707963/Mercer_Whats%20Working_final.pdf. Zugegriffen: 10. April 2015.

New York Times. 2016. Donald Trump's New York Times Interview: Full Transcript. 23. November. https://www.nytimes.com/2016/11/23/us/politics/trump-new-york-times-interview-transcript.html. Zugegriffen: 3. Januar 2018.

New York Times. 2017. Excerpts From Trump's Interview With The Times. 28. Dezember. https://www.nytimes.com/2017/12/28/us/politics/trump-interview-excerpts.html?hp&action=click&pgtype=Homepage&clickSource=story-heading&module=first-column-region&region=top-news&WT.nav=top-news. Zugegriffen: 29. Dezember 2017.

Plaskin, Glenn. 1990. Playboy Interview: Donald Trump. März-Ausgabe. http://www.playboy.com/articles/playboy-interview-donald-trump-1990. Zugegriffen: 16. März 2016.

Rawls, John. 1999. *The law of peoples*. Cambridge: Harvard University Press.

Russett, Bruce M., und J. R. Oneal. 1999. *Triangulating peace. Democracy, interdependence, and international organizations*. New York: Norton.

Schwartz, Tony. 2017. I Wrote The Art of the Deal with Donald Trump. His Self-Sabotage Is Rooted in His Past. In *The dangerous case of Donald Trump. 27 psychiatrists and mental health experts assess a president*, Hrsg. B. Lee, 69–74. New York: St. Martin's Press.

Sheehy, Gail. 2017. Trump's Trust Deficit Is the Core Problem. In *The dangerous case of Donald Trump. 27 psychiatrists and mental health experts assess a president*, Hrsg. B. Lee, 75–82. New York: St. Martin's Press.

Tansey, Michael J. 2017. Why "Crazy Like a Fox" versus "Crazy Like a Crazy" Really Matters. Delusional Disorder, Admiration of Brutal Dictators, the Nuclear Codes, and Trump. In *The dangerous case of Donald Trump. 27 psychiatrists and mental health experts assess a president*, Hrsg. B. Lee, 110–125. New York: St. Martin's Press.

The Guardian. 2016. Donald Trump: I'd bring back 'a hell of a lot worse than waterboarding'. 7. Februar. https://www.theguardian.com/us-news/2016/feb/06/donald-trump-waterboarding-republican-debate-torture. Zugegriffen: 12. Januar 2018.

Trump, Donald. 1980. Interview with Rona Barrett. *Washington Post*, 6. Oktober. https://www.washingtonpost.com/wp-stat/graphics/politics/trump-archive/docs/rona-barrett-1980-interview-of-donald-trump.pdf. Zugegriffen: 17. Februar 2018.

Trump, Donald. 1987. There's nothing wrong with America's Foreign Defense Policy that a little backbone can't cure. *New York Times*, 2. September. https://www.buzzfeed.com/ilanbenmeir/that-time-trump-spent-nearly-100000-on-an-ad-criticizing-us?utm_term=.taEZ6ExAE. Zugegriffen: 17. Februar 2018.

Trump, Donald. 1999. Transcript: Donald Trump announces plans to form presidential exploratory committee. *CNN Interview with Larry King*, 8. Oktober. http://edition.cnn.com/ALLPOLITICS/stories/1999/10/08/trump.transcript/. Zugegriffen: 5. März 2017.

Trump, Donald. 2011. *Time to get tough. Making America great again!* Washington, D.C.: Regnery Publishing.

Trump, Donald. 2015a. *Great again. How to fix our crippled America*. New York: First Threshold editions. (Originalarbeit erschienen unter dem Titel Crippled America: How to make America great again).

Trump, Donald. 2015b. Donald Trump's Presidential Announcement Speech. *Time*, 16. Juni. http://time.com/3923128/donald-trump-announcement-speech/. Zugegriffen: 5. März 2017.

Trump, Donald. 2016a. Full transcript: Donald Trump's jobs plan speech. *Politico*, 28. Juni. https://www.politico.com/story/2016/06/full-transcript-trump-job-plan-speech-224891. Zugegriffen 17. Februar 2018.

Trump, Donald. 2016b. Interview with Bob Woodward and Robert Costa. *Washington Post*, 31. März.https://www.washingtonpost.com/wp-stat/graphics/politics/trump-archive/docs/donald-trump-interview-with-bob-woodward-and-robert-costa.pdf. Zugegriffen: 9. März 2017.

Trump, Donald. 2016c. Interview with Marc Fisher and Michael Kranish. *Washington Post*, 9. Juni. https://www.washingtonpost.com/wp-stat/graphics/politics/trump-archive/docs/donald-trump-interview-with-marc-fisher-and-michael-kranish-june-9-2016.pdf. Zugegriffen: 9. März 2017.

Trump, Donald. 2016d. Speech on foreign policy at an event hosted by the National Interest on Wednesday. 27. April. http://nationalinterest.org/feature/trump-foreign-policy-15960?page=show. Zugegriffen: 5. Januar 2018.

Trump, Donald. 2016e. Transcript: Donald Trump Expounds on His Foreign Policy Views. Interview with *New York Times*, 26. März. https://www.nytimes.com/2016/03/27/us/politics/donald-trump-transcript.html. Zugegriffen: 3. Januar 2018.

Trump, Donald. 2016f. Full text: Donald Trump 2016 RNC draft speech transcript. *Politico*, 21. Juli. http://www.politico.com/story/2016/07/full-transcript-donald-trump-nomination-acceptance-speech-at-rnc-225974. Zugegriffen: 5. März 2017.

Trump, Donald. 2017a. National Security Strategy of the United States of America (December). https://www.whitehouse.gov/wp-content/uploads/2017/12/NSS-Final-12-18-2017-0905.pdf. Zugegriffen: 12. Januar 2018.

Trump, Donald. 2017b. Remarks by President Trump on the Administration's National Security Strategy.18. Dezember. https://www.whitehouse.gov/briefings-statements/remarks-president-trump-administrations-national-security-strategy/. Zugegriffen: 11. Januar 2018.

Trump, Donald. 2017c. Remarks by President Trump to the 72nd Session of the United Nations General Assembly Foreign Policy. 19. September. https://www.whitehouse.gov/briefings-statements/remarks-president-trump-72nd-session-united-nations-general-assembly/. Zugegriffen: 11. Januar 2018.

Trump, Donald. 2017d. The Inaugural Address. 20. Januar. https://www.whitehouse.gov/inaugural-address. Zugegriffen: 6. März 2017.

Trump, Donald. 2018. Remarks by President Trump at APEC CEO Summit. 10. November. https://www.whitehouse.gov/briefings-statements/remarks-president-trump-apec-ceo-summit-da-nang-vietnam/. Zugegriffen: 14. März 2018.

Tuccille, Jerome. 1985. *Trump: The Saga of America's Most Powerful Real Estate Baron*. Washington, D.C.: Beard Books.

Washington Post. 2016. The Fox News GOP debate transcript, annotated. 3. März. https://www.washingtonpost.com/news/the-fix/wp/2016/03/03/the-fox-news-gop-debate-transcript-annotated/?utm_term=.664310840cf1. Zugegriffen: 26. Januar 2018.

Wolf, Reinhard. 2011. Respect and disrespect in international politics: the significance of status recognition. *International Theory* 3 (01): 105–142.

Wolf, Reinhard. 2017. Donald Trump's Status-Driven Foreign Policy. *Survival 59* (5): 99–116. doi:10.1080/00396338.2017.1375260.

Wolff, Michael. 2018. *Fire and Fury. Inside the Trump White House*. London: Little, Brown Book Group.

Wolfinger, Raymond E. 1972. Why Political Machines Have Not Withered Away and Other Revisionist Thoughts. *Journal of Politics 34* (2): 365–398.

Wright, T. 2016. Trump's 19th Century Foreign Policy. His views aren't as confused as they seem. In fact, they're remarkably consistent—and they have a long history. *Politico*, 20. Januar. https://www.politico.com/magazine/story/2016/01/donald-trump-foreign-policy-213546. Zugegriffen: 18. Januar 2018.

Zimbardo, P., und R. Sword. 2017. Unbridled and Extreme Present Hedonism. How the Leader of the Free World Has Proven Time and Again He Is Unfit for Duty. In *The dangerous case of Donald Trump. 27 psychiatrists and mental health experts assess a president*, Hrsg. B. Lee, 25–50. New York: St. Martin's Press.

Trump und das Post-Faktische

Die tieferen Ursachen eines nur scheinbar skeptischen Umgangs mit der Wahrheit

Sebastian Schindler*

Zusammenfassung

Der post-faktische Umgang mit der Wahrheit, der die Politik Donald Trumps charakterisiert, ist zugleich naiv und skeptisch, zugleich leichtgläubig und zynisch. Ausgehend von diesem Widerspruch legt das Kapitel eine Deutung sowohl der Form post-faktischer Politik als auch ihrer tieferen Ursachen vor. Anhand einer Reihe von illustrativen Beispielen wird gezeigt, dass Trumps Umgang mit der Wahrheit einer Generalisierung verschwörungstheoretischer Annahmen gleichkommt, die hinter der wahrnehmbaren Realität manipulative und verschwörerische Aktivitäten am Werk sehen. Inspiriert von Überlegungen Hannah Arendts und Erich Fromms wird eine Erklärung dieser Form post-faktischer Politik entwickelt, die sie als Resultat einer Entwicklung deutet, die den Menschen den Mut zum gemeinsamen Handeln und zur vollen Entfaltung ihrer Freiheit raubt.

* Dieses Kapitel entstammt wesentlich einem Denkraum, der sich für mich im Rahmen des Theaterprojekts „100 Tage Great Again“ aufgetan hat. Ich danke den Mitwirkenden an diesem Projekt und außerdem den Studierenden in drei BA-Kursen an den Universitäten in Würzburg und Frankfurt, die sich mit den Problemen von Verdacht und Vorurteil auseinander gesetzt haben. Sie alle kennen nichts von dem, was hier steht, aber ohne sie hätte es nie geschrieben werden können. Darüber hinaus danke ich Stefan Kroll und Ben Christian für hilfreiche Kommentare zum Text, Christopher Daase und Stefan Kroll für die Einladung zu Ringvorlesung und Sammelband, und nicht zuletzt Philip Wallmeier für hilfreiche Anmerkungen und zahlreiche ausführliche Gespräche.

C. Daase und S. Kroll (Hrsg.), *Angriff auf die liberale Weltordnung*,
https://doi.org/10.1007/978-3-658-23783-7_4

Schlüsselbegriffe

Trump, Wahrheit, Lüge, Naivität, Zynismus, Verschwörungstheorie, Verlassenheit, Freiheit, Mut

1 Einleitung

Trumps Umgang mit der Wahrheit zeugt zuweilen von großer Naivität. Trump ist dafür bekannt, dass er Nachrichten, die von bestimmten Medien verbreitet werden, kritiklos weitergibt. Manchmal ergänzt er sie sogar durch eigene Erfindungen. Am 20. Februar 2017 sprach Trump vor Anhängern in Florida über einen gravierenden Vorfall „gestern Abend" in Schweden: „Schauen sie sich an, was gestern Abend in Schweden passiert ist. Schweden! Wer hätte das gedacht. Schweden. Sie haben viele Einwanderer aufgenommen. Sie haben Probleme, die sie nicht für möglich gehalten hätten" (NZZ 2017). Der Vorfall war, wie Schwedens früherer Außenminister Carl Bildt klarstellte, erfunden. Das Präsidialamt in Washington erklärte später, dass Trump am Vorabend einen Bericht über steigende Kriminalitätsraten in Schweden auf *Fox News* gesehen hatte. Trump behandelte das, was er „gestern Abend" im Fernsehen gesehen hatte, so als wäre es tatsächlich „gestern Abend in Schweden passiert" (ibid.).

Trumps Naivität geht einher mit einer Haltung, die scheinbar in krassem Gegensatz zu seiner Leichtgläubigkeit steht. Gegenüber bestimmten Fakten zeigt sich Trump äußerst skeptisch. Er behauptete, dass die offiziellen Ergebnisse der Präsidentschaftswahlen, die ihn ins Amt brachten, das Resultat von Manipulationen seien. Wie er in seinem ersten Fernsehinterview als Präsident sagte, hätten Menschen in den Grenzregionen zwischen Bundesstaaten oft in zwei oder sogar noch mehr Staaten abgestimmt – und zwar für Hillary Clinton. Nicht Clinton, sondern er selbst habe deshalb in Wahrheit die meisten Stimmen auf sich gezogen (ABC News 2017).[1] Im selben Fernsehinterview präsentierte Trump stolz Fotos seiner Amtseinführungszeremonie, die er in Gängen des Weißen Hauses hatte aufhängen lassen. Darauf seien die Menschen – das „Meer der Liebe", wie Trump wörtlich sagte – zu sehen, die ihn ins Amt befördert hätten. Die von der *New York*

1 Trump gewann zwar die meisten Stimmen im „electoral college", der Versammlung der Wahlmänner und -frauen, aber nicht die „popular vote" – die meisten abgegebenen Stimmen amerikanischer Wählerinnen und Wähler (zumindest laut der offiziellen Zahlen, die Trump anzweifelt).

Times veröffentlichten Fotos, die zeigten, dass weniger Menschen als bei den Zeremonien Obamas gekommen waren, bezeichnete Trump als parteiisch und unfair. Sie seien „aus einem bestimmten Winkel“ und zu einem bestimmten Zeitpunkt aufgenommen worden, um ihn absichtlich schlecht aussehen zu lassen – und nicht nur ihn, sondern auch die vergessenen und ungehörten Menschen im ganzen Land, die ihn gewählt hätten (ibid.). Trump führte in beiden Fällen gewitzt vielerlei Argumente ins Feld, die belegen sollten, warum den berichteten Fakten nicht zu trauen sei. In Wirklichkeit, so suggerierte Trump, seien diese Fakten das Ergebnis von Manipulationen. Dahinter stecke, so machte Trump Glauben, der bewusste Wille, ihn selbst und seine Wähler zu diskreditieren.

Manchmal erfindet Trump selbst Fakten, die es gar nicht gibt; manchmal kritisiert er Fakten als erfunden. Manchen Medienberichten glaubt Trump ohne weitere Prüfung; anderen wirft er vor, ohne genaue Prüfung irgendwelche Fakten zu erfinden. Diese erstaunliche Diskrepanz im Umgang mit der Wahrheit ist erklärungsbedürftig. Gängige Erklärungsversuche gehen oft von der zutreffenden Beobachtung aus, dass Trump nur den Medienorganisationen glaubt, die ihm selber nahe stehen. Er erfindet die Fakten, die ihm selber nützen und seine politischen Positionen etwa im Bereich Migration stützen. Medienorganisationen, die Trump kritisieren, glaubt er dagegen nicht. Fakten, die ihn schlecht aussehen lassen, bezeichnet er als manipuliert. Eine einfache Erklärung für die beschriebene Diskrepanz bietet so Trumps Narzissmus (siehe Wolf in diesem Band). Oder vielleicht könnte man auch, in einem weniger vorwurfsvollen Ton, davon sprechen, dass Trumps Umgang mit Fakten keineswegs so ungewöhnlich ist, wie er auf den ersten Blick scheint. Schließlich leben wir in einem Zeitalter, in dem viele Menschen der Politik gegenüber skeptisch eingestellt sind und davon ausgehen, dass Fakten vor allem deshalb bestehen und behauptet werden, weil dies bestimmten politischen oder ökonomischen Interessen dient. Der frühe kritische Theoretiker Erich Fromm beschrieb schon in den 1940er Jahren die „Verbindung von Zynismus und Naivität“ als eine für den modernen Menschen höchst kennzeichnende Einstellung (Fromm 1990 [1941], S. 181). Für Fromm war diese doppelte, auf den ersten Blick widersprüchliche Einstellung allerdings Teil eines größeren Problems, das er überwindbar zu machen suchte, und das er als „Furcht“ oder „Flucht“ vor der Freiheit bezeichnete.

In diesem Kapitel werde ich argumentieren, dass Trumps widersprüchlicher Umgang mit Fakten weder als Resultat einer Persönlichkeitsstörung noch als Eigenschaft normaler Politik zureichend erklärt ist. Ähnlich wie Philip Wallmeier (in diesem Band) bin ich der Meinung, dass die politischen Veränderungen, die Trump bewirkt und deren Symptom er zugleich ist, ernst zu nehmen sind. Trumps Verhalten mag oft Anlass zu Gelächter bieten, aber wir sollten darüber die Gefahren nicht verkennen, die diesem Verhalten innewohnen. Anders als Wallmeier werde ich dabei aber nicht die konkreten politischen Maßnahmen, etwa in der Umwelt- und Finanzpolitik, in den Blick nehmen, die Trump als Präsident bisher durchsetzen konnte (vgl. auch Dobbins in diesem Band). Statt Trump als Politiker ernst zu nehmen, der eine bestimmte, seit Langem bestehende neokonservative Agenda durchsetzt, werde ich mich speziell auf die skizzierte Diagnose von Trumps Umgang mit Fakten konzentrieren. Die qualitative Veränderung des Umgangs mit Wahrheit, die Trump verkörpert, ist mit dem Ausdruck des Post-Faktischen sinnvoll auf den Punkt gebracht. Allerdings sollten wir das Post-Faktische an Trumps Politik nicht als Hinweis auf ein neues, durch mediale und sozialtheoretische Veränderungen möglich gemachtes Zeitalter verstehen, wie vielerorts behauptet wird (Sismondo 2017; Fuller 2017). Stattdessen handelt es sich bei post-faktischer Politik um die Wiederkehr eines älteren Phänomens, das kritische Denkerinnen und Denker in den 1940er und 1950er Jahren klar als allgemeineres politisches und gesellschaftliches Problem erkannt hatten. Speziell Hannah Arendt und Erich Fromm haben deutlich gemacht, dass die widersprüchliche Verbindung von Leichtgläubigkeit und Zynismus einen Verfall menschlicher Freiheit darstellt, der besonders jene Gesellschaften charakterisiert, die sich auf dem Weg hin zu Autoritarismus und Totalitarismus befinden.

Im Folgenden werde ich zunächst anhand einiger illustrativer Beispiele Trumpscher Politik das Phänomen des Post-Faktischen genauer auf den Begriff bringen (2). Dann werde ich eine bestimmte Denkfigur, die dem post-faktischen Umgang mit der Wahrheit zugrunde liegt, analysieren – die Figur der Verschwörungstheorie (3). Der dritte Abschnitt nutzt Hannah Arendts Totalitarismus-Theorie, um die beobachtete Verwendung verschwörungstheoretischer Annahmen als Form der „Emanzipation von der Realität" zu analysieren (4). Schließlich lege ich eine Deutung der Ursachen post-faktischer Politik vor: Dem Verlust der Wahrheit geht, so werde ich argumentieren, ein Verlust der Freiheit voraus (5).

2 Das Post-Faktische: Eine Diagnose

Im Lauf des Jahres 2016 kam rasch ein neuer Begriff in Umlauf, der bisher in unserem politischen Vokabular fehlte: das sogenannte „Post-Faktische". Der Ausdruck beschreibt ein Phänomen, dem mit dem alten und etablierten Begriff der Lüge anscheinend nicht hinreichend beizukommen war. Im Zuge der Kampagne für den EU-Austritt Großbritanniens und des Wahlkampfs Donald Trumps stellte sich bei vielen Beobachtern die Wahrnehmung ein, dass der Nachweis von offensichtlichen Lügen nicht mehr die bis dato angenommenen Effekte zu haben schien. Die aufgedeckte Lüge hatte, so schien es, die rufschädigende Wirkung verloren, die ihr gewöhnlich zukam. So wurden durchaus fantastische Behauptungen über die angeblichen ökonomischen Vorteile des „Brexit" nicht mehr durch den genauen argumentativen Nachweis ihrer Falschheit entkräftet. Im Gegenteil wurde der Einwand, diese oder jene Behauptung widerspreche den Fakten, selbst oft als Haltung arroganter Überlegenheit gedeutet, die das „eigentliche Problem" verkenne. Das „eigentliche Problem" sei, so argumentierten Populisten nicht nur in Großbritannien und den USA, die Ignoranz der Eliten für das einfache Volk (Müller 2016) – in Trumps Worten, für die „Ungehörten" und „Vergessenen", für die „großartige amerikanische Mittelklasse". Diese Ausdrucksweise wurde zu einem Refrain der Trumpschen Rhetorik, den er sogar als amtierender Präsident vor der UN-Generalversammlung zum Besten gab (White House 2017). Vor dem Hintergrund dieses „eigentlichen Problems" erschien der Nachweis etwaiger Lügen zumindest als borniert, wenn nicht sogar selbst als manipulativ – eben als Ausdruck der Überheblichkeit und Ignoranz journalistischer und politischer Eliten (Wallmeier 2017).

Der Ausdruck des Post-Faktischen, dessen englischsprachige Variante „post-truth" von *Oxford Dictionaries* zum Wort des Jahres 2016 gekürt wurde, soll eine Zeit charakterisieren, in der die Frage, ob etwas faktisch wahr ist oder nicht, unwichtig oder irrelevant geworden ist (Flood 2016). Im Folgenden möchte ich zunächst anhand zweier Beispiele demonstrieren, dass diese Diagnose tatsächlich einen bestimmten Aspekt der Trumpschen Politik gut beschreibt. Der Umgang, den Trump und seine Unterstützer mit den Fakten pflegen, ist nicht einfach mit Rückgriff auf den Begriff der Lüge sinnvoll beschrieben. Im Gegenteil kommt in diesem Umgang eine generelle Missachtung der Idee der Wahrheit zum Ausdruck. Wahrheit und Fakten gelten generell nicht mehr als überprüf- und einforderbare Belange. Diese zynische Haltung zum Faktischen, die jegliche faktische Behauptung einfach als Ausdruck einer politischen Positionierung „erklärt", geht aber, wie ich im darauffolgenden Abschnitt zeigen möchte, mit einer zweiten Haltung einher, die ihr eigentlich zu widersprechen scheint. Die post-faktische Haltung gegenüber Fakten ist paradoxerweise begleitet von einer Form des naiven Glaubens an *bestimmte* Fakten. Nur wenn der vorgeblich neue Zynismus in seiner paradoxen Kombination mit einer alten Form der Naivität begriffen wird, kann das Phänomen des Post-Faktischen sinnvoll erkannt und analysiert werden.

Die Formulierung, die das Post-Faktische der Trumpschen Politik vielleicht am besten verkörpert und symbolisiert, kann in einem Ausdruck gefunden werden, den Trumps Beraterin Kellyanne Conway anscheinend spontan in einem CNN-Interview am 22. Januar 2017 prägte. Zwei Tage nach der Amtseinführung Trumps bezeichnete Conway Behauptungen, dass unter Trump die größte Menschenmenge aller Zeiten an der Zeremonie teilgenommen habe, als „alternative Fakten“ (CNN 2017). Anstatt sich auf einen Streit darüber einzulassen, wie viele Personen denn nun tatsächlich anwesend waren, umging Conway das Problem elegant, indem sie einfach These *und* Gegenthese als Fakten beschrieb. Sowohl die Behauptung, dass die Menschenmenge nicht sehr groß sei, als auch die Behauptung, es handle sich um die größte Menschenmenge jemals, kommt demnach ein Grad an Faktizität zu – es handelt sich dabei eben nur um *alternative* Fakten. Man mag die ungewöhnliche Formulierung Conways als missglückte Äußerung abtun, wie sie in einem live gesendeten Interview nun mal vorkommt. Tatsächlich bringt der Ausdruck der alternativen Fakten aber sehr gut die Haltung auf den Punkt, die als post-faktisch beschrieben werden kann. Wenn selbst offensichtliche Fakten wie die Zahl der Zuhörer auf einer Veranstaltung „Alternativen“ haben, dann hat der Begriff des Faktischen – im Sinne dessen, was zwar von Menschen „gemacht“ (von lat. „facere“) sein mag, aber dennoch nicht ohne Weiteres geändert werden kann und in diesem Sinn objektiv feststeht – seine Bedeutung verloren. Es gibt in einer solchen Sichtweise schlichtweg kein Kriterium, anhand dessen man die Wahrhaftigkeit einer Aussage unabhängig vom Standpunkt bestimmen könnte. Die Unterscheidung zwischen Wahrheit und Lüge ist damit selbst aufgehoben. Für die einen gibt es Fakten, für die anderen alternative Fakten – alles ist Perspektive, und alle Perspektiven besitzen per se Faktizität.

Diese zynische Haltung kommt auch in einem Detail einer Reportage zum Ausdruck, die ein Journalist des *New Yorker* über den Einzug eines Trump-unterstützenden Blogs ins „Press Corps“ des Weißen Hauses geschrieben hat. Andrew Marantz (2017) beschreibt darin, wie sich die Arbeitsweise der im Weißen Haus akkreditierten Journalisten in Folge der Wahl Trumps änderte. Es ist bekannt, dass Trump die Journalisten der etablierten amerikanischen Mediennetzwerke offen angriff, in dem er mit dem Zeigefinger auf sie zeigte und dabei „You, not you“ und „fake news“ rief. Weniger bekannt ist, dass Trump bisher kaum etablierten Medienorganisationen Zugang zu den Pressekonferenzen und „Briefings“ im Weißen Haus verschaffte. Marantz berichtet von den Irritationen, die der Einzug einer solchen Organisation – eines rechtsgerichteten Blogs aus dem Mittleren Westen namens *Gateway Pundit* – im Weißen Haus auslöste. Gegen Ende seines Berichts schildert Marantz, wie er dem Vertreter des Blogs, Jim Hoft, ankündigte, dass das „fact-checking“-Team des *New Yorker* Hoft bald kontaktieren würde, um die Fakten von Marantz‘ Reportage zu überprüfen. Die Reaktion Hofts ist bezeichnend: Hoft behauptete zunächst, dass der *Gateway Pundit* ebenfalls eine eigene Abteilung zur Faktenüberprüfung besäße, und brach dann in lautes Gelächter aus. Er lachte so sehr, dass er die Limonade, die er in der Hand hielt, verschüttete. Das Lachen Hofts ist nur ein Detail unter vielen. Aber ich möchte es hier neben Conways bekannter

Formulierung hervorheben, weil es genau wie der Ausdruck der alternativen Fakten die generelle Ablehnung von Faktizität symbolisiert, die in der Bewegung, die Trump unterstützt, weit verbreitet ist. Hoft lachte, weil er die Idee der Faktenüberprüfung selbst lächerlich fand. Hoft nahm offensichtlich an, dass solch eine Überprüfung generell keinen Nutzen habe, oder zumindest nicht den ihr zugeschriebenen der Fakten-Sicherstellung. Stattdessen ging Hoft, genau wie Conway, davon aus, dass Faktizität in der politischen Konfrontation notwendig illusionär ist und deshalb der Versuch, Faktizität überhaupt festzustellen, allerhöchstens Anlass zu Gelächter bietet. Fakten-Überprüfung ist in Hofts Perspektive bestenfalls naiv, aber sicherlich keine ernsthafte und ernstzunehmende Praxis. Wieder zeigt sich, wie bei Conway, die generelle Abwertung des Begriffs objektiver Wahrheit.

Der Zynismus Conways und Hofts, der die generelle Möglichkeit objektiver Wahrheit infrage stellt, ist durch den Ausdruck des Post-Faktischen sinnvoll beschrieben. Conway und Hoft nehmen eine Einstellung gegenüber Fakten ein, die nicht einfach nur das Lügen rechtfertigt, sondern in einem tieferen Sinn die Möglichkeit der Unterscheidung zwischen Wahrheit und Lüge bezweifelt. Zumindest in der politischen Auseinandersetzung, so scheinen sowohl Conway als auch Hoft anzunehmen, ist der Versuch, Fakten zu etablieren, naiv. Fakten haben Alternativen, und man sollte sie deshalb nicht überprüfen, sondern Wahrheit und Faktizität allein als etwas verstehen, das vom Standpunkt abhängt und das deshalb durch die Macht bestimmt wird, die ein Akteur in der politischen Auseinandersetzung besitzt. Diese zynische Kritik an einem naiven Wahrheitsverständnis, den die zwei Beispiele illustrieren sollen (man wird leicht viele mehr finden), ist aber keinesfalls selbst bar jeder Naivität. Im Gegenteil ist die post-faktische Haltung Ausdruck einer bestimmten Art von naivem Glauben, wie ich im Folgenden unter Rückgriff auf die Figur der Verschwörungstheorie beschreiben will.

3 Die Figur der Verschwörungstheorie

Wenn man die Art von Zynismus, die die Unterstützer Trumps an den Tag legen, genauer betrachtet, wird man feststellen, dass ihre vorgebliche Kritik eines naiven Wahrheitsbegriffs selbst Ausdruck eines naiven, unhinterfragten Glaubens ist. Dabei handelt es sich um eine andere Art der Naivität als die eingangs mithilfe der Schweden-Geschichte beschriebene. Die Naivität der post-faktischen Haltung gegenüber der Wahrheit wird offensichtlich, wenn man die Denkfigur genauer herausarbeitet, die der radikalen Relativierung der Möglichkeit von Wahrheit zugrunde liegt. Es handelt sich dabei um eine altbekannte Figur, deren politische

Bedeutsamkeit schon von einer Reihe von eminenten Denkern beschrieben und analysiert wurde: die Figur der Verschwörungstheorie. Die Begründung, aus der heraus die Unterstützer Trumps die Möglichkeit von Wahrheit anzweifeln, ist der Einfluss von Interessen auf die Politik. Nur weil die Trumpianer annehmen, dass Faktenaussagen durch Interessen ver- und sogar geformt werden, können sie daraus den Schluss ziehen, dass die Unterscheidung zwischen Wahrheit und Lüge in der Politik generell wertlos ist. Dieses Erklärungsmuster zeichnet Verschwörungstheorien aus. Verschwörungstheorien gehen davon aus, dass der offiziellen Version bestimmter Ereignisse oder Vorkommnisse nicht zu trauen ist, weil in Wirklichkeit geheime, der Öffentlichkeit unbekannte Verschwörungen am Werk sind. Hinter der offensichtlichen Wirklichkeit gibt es einen doppelten Boden, auf dem sich die eigentlich wichtigen, eigentlich wirklichen Geschehnisse abspielen (vgl. Boltanski 2013, besonders Kapitel 5). Hofts Gelächter über die Naivität des *New Yorker*, der eine eigene Abteilung nur zur Faktenüberprüfung unterhält, verweist auf das Wissen um diesen doppelten Boden genauso wie Conways Behauptung, dass Fakten Alternativen haben. Sowohl Hofts Gelächter als auch Conways Formulierung implizieren, dass sie beide ein tieferes Wissen besitzen, worum es eigentlich in der Politik geht – nämlich gar nicht um Fakten, sondern um den Kampf zwischen Alternativen, der demnach die eigentliche, hinter den vorgeblichen Fakten versteckte Substanz des Politischen bildet.

Das Phänomen des Post-Faktischen resultiert aus einer verallgemeinerten Verwendung von Verschwörungstheorien. Es ist so, als ob der Glaube an bestimmte Verschwörungen, die es ja mancherorts durchaus gegeben hat, sich verwandelt hätte in die generalisierte Annahme, dass Politik im Allgemeinen nur durch verschwörerische, im Geheimen arbeitende Interessen bestimmt wird. Diese Annahme kulminiert in Aussagen wie der, dass sogar der Klimawandel nur erfunden worden sei, um den Interessen der amerikanischen Industrie zu schaden, und zwar von „den Chinesen" – eine Erklärung, die Trump tatsächlich in einer Twitter-Nachricht teilte und die auf erhebliche Zustimmung stieß.[2] Solche Aussagen zeugen nicht nur von Zynismus, sie sind zugleich hochgradig naiv. Verschwörungstheorien wurden in der soziologischen Forschung als bemerkenswertes Hybrid von Skeptizismus und Aberglaube beschrieben (Aupers 2012, S. 30). Wie der an der *London School of Economics* unterrichtende Anthropologe Mathijs Pelkmans festhält, kombinieren Verschwörungstheorien zwei „epistemische Untugenden": Paranoia und Naivität (Pelkmans 2006, S. 10, eigene Übersetzung; vgl. auch Pelkmans und Machold 2011,

2 Trumps „Tweet" wurde 104.000 Mal geteilt, und 66.000 Mal mit dem Adjektiv "like" versehen: https://twitter.com/realdonaldtrump/status/265895292191248385 (Zugegriffen: 6. Dezember 2017).

S. 68). Verschwörungstheorien tendieren zur Paranoia, weil sie davon ausgehen, dass potenziell die gesamte öffentlich bekannte Realität nur durch die Machenschaften einer bestimmten, im Verborgenen arbeitenden Gruppe von Verschwörern aufrechterhalten wird. Zugleich ist diese paranoide Annahme selbst hochgradig naiv, weil sie eine bestimmte Art von Wissen unkritisch akzeptiert – nämlich genau das Wissen darum, dass es Verschwörer gibt, die uns etwas vorgaukeln.

Der post-faktische Umgang mit Fakten, der generell anzweifelt, dass zwischen verschiedenen Behauptungen mittels der Unterscheidung von Wahrheit und Lüge unterschieden werden kann, basiert auf einem tieferen, selbst in hohem Maße naiven Glauben – nämlich dem Glauben daran, dass hinter Fakten immer Interessen stehen. Die Naivität dieser Annahme eines ewigen Kampfs von Interessen ist genau deshalb besonders frappierend, weil Verschwörungstheoretiker gewöhnlich sehr genaue Vorstellungen davon haben, um welche Interessen es geht und wer die Verschwörer sind, die diese Interessen verfolgen. Trump behauptet so einfach, es seien eben „die Chinesen", die den Klimawandel erfunden hätten. Die mühevollen Untersuchungen, die benötigt würden, um zu belegen, dass tatsächlich chinesische Interessen hinter den Verlautbarungen des *Intergovernmental Panel on Climate Change* (IPCC) stehen, unternimmt Trump nicht und er verweist nicht einmal auf Quellen, die eine solche Vermutung belegen könnten. Trump scheint einfach davon auszugehen, dass Aussagen, die auf der Denkfigur der Verschwörungstheorie beruhen, automatisch leicht geglaubt würden – zumindest, wenn es gegen „die Chinesen" geht, oder gegen die „Lügenpresse" mit ihren „fake news", oder gegen „die Politik Washingtons", die Trump im Wahlkampf allgemein als „Sumpf" bezeichnete, den er trockenlegen wolle. Dem Trumpschen Zynismus, dem vorgeblich skeptischen Umgang mit Fakten, unterliegt so der naive Glaube daran, dass es böse Kräfte und dunkle Mächte gibt, die die offizielle Version der Realität kontrollieren und gegen die es Widerstand zu leisten gilt.

Nun ist ein solcher Glaube sicher nicht in jedem Einzelfall naiv. Es gibt bekannte Fälle wie etwa den Watergate-Skandal, die zeigen, dass Interessen sehr wohl Einfluss nehmen auf Medienberichterstattung. Es gibt außerdem die in vielen modernen Institutionen verbreitete Vorstellung, dass in Wirklichkeit „politische" Erwägungen erheblichen Einfluss auf vorgeblich rein technische, formalisierte Entscheidungsprozesse nehmen. Naiv ist eine solche Vorstellung nur unter bestimmten Voraussetzungen. Um diese Voraussetzungen zu klären, kann man auf die in der Forschung zu Verschwörungstheorien vorgeschlagene Unterscheidung von Verschwörungs*hypothesen* und Verschwörungs*ideologien* zurückgreifen. Nur die letztere, ideologisierte Variante der Verschwörungstheorie ist demnach durch eine „Immunisierung" gekennzeichnet, die sie gegenüber Gegenbeweisen unverwundbar macht. Immunisierung bedeutet, dass jeglicher Einwand tendenziell als neuerlicher Beleg für die geheime Macht der Verschwörer, die Realität zu manipulieren, „erklärt" wird, indem die dem Einwand zugrunde liegenden Faktenbehauptungen als „fake", d. h. als Produkt verschwörerischer Aktivitäten, gedeutet werden (Krüger und Seiffert-Brockmann 2018, S. 75; Pfahl-Traughber 2002). Verschwörungsideologien sind an der Naivität erkennbar, mit der die verschwörungstheoretischen Kernannahmen unhinterfragt angenommen und verteidigt werden. Genau diese Art von Naivität lässt sich an den Twitter-Nachrichten Trumps gut ablesen, die immer wieder Fakten – über Wahlergebnisse, den Klimawandel oder Migration – mit Verweis auf Interessen infrage stellen, allerdings ganz ohne Belege zu nennen und ohne die Notwendigkeit einer genaueren Analyse einzuräumen.

Das Post-Faktische an Trumps Politik ist nicht ausreichend durch eine generalisierte skeptische Haltung gegenüber der Möglichkeit von Wahrheit bestimmt. Hingegen muss die letztlich hochgradig naive Annahme freigelegt werden, die Trumps Zynismus zugrunde liegt und die die Generalisierung des Verdachts gegen das Faktische vorantreibt: nämlich die verschwörungstheoretische Annahme, dass hinter dem vordergründig bekannten Geschehen Interessen am Werk sind. Diese Art von Annahme ist auch aus der sozialwissenschaftlichen Theorie bekannt (vgl. Latour 2004; Boltanski 2013, Kapitel 1 und 6; Brichzin und Schindler 2018); ihre ideologisierte, d. h. generalisierte Version ist aber zugleich ein eminentes politisches Problem. Um die Problematik und die Gefahren der derzeitigen Ausbreitung post-faktischer Einstellungen genauer zu benennen, wende ich mich im Folgenden zwei Theoretikern zu, die in einer anderen Epoche über die zynische Relativierung aller Fakten nachgedacht haben: Hannah Arendt, die diese Relativierung als Element totaler Herrschaft ergründet hat, sowie Erich Fromm, der sie als Verlust von Freiheit gedeutet hat. Durch die Beschäftigung mit diesen beiden Denkern soll deutlich werden, dass das Post-Faktische, schnell abgetan als Kuriosität oder unverstanden beiseitegeschoben als Begleiterscheinung des postmodernen Medienzeitalters, als problematischer Verfall von Politik, ja im eigentlichen Sinn als Zerstörung der Möglichkeit von Politik überhaupt, ernst zu nehmen ist. Durch die Beschäftigung mit den historischen Analysen Arendts und Fromms können wir besser verstehen, wohin die post-faktische Konstellation letztlich führen kann und was ihre tieferen Ursprünge sind.

4 Die Emanzipation von der Realität

Hannah Arendt hat in ihrer historischen Beschäftigung mit dem Phänomen totaler Herrschaft in Nazi-Deutschland und in der Sowjetunion unter Stalin erkannt, dass totale Herrschaft nicht so sehr und nicht primär in der totalen Fixierung der Realität besteht, sondern eher in der Befreiung von der Vorstellung, dass es so etwas wie eine fixe Realität überhaupt gibt. Sie beschreibt die „Emanzipation des Denkens von erfahrener und erfahrbarer Wirklichkeit" als ein essenzielles Wesensmerkmal der totalitäten Bewegungen, die deshalb totalitär sind, weil sie den Menschen jeden Halt in der Realität nehmen und tendenziell alles der *Bewegung* – im Sinn der politischen Gruppierung, aber eben auch im Sinn des ständigen Sich-Bewegens, des ständigen Kampfes gegen Gegner – unterwerfen (Arendt 1986, S. 965). Die Beliebigkeit, mit der zu Zeiten des stalinistischen Terrors Gegner ausgewählt wurden, die angeklagt und vernichtet wurden, findet Arendt auch in Nazi-Deutschland, das zwar eine ethnisch und religiös definierte Gruppe zum Hauptfeind erklärte, das aber diese Gruppe auch und gerade dann zu vernichten trachtete, wenn objektiv keine Gefahr mehr von ihr ausging. Egal welche faktische Bedrohung von den zu vernichtenden Gegnern ausging, totalitäre Ideologien bestimmten diese Gegner als existenzielle Bedrohung. Die totalitäre Ideologie stellt so eine Extremform verschwörungstheoretischen Denkens dar – dieses Denken, so erklärt es Arendt, „emanzipiert sich also von der Wirklichkeit, so wie sie uns in unseren fünf Sinnen gegeben ist, und besteht ihr gegenüber auf einer ‚eigentlicheren' Realität, die sich hinter diesem Gegebenen verberge, es aus dem Verborgenen beherrsche und die wahrzunehmen wir einen sechsten Sinn benötigen" (Arendt 1986, S. 964). Egal wie schwach und ohnmächtig die Juden im Lauf der sich radikalisierenden Verfolgungen erschienen, ihre angebliche Gefährlichkeit und Macht wurde von den totalitären Ideologen keineswegs infrage gestellt, sondern eher noch vergrößert und betont.

Durch die zynische Logik des existenziellen Kampfes gegen einen letztlich fiktionalen Gegner gerät die wahrnehmbare Realität der gemeinsamen Welt unter Druck. Diese Logik suggeriert, dass hinter allen wahrnehmbaren Begebenheiten eine tiefere, „eigentlichere" Realität zu finden sei – wie etwa die angebliche jüdisch-bolschewistische Weltverschwörung, die in der Ideologie der Nazis hinter all denjenigen ausländischen Regierungen steckte, die Nazi-Deutschland am Ende in einem Weltkrieg bekämpfte. Je stärker sich das Denken in dieser unerbittlichen Logik totalisierte, desto stärker wurde logischerweise die Emanzipation von der Wirklichkeit – oder, um die oben eingeführte Terminologie zu verwenden, die Immunisierung der Verschwörungsideologie gegen Einwände. Die absurdesten Erklärungen fanden naiven Glauben; und zugleich wurde jede enttarnte Lüge nur als Beweis der Gewitztheit der totalitären Anführer interpretiert, denen es gelang, ihre Gegner an der Nase herumzuführen. Die totalitäre Propaganda setzte so ein Publikum voraus, „das jederzeit bereit ist, leichtgläubig alles hinzunehmen, und sei es noch so unwahrscheinlich, und es doch nicht im mindesten verübelt, wenn der Betrug sich herausstellt, weil es offenbar jede Aussage ohnehin für eine Lüge hält" (Arendt 1986, S. 802). Diese Charakterisierung totalitären Denkens als eines Denkens, das zugleich leichtgläubig und zynisch mit Fakten umgeht, passt in erstaunlichem Maß zu der Charakterisierung der Trumpschen Politik des Post-Faktischen, wie sie oben vorgestellt wurde. Einerseits finden die fantastischsten Behauptungen Trumps bei Twitter-Nutzern sofort naiven Glauben; andererseits werden die aufgedeckten Lügen keineswegs zum Problem für Trump und seine Unterstützer, eben weil die zynische Relativierung der Grenze zwischen Fakt und Lüge omnipräsent geworden ist und jeder, der noch an Fakten glaubt, als bloß naiv abgetan wird.

Ich verweise hier auf die Parallelen zwischen totalitärer Ideologie, so wie sie Arendt analysiert hat, und post-faktischer Politik, so wie sie Trump und seiner Unterstützer betreiben, um darauf hinzuweisen, dass Letztere keineswegs ein komplett neues, nur durch das Medienzeitalter oder durch die angebliche Vulgarisierung postmodernen Denkens möglich gewordenes Phänomen darstellt (zu dieser heute weitverbreiteten These siehe Latour 2004; Aupers 2012; Sismondo 2017; Fuller 2017). Im Gegenteil hat das Post-Faktische eine Geschichte, aus der die tieferen Ursachen und Probleme der post-faktischen Konstellation klar hervorgehen. Das Post-Faktische ist kein bloßer Skeptizismus im Umgang mit Fakten; es ist ein Zynismus, der aus der Verbreitung einer totalen (verschwörungstheoretischen) Welterklärung herrührt, laut der jegliche Faktenbehauptung nur ein Instrument in einem Kampf ums Überleben ist (zur Unterscheidung zwischen Skeptizismus und Zynismus siehe auch Jamieson und Cappella 1997; Schindler 2018). Die Gegner in diesem Überlebenskampf ließen sich in den totalitären Bewegungen teils mit erstaunlicher Flexibilität verändern. Jeder konnte im Stalinismus zum Klassenfeind werden, und in Nazi-Deutschland waren zwar die Kategorien der Feindbestimmung klarer ethnisch oder rassisch definiert, aber auch hier konnte niemand sicher davor sein, selbst als asozial erklärt und zum Opfer des Terrors zu werden. Um einen Unterschied klar zu benennen: bei Trump ist derzeit nicht von der totalen Vernichtung von Gegnern die Rede. Aber die Grundzüge des totalitären Weltkonstrukts liegen eben dennoch vor, vor allem die zynische Reduktion von Politik auf einen eigeninteressierten Kampf, in dem Fakten nichts zählen. Das Besserwisserische, das den Narzissten Trump unter anderem auszeichnet (siehe Wolf in diesem Band), passt auf erschreckende Weise zu der totalen Sicherheit der totalitären Welterklärung: „die totale Erklärung alles geschichtlich sich Ereignenden, und zwar totale Erklärung des Vergangenen, totales Sichauskennen im Gegenwärtigen und verläßliches Vorhersagen des Zukünftigen" (Arendt 1986, S. 964). Wie Arendt betont, suggeriert diese Welterklärung zwar Zugang zu geben dazu, wie die Welt eben wirklich ist, hinter dem, wie sie vordergründig erscheint. Die totale Welterklärung suggeriert den Unterstützern das Bestehen eines nicht-naiven Zugangs zur Natur der Dinge, die vor allem eine Natur des Überlebenskampfes ist. Aber diese Suggestion hat letztlich nichts mit Natur zu tun, sondern mit der Verabsolutierung eines bestimmten geschichtlichen Prozesses: „Natur dient hier nur dazu, Geschichtliches zu erklären, es auf Natürliches zu reduzieren“ (Arendt 1986, S. 964). Die Prozesshaftigkeit der Geschichte meint konkret die Verewigung der Idee des Kampfes ums Überleben. Es ist diese Verewigung des Prozesses historischen Kampfs um die Macht, die sich im Ausdruck der „Bewegung“ äußert, den sich die Nazis früh zulegten. Und es ist diese als Verewigung getarnte Bewegung, die die Wahrheit auffrisst und im Zeitalter des Post-Faktischen erneut zutage tritt.

Wie kommt es, dass das, was auch Hannah Arendt als ein „Beisammensein von Leichtgläubigkeit und Zynismus“ beschreibt (Arendt 1986, S. 802), trotz seiner offensichtlichen Defekte, die schnell belächelt und belacht werden, solch eine erstaunliche Attraktivität besitzt? Um diese Frage anzugehen, möchte ich im letzten Abschnitt dieses Kapitels Überlegungen einführen, die Erich Fromms Diagnose des Post-Faktischen – avant la lettre – zugrunde liegen, und die sich in erheblichem Maße mit Arendts Diagnose decken.

5 Die Flucht vor der Freiheit

Arendt und Fromm entwickeln ähnliche Diagnosen der gesellschaftlichen Umstände, die den Weg dafür bereiten, dass sich Menschen mit Begeisterung einer Ideologie zuwenden, die ihnen letztlich die Freiheit und den Mut zum eigenständigen Denken und Handeln nimmt. Arendts Begriff, der ihre Diagnose auf den Punkt bringt und den sie am Ende ihrer Studie „Ursprünge und Elemente totaler Herrschaft“ einführt, ist der der Verlassenheit. Verlassenheit ist nicht Einsamkeit, „obwohl es die Gefahr jeder Einsamkeit ist, in Verlassenheit umzuschlagen, so wie es die Chance jeder Verlassenheit ist, zur Einsamkeit zu werden“ (Arendt 1986, S. 976–7). Verlassenheit beschreibt einen Zustand, in dem Menschen aus den sozialen Bindungen herausgelöst sind, die es ihnen ermöglichen, sich zu orientieren und zu entwickeln. Diese Verlassenheit entsteht nicht zuletzt durch Furcht. Wenn Furcht vor den anderen omnipräsent wird, wie es ein Terror bewirkt, der uns in jedem und jeder einen potenziellen Spitzel oder Attentäter sehen lässt, dann ist der Mensch tatsächlich von seiner Umgebung verlassen. Er kann niemandem mehr trauen und verliert dadurch letztlich auch das Vertrauen in sich selbst. Demgegenüber ist die Einsamkeit ein Beisammensein mit sich selbst, das in ganz erheblichem Maß erst dadurch möglich wird, dass man – bevor man in die Einsamkeit eintritt und nachdem man sie verlässt – mit anderen zusammen ist. Erst durch die Pluralität menschlicher Existenz kann das Vertrauen in die Spezifizität der eigenen Persönlichkeit entstehen, denn ohne diese Pluralität ist der Mensch nicht nur von allen anderen, sondern auch von sich selbst verlassen (vgl. Arendt 1986, S. 976–8). Diese Verlassenheit ist es, auf deren Nährboden die Mischung aus Leichtgläubigkeit und Zynismus entsteht: der Glaube an die absolute Wahrheit der Behauptungen bestimmter Autoritäten und zugleich daran, dass überhaupt nichts wahr ist. Erst wenn die sozialen Bindungen zerstört sind, die die Menschen untereinander verbinden, führt Furcht in diese Form zynischer Naivität, oder naiven Zynismus.

Wie Arendt beschreibt Fromm die „Verbindung von Zynismus und Naivität" als Symptom einer Krise, die Menschen anfällig macht für die Versprechungen autoritärer Anführer (Fromm 1990, S. 181). Wie Arendt sieht Fromm die tieferen Ursachen dieser Krise in der Verlassenheit des Menschen in der modernen Gesellschaft – auch wenn er eine andere Begrifflichkeit verwendet, um diese Situation zu beschreiben. Das grundsätzliche Thema von Fromms früher Schrift „Die Furcht vor der Freiheit" (im englischen Original *Escape from Freedom*) ist die Frage, wie mit der in der Moderne gewonnenen und sie charakterisierenden individuellen Freiheit umzugehen ist. Fromm entwickelt einen dialektischen Begriff von Freiheit. Er sieht Freiheit sowohl als die größte Errungenschaft der Moderne als auch als ihr größtes Problem. Speziell ist es die Furcht vor der Freiheit, die eine Flucht auslöst hin zu Autoritarismus, Konformismus und Zynismus. In Fromms Diagnose ist es diese Furcht, die in eine Situation führt, in der man „alle Wahrheit als relativ auffasst" und „die Wahrheit zu einer durchaus subjektiven Angelegenheit, ja fast zu einer Geschmackssache" erklärt (Fromm 1990 [1941], S. 180). Dieser relativistische und, wie man heute sagen würde, post-faktische Umgang mit der Wahrheit, den Fromm bereits 1941 analysierte, resultiert demnach wesentlich aus dem fehlenden Mut zum eigenständigen, kritischen Denken. Es ist eine Fluchterscheinung, ein Verlassenwerden durch andere und ein Verlassensein des eigenen Selbst, das dazu führt, dass die Unterscheidung von Wahrheit und Lüge und damit der Begriff der Wahrheit selbst aufgegeben wird. Dabei geht Fromm nicht davon aus, dass die objektive Wahrheit sich immer leicht und zweifelsfrei einstellen wird, oder dass der persönliche Standpunkt nicht einfließen würde in das Verlangen nach Wahrheit. Der Mut zum eigenen Denken geht hingegen genau dann verloren, wenn Individuen – aus welchen Gründen auch immer – den Austausch mit anderen aufgeben. Orientierung in der Außenwelt und innere Stärke hängen eng zusammen (Fromm 1990, S. 180). Solche Orientierung kann nur gewinnen, wer nicht von seiner direkten Umgebung verlassen ist und nicht in dieser Umgebung nur noch Konkurrenten wahrnimmt.

Wir müssen also, wenn wir den gegenwärtig grassierenden, scheinbar skeptischen aber in Wahrheit zutiefst naiven Umgang mit Fakten verstehen wollen, den die Person Trump auf eine fast schon parodistische Weise verkörpert, nach den tieferen Ursachen fragen, die den Menschen den Mut nehmen, zu ihrer eigene Meinung zu stehen und die ihnen den „Mut zum selbständigen Denken" rauben (Fromm 1990, S. 180). Dieser Mut geht dann verloren, wenn die Möglichkeiten sozialen Austauschs unter Stress geraten und sich reduzieren. Dies geschieht besonders dann, wenn in einer Gesellschaft Angst um sich greift. In totalitären Gesellschaften wird solche Angst gezielt erzeugt: „Totalitäre Herrschaft wird wahrhaft total in dem Augenblick – und sie pflegt sich dieser Leistung auch immer gebührend zu rühmen – wenn sie das privat-gesellschaftliche Leben der ihr Unterworfenen in das eiserne Band des Terrors spannt" (Arendt 1986, S. 974–5). Das „eiserne Band des Terrors", das die Flucht vor der Freiheit auslöst, hat auch in der heutigen Gesellschaft bestimmte Erscheinungsformen. Der Terror unserer Zeit ist nicht total und totalitär, so wie in Arendt beschrieb. Er geht nicht von einem totalitären Staat aus. Aber eine Angst, die das „privat-gesellschaftliche Leben" bestimmter Menschen in bestimmten gesellschaftlichen Schichten ergreift, ist auch heute wirkmächtig. Diese Angst resultiert nicht allein aus dem Terror gewaltsamer Gruppierungen und der Reaktionen des Staates auf diesen Terror, die manchmal die Angst vergrößern, in dem sie die Omnipräsenz der Terrrorgefahr betonen. Sie resultiert auch aus der Angst ums nackte Überleben, die vielerorts an die Stelle der Sorge um das gute Leben getreten ist.

Existenzangst hat viele gesellschaftliche Formen. In seinem Essay „Die Angst vor den anderen" betont Zygmunt Bauman (2016) die Verbindung zwischen Terrorismus als Sicherheitsbedrohung, gesellschaftlich erzeugter „Migrationspanik" und der ebenfalls gesellschaftlich erzeugten Angst vor dem eigenen Versagen. Wenn, so schreibt Bauman, „die anderen Menschen in der näheren Umgebung", wie „Nachbarn, Arbeitskollegen oder Passanten", nur mehr als aktuelle oder potenzielle Konkurrenten in einer Leistungsgesellschaft verstanden werden, dann „geraten sie zunächst ganz automatisch in den Verdacht, übel gesinnte, böswillige Rivalen zu sein und gelten bis zum Beweis des Gegenteils als solche" (Bauman 2016, S. 108–9). „Und so leben wir", schreibt Bauman weiter, „heute oft in einer wiederauferstandenen Hobbesschen Welt des Kriegs aller gegen alle – vielleicht sind wir nicht wirklich dort, aber es fühlt sich so an" (Baumann 2016, S. 109). Dieses Gefühl des omnipräsenten Drucks, mehr als andere leisten zu müssen und mit ihnen in existenzieller Konkurrenz zu stehen, ist eine Grundlage für die Ausbreitung der eiskalten Logik post-faktischen Denkens. Auch Wallmeier (in diesem Band) hebt in seinem Beitrag die Kälte der Trumpschen Politik hervor. Er analysiert diese Politik als Variante eines „verantwortungslosen Konservativismus", der rücksichtslos mit den Interessen all derer umgeht, die nicht zu Trumps primärer Klientel weißer, männlicher US-amerikanischer Industriearbeiter gehören, und der gegenüber den Bewohnern des globalen Südens deshalb als eine „Naturgewalt" auftritt. Wallmeier spielt mit diesem Ausdruck vor allem auf die Klimakatastrophe an, die Trumps Politik nicht nur ignoriert, sondern sogar befördert, zum Leidwesen der Bewohnerinnen und

Bewohner anderer Weltregionen. Vor dem Hintergrund der hier vorgeschlagenen Deutung des Post-Faktischen ließe sich auch sagen, dass Trump tatsächlich deshalb wie eine Naturgewalt wirkt, weil er die Logik des Hobbesschen Naturzustandes verinnerlicht hat und nach außen vorgibt, nur den ehernen Gesetzen des Wettbewerbs unter Nationen wie Individuen zu folgen. Der Verweis auf die „Natur" dient auch hier nur dazu, „Geschichtliches zu erklären, es auf Natürliches zu reduzieren" (Arendt 1986, S. 964) – oder anders gesagt dazu, die historische Vorstellung eines ewigen Kampfs zwischen Rassen, Staaten und Menschen als natürlich zu verklären. Die Naturalisierung dieses Überlebenskampfes bedingt die Relativierung von Wahrheit, weil sie den Kämpfenden die Vorstellung davon raubt, dass Freiheit etwas anderes ist als Überleben, und Wahrheit etwas anderes als Macht. Die sokratische Einsicht, dass es etwas Schlimmeres im Leben gibt als den Tod, wird in unserer Zeit gerne als Form naiven Glaubens missverstanden, obwohl sie doch wesentlich den Unterschied zwischen bloßer Existenz und Selbstverwirklichung im Handeln begründet. Wo menschliches Handeln nur mehr von der Angst um die Existenz getrieben ist, geht mit der Freiheit auch die Wahrheit verloren.

6 Schluss

Heute herrscht vielerorts Empörung über die Naivität und den Zynismus Trumps. Erstere belustigt, Letzterer erschreckt, und zusammen erzeugen sie das Bild eines klar benennbaren Gegners: dummdreist, narzisstisch, respektlos, sich der Lüge bedienend wie es ihm jeweils nützt. Aber um der Herausforderung Trump zu begegnen, ist es dringend notwendig, den tieferen, naiven Glauben herauszuarbeiten, der die post-faktische Aufgabe der Unterscheidung zwischen Wahrheit und Lüge rechtfertigt und motiviert. Dieser problematische Glaube entspricht, wie ich in diesem Aufsatz argumentiert habe, der zentralen Figur verschwörungstheoretischen Denkens. Er operiert mit der Annahme, dass hinter dem, was sich an der Oberfläche unseren Sinnen offenbart, andere, geheime Kämpfe ablaufen und tiefere Interessen stecken – seien es die Interessen „der Politiker", „der Chinesen" oder „des Establishments". Diese Annahme ist nicht generell falsch. Solange sie Annahme bleibt und nicht zum Vorurteil wird, kann sie uns dabei helfen zu verstehen, welches Spiel gespielt wird. Aber ihre Generalisierung führt in eine naive Form des Zynismus, die hinter Wahrheitsansprüchen generell Machtinteressen vermutet und damit infrage stellt, dass es so etwas wie feststellbare Fakten überhaupt geben kann.

Worum wir uns sorgen müssen, wenn uns der post-faktische Umgang mit der Wahrheit beunruhigt, ist nicht primär der Verlust an Reputation für wissenschaftliche

Expertise, noch der Erfolg bestimmter Lügen populistischer Politiker. Der scheinbar skeptische Umgang mit der Wahrheit ist auf eine tiefere Logik zurückzuführen, die dann an Wirkmächtigkeit gewinnt, wenn die sozialen Bedingungen bedroht sind, unter denen Menschen ihre Freiheit entfalten können. Zu diesen Bedingungen zählt wesentlich die Existenz von Räumen des gemeinsamen Handelns, in denen Menschen sich selbst als verschieden von anderen genau deshalb erfahren, weil sie die anderen nicht nach dem selben Maßstab – Macht oder Geld – messen, sondern sie im Gegenteil als genuin anders erleben, als genuin vom eigenen Selbst verschieden. Das Verschwinden solcher Räume führt zu einer Furcht, einer Flucht hin zu Figuren wie Trump, die alles versprechen und doch in einem positiven, konstruktiven Sinn zu nichts ermutigen. Die Aggressionen, die in Trumps Verhalten so oft durchschimmern und die auch viele seiner Unterstützer charakterisieren, sind vielleicht selbst nur ein Resultat fehlender Anerkennung durch andere. Sie resultieren aus dem grundsätzlichen Mangel, den Arendt als die tiefere Ursache der Krise, „in der wir heute alle und überall leben" (Arendt 1986, S. 945), erkannte, nämlich dem Fehlen politischer Erfahrung. Oder anders ausgedrückt, der aggressive, post-faktische Umgang mit der Wahrheit resultiert aus der fehlenden Erfahrung gemeinsamen Handelns, durch das der Mut entsteht, wirklich frei zu sein.

Literatur

ABC News. 2017. Donald Trump uses first interview with ABC America to insist he had 'massive' inauguration speech crowd. 27. Januar. http://www.abc.net.au/news/2017-01-27/donald-trump-abc-america-interview/8217192. Zugegriffen: 14. Februar 2018.

Arendt, Hannah. 1986 [1951]. *Elemente und Ursprünge totaler Herrschaft: Antisemitismus, Imperialismus, totale Herrschaft*. München: Piper.

Aupers, Stef. 2012. ‚Trust no one': Modernization, paranoia and conspiracy culture. *European Journal of Communication* 27 (1): 22–34.

Bauman, Zygmunt. 2016. *Die Angst vor den anderen*. Frankfurt am Main: Suhrkamp.

Boltanski, Luc. 2013. *Rätsel und Komplotte: Kriminalliteratur, Paranoia, moderne Gesellschaft*. Frankfurt am Main: Suhrkamp.

Brichzin, Jennifer, und S. Schindler. 2018. „Warum es ein Problem ist, immer ‚hinter' die Dinge blicken zu wollen: Wege politischer Erkenntnis jenseits des verschwörungstheoretischen Verdachts", *Leviathan – Berliner Zeitschrift für Sozialwissenschaft*, Ausgabe 4/2018 (im Erscheinen).

CNN. 2017. Conway: Trump White House offered 'alternative facts' on crowd size. 23. Januar. http://edition.cnn.com/2017/01/22/politics/kellyanne-conway-alternative-facts. Zugegriffen: 14. Februar 2018.

Flood, Alison. 2016. 'Post-truth' named word of the year by Oxford dictionaries. *The Guardian*, 15. November. https://www.theguardian.com/books/2016/nov/15/post-truth-named-word-of-the-year-by-oxford-dictionaries. Zugegriffen: 22. Februar 2018.

Fromm, Erich. 1990 [1941]. *Die Furcht vor der Freiheit*. München: dtv.

Fuller, Steve. 2017. Is STS all Talk and no Walk? *EASST Review* 36 (1): 21–22.

Jamieson, Kathleen H., und J. N. Cappella. 1997. *Spiral of Cynicism*. Oxford: Oxford University Press.

Krüger, Uwe, und J. Seiffert-Brockmann. 2018. ‚Lügenpresse' – Eine Verschwörungstheorie? Hintergründe, Ursachen, Auswege. In *Nachrichten und Aufklärung*, Hrsg. H. Haarkötter und J.-U. Nieland, 67–87. Wiesbaden: Springer Fachmedien.

Latour, Bruno. 2004. Why Has Critique Run out of Steam? From Matters of Fact to Matters of Concern. *Critical Inquiry* 30 (Winter 2004): 225–248.

Marantz, Andrew. 2017. Is Trump Trolling the White House Press Corps? *The New Yorker*, 20. März.

Müller, Jan-Werner. 2016. *Was ist Populismus? Ein Essay*. Frankfurt: Suhrkamp.

NZZ. 2017. Trump als Produzent von Fake News. 20. Februar. https://www.nzz.ch/international/erfundener-zwischenfall-in-schweden-trump-als-produzent-von-fake-news-ld.146549. Zugegriffen: 22. Februar 2018.

Pelkmans, Mathijs. 2006. *Defending the border: Identity, religion, and modernity in the Republic of Georgia*. Ithaca: Cornell University Press.

Pelkmans, Mathijs, und R. Machold. 2011. Conspiracy theories and their truth trajectories. *Focaal—Journal of Global and Historical Anthropology* 59: 66–80.

Pfahl-Traughber, Armin. 2002. 'Bausteine' zu einer Theorie über ‚Verschwörungstheorien': Definitionen, Erscheinungsformen, Funktionen und Ursachen. In *Verschwörungstheorien. Theorie – Geschichte – Wirkung*, Hrsg. H. Reinalter, 40–44. Innsbruck: StudienVerlag.

Schindler, Sebastian. 2018. What is Wrong with the United Nations? Cynicism and the Translation of Facts. In: *World Politics in Translation*, Hrsg. T. Berger und A. Esguerra, 95–113. London: Routledge.

Sismondo, Sergio. 2017. Post-Truth? *Social Studies of Science* 47(1): 3–6.

Wallmeier, Philip. 2017. Der Aufstieg Donald Trumps – zwischen Herrschaft und Widerstand: Reaktion auf drei Beiträge zum Thema Macht in Umweltpolitik und Umweltforschung. *GAIA – Ökologische Perspektiven für Wissenschaft und Gesellschaft* 26(4): 313–316.

White House. 2017. Remarks by President Trump to the 72nd Session of the United Nations General Assembly. 19. September. https://www.whitehouse.gov/the-press-office/2017/09/19/remarks-president-trump-72nd-session-united-nations-general-assembly Zugegriffen: 23. Oktober 2017.

Trumps organisierte Verantwortungslosigkeit

Ein Deutungsvorschlag zur Krise der liberalen Weltordnung aus der Perspektive der Kritischen Theorie

Philip Wallmeier*

Zusammenfassung

Die öffentliche Debatte um den 45. Präsidenten der Vereinigten Staaten von Amerika besteht zu weiten Teilen aus negativen Darstellungen seines Charakters. Der Aufsatz zeigt, dass diese öffentliche Debatte fehlgeht, weil sie Donald Trump zur Präsidentschaft verholfen hat, weil sie wichtige politische Entscheidungen verdeckt und weil sie Bürger apathisch zurücklässt. Daher wird dieser Debatte eine nüchterne Rekonstruktion der trumpschen Politik in zwei paradigmatischen Bereichen entgegengestellt: Umwelt und Steuern. So wird diese Politik als „verantwortungsloser Konservatismus" erkennbar, der innenpolitische Ansprüche auf eine demokratische Auseinandersetzung und außenpolitische Ansprüche auf Gerechtigkeit oder Würde ignoriert. Verständlich wird diese Agenda als spezifische Auflösung der Spannung zwischen Demokratie und Kapitalismus. So spiegelt sich in Trumps Präsidentschaft, wie weltpolitische Konfliktlagen innerstaatlich ausgetragen werden und so kollektive Verantwortungslosigkeit organisiert wird: Vermittelt in der Figur des Präsidenten tritt die abgehängte Industriearbeiterschaft des globalen Nordens den verwundbarsten Gruppen des globalen Südens als „Naturgewalt" entgegen.

Schlüsselbegriffe

Kritische Theorie, Donald Trump, Umweltpolitik, globaler Süden, liberale Weltordnung, Krise, Externalisierung, Verantwortung, Kapitalismus

* Für Hinweise zu einer früheren Version des Aufsatzes danke ich insbesondere Sophie Arndt und Hendryk Suchomski.

C. Daase und S. Kroll (Hrsg.), *Angriff auf die liberale Weltordnung*,
https://doi.org/10.1007/978-3-658-23783-7_5

1 Einleitung

> "It cannot be disputed that formal democracy, under the present economic system, does not suffice to guarantee permanently, to the bulk of the population, satisfaction of the most elementary wants and needs [...]. Because it does not fulfill what it promises, they regard it as a 'swindle' and are ready to exchange it for a system which sacrifices all claims to human dignity and justice, but of which they expect vaguely some kind of guarantee of their lives by better planning and organization." (Adorno et al. 1950, S. 678)

Die öffentliche Debatte um die Präsidentschaft Donald Trumps besteht zu weiten Teilen aus negativen Darstellungen des Charakters des 45. Präsidenten der Vereinigten Staaten: Ist er ein Bully oder schlicht ein Idiot, ein strategischer Lügner oder ein verunsichertes Kind? So erscheint Trumps Präsidentschaft einerseits als außergewöhnlich – weil ein charakterlich ungeeigneter Mann das mächtigste Land der Welt führt – und andererseits als vorübergehende und auf die Person des Präsidenten begrenzte Abweichung von einer ansonsten widerspruchsfrei funktionierenden liberalen Weltordnung. Im Gegensatz zu dieser Sichtweise beginnt dieser Aufsatz mit einer der Grundeinsichten der Kritischen Theorie: Politisch liberale, wirtschaftlich kapitalistische Gesellschaften tendieren zu autoritären Veränderungen. Demokratie, Würde und Gerechtigkeit, so Adorno und seine Ko-Autorinnen in ihrer Reflexion über die amerikanische Gesellschaft der 1940er Jahre, die diesem Aufsatz als Motiv vorangestellt ist, werden in Zeiten kultureller und ökonomischer Krisen leichtfertig gegen ein mit vagen Hoffnungen verknüpftes System eingetauscht. Folgt man dieser Einsicht, so ist Trumps Aufstieg weder eine eindeutige Abweichung vom Funktionieren der liberalen Ordnung, noch erscheint sie als vorübergehendes oder klar begrenztes Phänomen (Abromeit 2016). Worin aber, möchte ich im Rahmen dieses Aufsatzes etwas polemisch fragen, besteht dann das Problem mit der Präsidentschaft Donald Trumps?

Um diese Frage zu beantworten, werde ich im Rahmen dieses Aufsatzes zuerst meine These aus der Einleitung untermauern, dass die Bedeutung von Trumps Präsidentschaft häufig oberflächlich diskutiert wird (1). Um dieser oberflächlichen Darstellungsweise eine tiefergehende entgegenzustellen, widme ich mich in einem zweiten Schritt einer Rekonstruktion seiner Politik in zwei paradigmatischen Bereichen: Umwelt und Steuern (2). Verständlich wird diese Politik als Antwort auf die Missachtungserfahrungen weißer Industriearbeiter im post-industriellen Amerika. Sie stellt eine spezifische Auflösung der Spannung zwischen Demokratie und Kapitalismus dar. (3). In der Zusammenschau der Argumente zeigt sich, dass Trumps Präsidentschaft *Ausdruck* und *Motor* eines Bruchs in der liberalen Weltordnung ist, die durch internationale Vermittlungsstrukturen globale Probleme zu regeln und Interessengegensätze auszugleichen sucht. In der Präsidentschaft Trumps spiegelt sich, wie weltpolitische Konfliktlagen innerstaatlich ausgetragen werden und so kollektive Verantwortungslosigkeit organisiert wird: Vermittelt in der Figur des Präsidenten tritt die abgehängte Industriearbeiterschaft des globalen Nordens den verwundbarsten Gruppen des globalen Südens als „Naturgewalt" entgegen.

2 „Ein von Clowns umgebener Idiot" – Missverständnisse um Trumps Präsidentschaft

Der Wahlkampf um das Weiße Haus und die ersten Monate von Donald Trumps Präsidentschaft waren von einer öffentlichen Hysterie gekennzeichnet, zu der sowohl sein Auftreten als auch die gesteigerte Konkurrenz auf dem Medienmarkt beigetragen haben. Insofern Trumps Aussagen zu Innen- und Außenpolitik – insbesondere in Wahlkampfzeiten – zudem häufig vage und widersprüchlich waren und er bis zur Wahl keine Kabinettsmitglieder benannt hatte, gab es wenig, an dem sich Journalistinnen und Kommentatorinnen abarbeiten konnten. In diesem inhaltlichen Vakuum inspirierten Trumps Auftritte detaillierte Beschreibungen seiner Persönlichkeit, welche sich zu Motiven der folgenden Berichterstattung über seine Präsidentschaft verstetigten. Vier Motive sind dabei meiner Ansicht nach erkennbar. Jene Berichte, Trump erhalte seine Nachrichten alle vom privaten Fernsehsender FOX News und scheitere am Lesen längerer Texte, variieren das Motiv „Trump der Idiot". Das Motiv „Trump der Draufgänger" findet sich in Darstellungen von Staatsbesuchen, bei denen Donald Trump anderen Staats- und Regierungschefs einen Body-Check gibt oder die Hand bei der Begrüßung zerdrückt. Das Motiv „Trump der Lügner" wird in jenen Berichten verwendet, welche Aussagen des Präsidenten als unwahr oder vollkommen übertrieben darstellen. Das Motiv „Trump das Kind" taucht in den Berichten auf, dieser möge am liebsten das Essen von McDonalds und ärgere sich, wenn er nicht fernsehen dürfe. Zu diesem letzten Motiv gibt es sogar eine Webseite des Politikwissenschaftlers und *Washington Post* Kolumnisten Daniel Drezner. Dort verarbeitet Drezner Zitate von engen Mitarbeitern Trumps, in denen dieser als ein Kleinkind (*toddler*) dargestellt wird.[1] Da heißt es dann zum Beispiel: „Once he is upstairs there is no managing him." Der von Drezner abgesetzte Tweet mit diesem Zitat wurde ca. 5.800-mal geteilt und knapp 14.000-mal mit „gefällt mir" markiert.

1 https://www.washingtonpost.com/news/posteverything/wp/2017/08/21/the-trump-as-toddler-thread-explained-and-curated/?utm_term=.4ab6bd5bd7f8. Zugegriffen: 15. März 2018.

Wie schon dieses kurze Beispiel zeigt: Blogs und Webseiten größerer Medienhäuser erzeugen mit den Geschichten um Trumps Person Klicks wie noch nie. Das Fernsehen sichert sich unverhoffte Einschaltquoten. In einer Zeit sinkender Werbeeinnahmen, meint die Journalistin Ann Curry in einem selbstkritischen Kommentar, habe das Fernsehen „Trump gebraucht, wie ein Crack-Süchtiger seinen Stoff“ (Kristoff 2016). Leslie Moonves vom Sender CBS meinte schon im März 2016, der Trubel um Donald Trump „mag nicht gut für Amerika sein, er ist aber verdammt gut für CBS“ (Huddleston 2016). Trump ist auch heute noch ein Kassenschlager, wie das Buch „Fire and Fury“ zeigt. In dem Buch wird etwa ein Mitarbeiter Trumps im Weißen Haus mit den Worten zitiert, Trump sei „ein von Clowns umgebener Idiot“. Neben dem Motiv „Trump der Idiot“ wird auch das Motiv „Trump das Kind“ in dem Buch häufig variiert. So schildert etwa ein früherer Mitarbeiter, wie schnell das Interesse des Präsidenten erlahmt sei, als er ihm im Wahlkampf die Verfassung der Vereinigten Staaten erklären sollte. Obwohl die Quellenlage des Buchs undurchsichtig ist und viele der Zitate nicht als gesichert gelten, kann sich die Verlagsgruppe Georg von Holtzbrinck freuen. Das Buch schlägt alle Rekorde. In einer Zeit sinkender Absatzahlen wurden in nur einer Woche nach Erscheinen allein in den USA 1,4 Millionen Exemplare verkauft und elf Auflagen gedruckt. Aus dem Buch soll nun auch eine Fernsehserie werden.

Nun geht es nicht darum, ob die Geschichten um Donald Trumps Charakter wahr sind. Entscheidender ist, dass sie den Blick der Öffentlichkeit auf Aspekte des Lebens eines Präsidenten lenken, die sonst nur der Boulevard ausbreitet. Das hat zumindest drei problematische Konsequenzen. Die erste Konsequenz dieser Verquickung der Verwertungslogik moderner Medien mit Trumps erratischem Auftreten bestand in dessen zusätzlicher Sichtbarkeit während seines Wahlkampfes. Trump – ehemaliger Star der erfolgreichen Reality-Show *The Apprentice* – nutzt dies als Strategie. In einem Interview mit der *New York Times* schildert er, dass er davon ausgehe, 2020 wiedergewählt zu werden, weil die Medien auf ihn angewiesen sind (2017). Die zusätzliche Sichtbarkeit von Trump lässt sich in Zahlen fassen. Daniel Leisegang (2017, S. 10) etwa errechnet, dass die großen Sendeanstalten Trump bereits während des Vorwahlkampfes bereitwillig Sendezeit im Wert von zwei Milliarden US-Dollar schenkten, während Clinton weniger als die Hälfte bekam und Ted Cruz – der Herausforderer von Trump – nicht einmal ein Sechstel. Die großen Sender ABC, CBS und NBC haben in ihren Abendnachrichten bis zur Wahl fast 1200 Minuten über Trump berichtet (im Vergleich: 506 Minuten über Clinton) (Ross 2018). Das wäre nicht so schlimm gewesen, hätte nicht das Interesse an kritischer Berichterstattung hinter einer bestimmten Form des Voyeurismus zurückstehen müssen. Von 1.200 Minuten Berichterstattung über Trump entfielen nur 32 Minuten auf Sachfragen (ibid.). Wie Leisegang (2017, S. 11) beschreibt, glich die Darstellung

Trumps häufig „der Dokumentation eines sehnsüchtig erwarteten Auffahrunfalls. [...] Kommentatoren erörterten aus dem Off, was im Folgenden passieren könnte: Wird Trump es erneut krachen lassen? Gegen wen würden sich seine Attacken wohl diesmal richten?". Noch heute bekommt Trump so ungefilterte Sichtbarkeit. Die zweite Konsequenz dieser Art des Berichtens und Nachdenkens über Trump besteht in einer politischen Lähmung. So berichtet etwa Claus Leggewie (2017) von seinem Besuch bei New Yorker Komikern, die Trumps sprachliches Elend, seine Gestik und Mimik imitierten. „Man lacht sich kaputt", schreibt er, und kehrt „so ohnmächtig wie zuvor" aus dem Theater zurück. Die dritte Konsequenz besteht schließlich darin, dass diese Darstellungsweisen von Donald Trumps Präsidentschaft dazu tendieren, andere Aspekte seines politischen Handelns unsichtbar zu machen. Noch heute läuft das öffentliche Nachdenken über diesen Präsidenten häufig innerhalb der vier identifizierten Narrationen ab. Dem Motiv „Trump der Lügner" folgend, schreibt etwa Rieke Havertz in der Wochenzeitung *Die Zeit* unter dem Titel „Versprechen gebrochen", Donald Trump hätte – entgegen seiner Beteuerungen – in den ersten 100 Tagen nicht viel geschafft. Dabei erwähnt sie *en passant*, dass Trump ein Dekret unterschrieben habe, auf dessen Grundlage Einwanderer nun auch bei kleinen Vergehen direkt abgeschoben werden können. Aber: Die Mauer habe er nicht gebaut und *Obamacare* noch nicht rückgängig gemacht. Und noch zum Ende des ersten Jahres von Trumps Präsidentschaft sprechen Lipton und Ivory in der *New York Times* zwar von heftigen Einschnitten in den Bereichen Gesundheit, Soziales und Umwelt, die unter Trump verfügt worden seien. Der Titel „Trump Says His Regulatory Rollback Already Is The Most Far-Reaching" zeigt aber schon an, dass ihr Artikel das Motiv „Trump der Lügner" variiert. Im Mittelpunkt steht das Argument, dass selbst Mitarbeiter von Trump dessen Behauptung nicht beweisen können, dass er die größte Bürokratiereform (*Rollback*) in der Geschichte der Vereinigten Staaten gemacht habe. Nun geht es hier nicht um eine generelle Medienkritik. Teile der Berichterstattung über Donald Trump waren kritisch und reflektiert. In dieser Zuspitzung soll aber herausgearbeitet werden, dass die Politik von Trumps Präsidentschaft häufig hinter einer oberflächlichen Beschreibung seiner Person zurückstand und dass dies mit problematischen Konsequenzen verbunden ist. Im Folgenden versuche ich, mit dieser Logik zu brechen, indem ich der Politik des Präsidenten Donald Trump meine Aufmerksamkeit widme.

3 Trumps politisches Programm

Mag Trump sich wie ein Bully verhalten, lügen, wie ein Kind seine Meinung ändern oder einfache Sachverhalte missverstehen: Eine Analyse seiner Politik als Präsident der Vereinigten Staaten fällt nicht unberechenbar und erratisch aus, sondern vorhersagbar und ideologisch eindeutig (zu dieser Spannung, vgl. auch Kroll in diesem Band). Trumps Präsidentschaft steht für einen schlanken, die Wirtschaft fördernden Staat: für die Kürzung von Sozial-, Bildungs, Forschungs- und Gesundheitsausgaben, für Steuererleichterungen für Unternehmen, für Reiche und Superreiche, sowie für das Einkassieren von Regulierungen, welche die Macht der Finanzindustrie beschränken, Arbeitnehmer und Verbraucher schützen oder Umweltstandards festlegen (Nichols 2017: 45). Leider können diese Bereiche hier aus Platzgründen nicht alle im Detail dargestellt werden (zu einer nüchternen Analyse der Politikfelder Gesundheit und Wirtschaft (vgl. auch Dobbins in diesem Band). Um aber dennoch ein Bild der trumpschen Politik zu zeichnen, fokussiere ich im Folgenden auf zwei Politikbereiche, die paradigmatisch erscheinen: die Umweltpolitik und die Steuerpolitik. Diese konkrete Darstellung nutze ich im Anschluss, um die Agenda des Präsidenten als „verantwortungslosen Konservatismus" zu beschreiben.

3.1 Beispiele aus zwei Politikfeldern: Umwelt und Steuern

Umweltpolitik. Trumps umweltpolitische Agenda zeigt sich schon an seinen Vorstellungen zur Verteilung der vorhandenen Haushaltsmittel (Meyer 2017). Direkt nach seiner Ernennung hat er angekündigt, das Budget der Umweltschutzbehörde (EPA) um 31 % kürzen zu wollen. Obwohl die Kürzungen mit 528 Millionen US-Dollar in 2018 geringer ausfallen, als vom Präsidenten vorgesehen, ist der Rückbau der Organisation mit harten Einschnitten und Stellenabbau verbunden. Flankiert wird diese Sparmaßnahme mit der Ernennung von Scott Pruitt zum Leiter der Behörde. Pruitt hatte noch im Mai 2017 Zweifel darüber geäußert, ob der Klimawandel menschengemacht ist und die EPA als Chefankläger des Staates Oklahoma mehrfach verklagt. Wie die *New York Times* berichtet, war Pruitt bis in die Zeit seiner Nominierung als Anwalt in einem Verfahren tätig, in dem 27 Staaten der USA gegen das zentrale Programm der Obama-Regierung zur Reduktion von Treibhausgasen, den sogenannten *Clean Power Plan* (CPP), klagen. Der CPP soll den Ausstoß von Treibhausgas bis 2030 auf 32 % des Niveaus von 2005 reduzieren (Milman 2017).

Damit ist schon angedeutet, dass die Trump-Administration Klimaschutz eher als Hindernis versteht (zum Folgenden: Milman und Morris 2017). Trump selbst nannte die Erderwärmung in der Vergangenheit einen „Schwindel" (*Hoax*).[2] Ganz der Doktrin *America First* folgend, zog sich Trump aus dem von einigen Kommentatorinnen als historisch bezeichneten Klimaabkommen von Paris zurück. Selbst wenn dieses Klimaabkommen nicht jene Ziele festschreibt, die von vielen Wissenschaftlerinnnen und Umweltschützerinnen gefordert wurden (Brunnengräber 2017), stellt Trumps Rückzug aus dem ersten von 170 Regierungschefs unterschriebenen Abkommen, wie ich andernorts argumentiert habe (Wallmeier 2017: S. 314), doch einen harten Einschnitt dar. Auch auf nationaler Ebene will die Trump-Administration den CPP, das bereits erwähnte Herzstück von Obamas Klimaschutzpolitik, langsam ersetzen oder suspendieren. Begründet wird dies aus Regierungskreisen mit einem Kampagnenziel. Man arbeite daran, „to bring coal mining jobs back to struggling communities across the country". Pruitt sagte zu diesem Thema: „The American people are tired of seeing billions of dollars drained from our economy due to unnecessary EPA regulations, and I intend to run this agency in a way that fosters both responsible protection of the environment and freedom for American businesses". Nicht nur im Bereich Klimaschutz verfolgt Trump eine klare Linie. Auch die Förderung von fossilen Brennstoffen wird weiter ausgebaut. So hat Trump per Dekret die *Keystone-Pipeline*, die Ölsand aus Kanada in die USA transportieren soll, genehmigt, weil sie neue Jobs schaffen und die Wirtschaft ankurbeln würde. Obama hatte den Milliarden Dollar teuren Bau wegen Umweltbedenken unterbunden. Auch Regulierungen der Offshore-Ölförderung, die von Obama nach der Explosion der Bohrplattform *Deepwater Horizon* 2010 eingeführt wurden, stellt Trump in Frage.

Nicht zuletzt sei auch darauf hingewiesen, dass die von einigen Konservativen als zu schützende, unberührte Natur verstandenen *National Parks* unter Trump beschnitten werden. Das gilt einerseits z. B. für den Nationalpark Alaska, der direkt neben einem Küstenstreifen liegt, der von der Trump-Administration für die Offshore-Öl-Förderung freigegeben wurde (Mann 2017). Das gilt aber auch für die verkleinerten *National Monuments* in Utah: *Grand Staircase Escalante* und *Bears Ears*. Während das *Grand Staircase* auf ca. die Hälfte seiner Fläche zusammenschrumpfen soll, bleibt von *Bears Ears* nicht einmal 15 %. Damit verringert der Präsident zwei geschützte Gebiete um eine Fläche, die etwa dreimal so groß ist wie das Saarland. Auch hier argumentiert die Regierung, man wolle das Land wirtschaftlich nutzbar machen.

2 Allerdings hat Donald Trump selbst im Jahr 2009 noch einen Aufruf unterschrieben, in dem Manager bedeutender Unternehmen fordern, die US-Regierung solle endlich Klimaschutz betreiben.

Steuerpolitik. Die Befreiung der Wirtschaft von staatlichen Regulierungen leitet Trump auch im Bereich der Steuer- und Handelspolitik. So hat der Präsident mit seiner Steuerreform ein, in den eigenen Worten, „großartiges Weihnachtsgeschenk" durch den Kongress gebracht. Insgesamt geht es bei dem Steuerpaket um Reduktionen von 1,5 Billionen Dollar (Schäfers und Lindner 2017). Dabei handelt es sich hauptsächlich um Steuerminderungen für Unternehmen. Für diese sinkt die Ertragssteuer von 35 % auf 21 %. Damit stellt sich die USA als Alternative zu Ländern wie Australien, Frankreich, Deutschland und Japan auf, in denen Unternehmen etwa mit 30 % besteuert werden. So erzeugt der Präsident erheblichen Druck auf andere Volkswirtschaften, die schon jetzt über Gegenmaßnahmen nachdenken: etwa Klagen bei der Welthandelsorganisation wegen unlauteren Wettbewerbs oder Veränderungen des eigenen Steuerrechts (Stevenson und Ewing 2017).

Die Steuererleichterungen sollen dazu dienen, ausländische Investitionen in den USA zu fördern. Damit geht die Steuerreform Hand in Hand mit Trumps Ablehnung von multilateralen Handelsabkommen, wie etwa dem noch nicht ratifizierten *Trans-Pacific Partnership* (TPP), aus dem Trump aussteigen möchte, oder dem *North American Free Trade Agreement* (NAFTA), das Trump gerade neu verhandelt und – so wird vermutet – aufkündigen möchte (vgl. auch Janusch in diesem Band). Insofern TPP und NAFTA Investitionssicherheit für andere Länder bedeuten und deren Attraktivität für Investitionen erhöhen könnten, setzt Trump darauf, dass mehr Investitionen direkt in die USA fließen. Damit versucht er auch, die Handelsbeziehungen mit China neu zu justieren. Diese hatte er wiederholt als „größten Raub in der Geschichte der Welt" bezeichnet.

Flankiert werden diese Steuererleichterungen für Unternehmen auch mit einer Reduktion der Steuersätze für Privatpersonen: Der Spitzensteuersatz wird von 39,6 % auf 37 % reduziert, Freibeträge (auch für Erbschaften) werden erhöht. Untersuchungen legen bisher nahe, dass die Steuerreform von Trump vermögenderen Haushalten nicht nur absolut, sondern auch relativ eine größere Steuerersparnis einbringen wird.

Klar ist, dass die beschriebene Steuerpolitik über Schulden finanziert wird und dem Ziel *America First* dient, insofern sie andere Volkswirtschaften erheblich unter Druck setzt. Unklar sind jedoch ihre Langzeiteffekte. Selbst starke Befürworter von internationalem Handel, wie der Ökonom Tyler Cowen (2017), argumentieren, dass Trump mit dieser Kombination aus expansiver Fiskalpolitik, Steuererleichterungen und Protektionismus eine neue Art der *Supply-Side Economics* erfunden hat, deren Langzeiteffekte abzuwarten seien.

3.2 Verantwortungsloser Konservatismus

Trumps Umwelt- und Steuerpolitik folgen einer klaren Linie. Mit dem Abbau von marktbeschränkenden Regulierungen, mit Budgetkürzungen in den Bereichen Wissenschaft, Gesundheit, Soziales, sowie Ausgabensteigerungen für das Militär und einer Abkehr vom Multilateralismus zeigt sich Trumps Politik weder als unberechenbar noch als ideologisch zweideutig. Wie John Nichols (2017) argumentiert, hat seine Politik „ihre Wurzeln in einer Ideologie, die heute als normaler Mainstream-Konservatismus gilt". Trump mag sich während des Wahlkampfes nicht als klassischer Republikaner präsentiert haben. Er war auch nicht der Organisator des Rechtsrucks in der Republikanischen Partei, der seiner Wahl voranging. Trump nutzte aber die Polarisierung in der amerikanischen Bevölkerung geschickt zu seinem Vorteil (Bronner 2017) und wurde aus Opportunismus mehr und mehr zu einem Parteisoldaten. Das zeigt auch Harry Entens (2017) Untersuchung, in der Trumps Politik(vorschläge) zu unterschiedlichen Zeitpunkten auf einer „Ideologieskala" bewertet werden. Vor Beginn der Präsidentschaft erhält Trumps Programm insgesamt auf einer Skala von -100 (liberal) bis +100 (konservativ) +42,5 Punkte und gilt damit als „moderat". Nach einem Jahr im Amt hingegen erhält Trump mit seiner Politik +60.0 Punkte, was etwa der Punktzahl Ronald Reagans entspricht und in den Bereich *hard-core conservative* fällt. Zwar kann man hinterfragen, ob es sich bei diesem *hard-core conservatism* nicht eigentlich um einen „Pseudo-Konservatismus" handelt – also einen Konservatismus, der nur vorgibt zu bewahren und dabei eigentlich Gesellschaft und Politik umwälzt (Abromeit 2016). Dennoch ist festzuhalten, dass Trump auf Linie seiner Partei ist. Sein Politikprogramm ist damit weniger außergewöhnlich, als die Kommentare vieler Beobachterinnen vermuten lassen und weist erhebliche Kontinuitäten mit konservativen (und neoliberalen) Ideen in den USA – aber auch in Europa und Deutschland – auf.

Gleichzeitig unterscheidet sich Trumps Politik in einer bestimmten Weise von anderen konservativen Programmen, weswegen ich sie als „verantwortungslosen Konservatismus" bezeichnen möchte. Folgt man nämlich Valentin Rauers (2014: S. 106) Verständnis, dass „[p]olitische Verantwortung zu übernehmen bedeutet, eigene Entscheidungen ex-post öffentlich rechtfertigen zu müssen", so zeigt sich Trumps Politik innen- wie außenpolitisch als *verantwortungslos*. Innenpolitisch bündelt Trump wirtschaftliche und politische Macht in den Händen weniger, zu denen auch seine Familie gehört. Wie oben beschrieben, setzt er in Ausnutzung der Verwertungslogik moderner Medien darauf, dass die Opposition geschwächt und auf Dauer ihrer Schlagkraft beraubt wird. Hierbei stellt er generell die Rolle von Journalisten als kritische Beobachter in Frage (vgl. auch Schindler in diesem Band)). Mit rassistischen und frauenfeindlichen Ausfällen greift er Teile der amerikanischen Bürger direkt an und schließt sie als legitime Teilnehmer einer öffentlichen Debatte aus. Mit dieser Beschränkung und Entleerung von Möglichkeiten der Kritik, befreit sich Trump von Rechtfertigungszwängen – entzieht sich also innenpolitischer Verantwortung. Außenpolitisch ist Trumps Politik verantwortungslos, weil sie unter dem Schlagwort *America First* die Geltungsansprüche sämtlicher Forderungen an die USA aus dem Ausland für nichtig erklärt – ob es sich dabei nun um Gerechtigkeitsprinzipien, Prinzipien der Menschenwürde oder wissenschaftliche Wahrheiten handelt. Trumps Steuerreduktionen könnten einen internationalen *Standortwettbewerb* und Handelsauseinandersetzungen von noch unbekanntem Ausmaß zur Folge haben. Seine Umweltpolitik ignoriert wissenschaftliche Erkenntnisse über die Folgen des Klimawandels. Nun ist es nicht neu, dass Forderungen nach „Gerechtigkeit“ und „Menschenwürde“ – wie es in jenem Zitat heißt, das diesem Aufsatz als Motiv vorangestellt ist – in der liberalen Weltordnung politisch unverarbeitet bleiben. Dennoch gilt zunehmend, wie Daase et al (2018: S. 9) argumentieren, dass Staaten „Verantwortung nicht mehr nur für die Bürgerinnen und Bürger [tragen], durch die sie gewählt wurden, und innerhalb der staatlichen Grenzen, sondern auch gegenüber nicht-repräsentierten Anderen und extraterritorial.“ (ibid., S. 9). Regierungen müssen also ihr außenpolitisches Handeln zumindest ex-post öffentlich rechtfertigen. Mit dem Slogan *America First* bricht Trump mit diesem Rechtfertigungszwang. Trumps Programm ist also deswegen verantwortungslos, weil es sich innen- wie außenpolitischem Rechtfertigungsdruck entzieht, in bewusster Ignoranz von Forderungen nach Gerechtigkeit und Menschenwürde installiert wird.

4 Träger und Unterstützer des trumpschen Programms

Um die Bedeutung der Präsidentschaft Trumps zu verstehen, reicht es nicht, seine Politik zu beschreiben. Schließlich kann Trumps politisches Handeln, wie oben argumentiert wurde, teilweise auf Opportunismus zurückgeführt werden. Um diese Politik richtig einzuordnen, gilt es also auch die Träger und Unterstützer des Programms – seine gesellschaftliche Einbettung – zu identifizieren. Diesem Ziel ist der folgende Abschnitt gewidmet. Insofern ich Brown (2017), Habermas (2016) und Streeck (2017) in der Einschätzung folge, dass eine sinnvolle Interpretation der Wählerdaten von Donald Trump nur auf der Grundlage einer Beschreibung der gesellschaftlichen und wirtschaftlichen Verschiebungen der letzten 50 Jahre sinnvoll ist, beginnt der folgende Abschnitt mit einer solchen Darstellung.

4.1 Voraussetzungen des Aufstiegs von Trump

Das diesem Aufsatz vorangestellte Motiv bringt auf den Punkt, dass Demokratie und Kapitalismus aus der Perspektive der Kritischen Theorie in einer Spannung zueinander stehen. Beschreibungen dieser Spannung gibt es auch aus den Reihen der Kritischen Theorie viele unterschiedliche. Im Folgenden erlaube ich mir, eher eklektisch auf einzelne Teile unterschiedlicher Ansätze zuzugreifen, um ein möglichst präzises Bild des Aufstiegs von Donald Trump zu zeichnen.[3]

Eine wesentliche Spannung zwischen Kapitalismus und Demokratie besteht darin, dass die demokratische Organisation von Gemeinwesen dazu tendiert, den Profit von Unternehmen abzuwürgen; gleichzeitig tendiert die kurzfristige Gewinnorientierung von Unternehmen dazu, demokratische Verfahren zugunsten von Profiten auszuhebeln. Die Spannung zeigt sich auch darin, dass die kapitalistische Wirtschaft eine für die Entwicklung von modernen demokratischen Gemeinwesen wichtige Innovationskraft bereitstellt, die aber gleichzeitig mit der Vernutzung von wesentlichen Ressourcen einhergeht – von sozialen Beziehungen, Mensch und Natur (Rosa et al. 2017). Wegen dieser Spannung brauchen Kapitalismus und Demokratie also ständig „dynamische Stabilisierungen" (ibid.), Reparaturen und Kompromisse, welche die beschriebene Spannung vorübergehend auflösen (Streeck 2016; Offe 2005). Diese Reparaturen und Kompromisse haben sich – wie ich Wolfgang Streeck (2017) folgend darstellen möchte – in den USA seit den 1950er Jahren in gesellschaftlichen und ökonomischen Verschiebungen niedergeschlagen, welche jene Interessensgruppen hervorgebracht haben, die Trumps Präsidentschaft heute stützen.

Die demokratischen Gemeinwesen des globalen Nordens lösten die Spannung zwischen Profit und demokratischer Selbstbestimmung nach dem Krieg bis zu Beginn der 1970er Jahre durch Umverteilung, den Ausbau von Sozialversicherungen und einen interventionistischen Staat, der die Wirtschaft ankurbelte. Dieser vorübergehende Klassenkompromiss ging mit bisher unbekannten Wohlstands- und Sicherheitszuwächsen für breite Bevölkerungsgruppen einher. In den USA entstehen zu dieser Zeit die *Suburbs*: Jeder (weiße) Arbeiter sollte ein Haus und ein Auto besitzen können. In den 1970er Jahren stieß dieser Kompromiss aber an Grenzen. Das fordistische Akkumulationsregime – die wirtschaftliche Wertschöpfung durch die immer effizientere Organisation in der Produktion von Massengütern – hatte

3 Damit fallen wesentliche Unterschiede zwischen den verschiedenen Theorien unter den Tisch. Schön herausgearbeitet werden die Unterschiede zwischen den Diagnosen von Ulrich Beck, Wolfgang Streeck und Claus Offe in einem Aufsatz von Jens Borchert und Stephan Lessenich (2005).

seine Grenzen erreicht. In der Folge stellten Regierungen und Unternehmen ihre wirtschaftlichen Aktivitäten auf eine neue Lage ein. In der Hoffnung, Vollbeschäftigung und steigende Löhne mit den Profitinteressen der Kapitalgeber zu vereinbaren, sollten Gewinne nicht mehr primär durch Effizienzsteigerung, sondern durch Absatz auf wachsenden Weltmärkten erzielt werden. Der Preis dieser Hinwendung zu internationalen Absatzmärkten bestand jedoch in verstärktem zwischenstaatlichem Wettbewerb. Regierungen mussten das Lohn- und Steuerniveau zunehmend gering halten, die Regulierung von Gütern, Dienstleistungen und Kapitalmärkten lockern, um „wettbewerbsfähig" zu bleiben. Der zentrale Steuerungsmechanismus in der damit angebrochenen Epoche neoliberaler Wirtschaftspolitik war nicht mehr der Klassenkompromiss – also die Verteilung der volkswirtschaftlichen Wertschöpfung auf Arbeit und Kapital innerhalb einer politischen Gemeinschaft –, sondern der Mechanismus von Einschluss und Ausschluss. Entscheidend wurde die Frage, welche Statusgruppen am globalen Markt in welcher Form teilhaben durften und sollten. Begleitet wurde diese Umstrukturierung der Weltwirtschaft vor allem in den 2000er Jahren vom Aufstieg neuer Großmächte, wie China oder den BRICS-Staaten, welche selbst expandieren wollten und damit die Möglichkeiten des Westens einschränkten, seinem abflauenden Wirtschaftswachstum durch das Erschließen neuer Märkte wieder auf die Sprünge zu helfen. Die Wirtschaftskrise, welche der Wahl von Donald Trump voranging, muss im Kontext dieses relativen Abstiegs der Supermacht USA verstanden werden (Habermas 2016).

Diese nur sehr knapp umrissene wirtschaftliche Umstrukturierung ging mit erheblichen sozialen Veränderungen in den USA (und den meisten Industrienationen des Westens) einher. Der Wirtschaftsboom und die Bildungs- und Sozialreformen der 1950er und 1960er Jahre lösten eine gewaltige Individualisierungswelle aus. Statt, wie zuvor, in ständisch geprägten Milieus aufzugehen, sahen sich Arbeitnehmer zunehmend individuell mit der Chance und der Aufgabe konfrontiert, ihr Leben selbst zu formen. Die Menschen wurden am Ende der 1960er Jahre, wie Ulrich Beck (1986, S. 135) drastisch formuliert, in einem gewaltigen Schub „aus den Formen und Bindungen der […] Industriegesellschaft freigesetzt und damit in wiederum neuer Form auf sich selbst in eine nachindustrielle Einsamkeit zurückgeworfen". Diese Freisetzung der Subjekte aus Sozialbeziehungen, Kontaktnetzwerken und Identitäten ging mit neuen Möglichkeiten der Selbstverwirklichung, Mobilität und des Konsums einher. Das Wegfallen ständischer Milieus und traditionell begründeten Identitäten bedeutete auch eine – zumindest formale – gesellschaftliche Öffnung für vorher benachteiligte Gruppen.[4] Gleichzeitig steigt mit dieser

4 Eine präzise Darstellung der seit den späten 1950er Jahren in den USA entstehenden Möglichkeiten und der damit verbundenen Einsamkeit liefert nach wie vor Richard Powers

Individualisierungswelle aber auch die Konkurrenz, der gesellschaftliche Druck, das eigene Leben richtig zu ordnen, die richtigen Entscheidungen zu treffen, um „erfolgreich" zu sein.

Besonders spannungsreich wird diese Individualisierungswelle mit dem Einsetzen des post-industriellen Wirtschaftsregimes. Fünf der sich so ergebenden Spannungen sollen im Folgenden dargestellt werden. So hat sich, erstens, der Zugang zu Bildungsmöglichkeiten formal für viele Gruppen der Bevölkerung erhöht. Andererseits aber wurden im Zuge der wirtschaftlichen Umstrukturierung nach 1970 bestimmte Bildungsabschlüsse – etwa die berufliche Bildung – schleichend entwertet. Es entstanden, zweitens, neue Arbeitsplätze in der Finanzbranche und dem Dienstleistungssektor, welche ohne harte und teilweise gesundheitsschädliche körperliche Arbeit auskamen. Andererseits entstand eine neue Dienstleistungsbranche mit teilweise prekären Beschäftigungsverhältnissen (Poltermann 2013). Zudem wurde diese De-Industrialisierung vom Verschwinden bestimmter Berufsbilder begleitet, die – wie die von Trump häufig angerufenen Kohlearbeiter – identitätsstiftend waren. Teile der amerikanischen Bevölkerung verloren so nicht nur ihr Erwerbseinkommen, sondern erfuhren eine Entwertung ihres Lebensstils. Auch das Schicksal der Arbeitslosigkeit hat, drittens, mit dem Ausbau von Sozialleistungen und dem Umbau der Wirtschaft seine Form verändert. Zwar ist der Einzelne nun besser vor Armut und Elend geschützt, gleichzeitig transformiert sich Arbeitslosigkeit aber von einem als Klassenschicksal empfundenen Problem in ein „zerkleinertes, nach innen gewendetes Massenschicksal" (Beck 1986, S. 147). Erfolglosigkeit wird zunehmend als Mangel an Aktivität, Mobilität oder Flexibilität des Individuums gedeutet (Lessenich 2012). Viertens, ging die beschriebene Umstrukturierung der Wirtschaft mit einer Vermögensumverteilung von unten nach oben einher. Wie Christian Fuchs (2017) darlegt, ist der Lohnanteil am BIP der USA (und der EU) seit Mitte der 1970er Jahre um etwa 5 % gefallen (und also der Anteil des Kapitals an den Gewinnen gestiegen). Insofern die Löhne relativ fielen während die privat zu leistenden Ausgaben für Bildung oder Gesundheit stiegen, entstand bei Arbeitern und der unteren Mittelschicht häufig eine private Verschuldung. Fünftens und letztens ging dieser Wandel für Schwarze und Frauen in den USA mit einer Erweiterung von Rechten und Möglichkeiten einher. Insofern dieser Ausbau individueller Rechte aber auch auf Marktinklusion zielte und politisch mit dem Abbau sozialer Sicherungssysteme verknüpft wurde, sahen

2002 erschienener Roman „Der Klang der Zeit". Hier schildert der Autor Diskriminierung und Rassismus der 1950er und 1960er Jahre – aber auch, wie einem Zwillingspaar von einer schwarzen Mutter und einem jüdischen Vater der gesellschaftliche und kulturelle Aufstieg zum Preis der Vereinzelung gelingt.

sich teile der weißen Industriearbeiterschaft als Verlierer dieses Wandels. Streeck (2017) spitzt diese Spannung in der Aussage zu, dass auf diese Weise soziale Rechte kollektiven Schutzes durch zivile und politische Rechte zur gleichen Teilnahme an Marktprozessen verdrängt worden seien.

Nicht nur für Individuen, sondern auch für die politischen Gemeinschaften des Westens sollte sich die zunehmende Internationalisierung des wirtschaftlichen und sozialen Lebens als spannungsreich herausstellen. Die Internationalisierung der Wertschöpfung und die Privatisierung verschiedener staatlicher Aufgaben erlaubte bestimmten Bevölkerungsgruppen eine bisher nicht gekannte Mobilität und Autonomie. Andererseits wurden im Zuge dieser Reformen der Gemeinwesen Aufgaben der Fürsorge und der Absicherung privatisiert. Damit wurden moralisch aufgeladene Praktiken aus dem politischen Raum der öffentlichen Debatte in den Raum des nur auf privaten Vorlieben begründeten Konsums verschoben (Lessenich 2012). Unter dieser Voraussetzung entwickelten sich „Silokammern" rein privater, nicht öffentlich begründungsbedürftiger Vorlieben. Besonders augenfällig sind Beispiele für das entstehende Nebeneinander gesellschaftspolitisch relevanter Einstellungen, die in den Raum des privaten Konsums verdrängt und so einer öffentlichen Diskussion entzogen wurden, im Bereich der Umweltpolitik. Hier gibt es einerseits Konsumentinnen, die auf tierische Produkte generell verzichten – zum Schutz von Tier- und Umwelt. Gleichzeitig sind drei Viertel der in den USA verkauften Autos SUV und Pick-ups. Als öffentliche, politisch relevante Debatten können diese Konflikte nicht ausgetragen werden.

In der Zusammenschau zeigt sich, dass in den USA seit den 1970er Jahren ein Prozess der kulturellen Individualisierung mit der Ausweitung politischer und sozialer Rechte einherging. Hiervon profitierten insbesondere jene Gruppen, die vorher marginalisiert waren (und sich als Marktteilnehmerinnen eigneten). Gleichzeitig brachte die Internationalisierung der Wirtschaftsbeziehungen erhebliche Verluste an nationalstaatlichen Steuerungsmöglichkeiten der Wirtschafts- und Sozialpolitik ein. Was für die gebildeten Schichten Freiheitsmomente bedeutete, fühlte sich für jene Bevölkerungsgruppen am unteren Ende der sozialen Skala als Gewalt an. Sie mussten Lohn- und Sicherheitseinbußen hinnehmen, mehr „Eigenverantwortung" tragen und sahen sich dabei doch häufig nur überindividuellen Zwängen ausgesetzt, denen sie wenig entgegenzusetzen hatten. Begleitet wurde dieser Prozess von der Privatisierung von Entscheidungen, die das öffentliche Gemeinwesen betreffen. Es ist diese Kombination aus zunehmender politischer und rechtlicher Gleichheit mit der Individualisierung und Aufspaltung der Gesellschaft in getrennte Konsumentengruppen, die unter immer unterschiedlicheren wirtschaftlichen und sozialen Voraussetzungen agieren, welche die Grundlage für den Aufstieg Trumps bildet.

4.2 Die Wählerschaft von Donald Trump

Ist Trumps Wahlsieg nicht ohne die beschriebenen langfristigen ökonomischen und sozialen Verschiebungen zu verstehen, so wird er durch diese nicht determiniert. Wie etwa Skocpol und Thompson (2012) zeigen, haben auch kurzfristigere Veränderungen den Boden für die *Tea Party* und damit Donald Trumps politisches Programm bereitetet. Zu diesen Veränderungen gehört, erstens, der „Fox News-Effekt": Eine Veränderung des Wahlverhaltens der Zuschauer des konservativen Privatsenders FOX, der 1996 eingeführt wurde. Zweitens die „Lösung" der Krise der Finanzwirtschaft – die in eine Staatsschuldenkrise verwandelt wurde. Drittens die finanzielle Unterstützung der Ölmilliardäre David und Charles Koch für den Umbau der republikanischen Partei.

Ohne diese kurz- und mittelfristig ablaufenden Prozesse gering zu schätzen, würden wohl auch Skocpol und Thompson zustimmen, dass sich die „Tiefenstruktur" von Trumps Wahlsieg aus den geschilderten politischen, ökonomischen und kulturellen Verschiebungen ergibt. Vor dem Hintergrund dieser Verschiebungen erscheint Wolfgang Streecks (2017) Argument plausibel, dass Trump die Präsidentschaftswahl aus Respekt gewann, während Clinton aus Klassengründen verlor. So schien etwa Clintons häufig geäußerter Wunsch danach, die „gläserne Decke" loszuwerden, an die Frauen im oberen Management stoßen, auch vielen Frauen aus der Arbeiterschicht realitätsfern und abgehoben. Das schlug sich auch in deren Wahlverhalten nieder: Weiße Frauen aus der Arbeiterklasse stimmten 62:34 für Donald Trump. Dieser hingegen wurde nicht aus Klassengründen gewählt, sondern weil er Respekt für jene aufzubringen schien, die sich übergangen oder missachtet fühlten. In die Richtung dieser eher ökonomischen Interpretation der Wahlergebnisse weist auch die Tatsache, dass Clinton zwar deutlich mehr Stimmen von Schwarzen und Latino-Wählern und Wählerinnen bekam als Donald Trump, dabei aber im Vergleich zu Obama klar bei beiden Wählergruppen verlor, obwohl sie gegen einen Kandidaten antrat, der sich mehrfach rassistisch geäußert hatte.

Stärker als Streeck sollte man aber betonen, dass die Wahl von Trump insgesamt dennoch nicht die Reaktion der ökonomisch schwächsten oder verwundbarsten Gruppen in den USA war. Übergangen fühlten sich die im Vergleich zu vielen marginalisierten Gruppen relativ privilegierten weißen Industriearbeiter. Sie hatten den Eindruck, von der Politik gleich doppelt betrogen worden zu sein. Einerseits, weil ihre Lebensweise durch die Globalisierung der Wirtschaftsbeziehungen, die damit einhergehende Kürzung von Staatsausgaben und die De-Industrialisierung besonders eindeutig ausradiert zu werden schien. Andererseits aber auch, weil das Verschwinden ihrer Lebensweise mit der Erweiterung politischer Rechte und formaler Freiheiten anderer Gruppen verkoppelt wurde. Arlie Hochschildt (2016) beschreibt eindrucksvoll, welche Erzählung über den eigenen Status in der Gesellschaft sich so bei vielen weißen US-Amerikanern aus den Industrieregionen verbreitete. Diese hatten zunehmend den Eindruck, schon lange darauf zu warten, dass sich ihr Traum von einem besseren Leben bald erfüllen möge, während Mitglieder bestimmter gesellschaftlicher Minderheiten einfach vorgezogen würden.

Für die These, dass es bei Trumps Präsidentschaft um die Erhaltung und Weiterentwicklung der Lebensweise und Identität der weißen Industriearbeiterschaft geht, spricht zudem die Tatsache, dass die Unterstützung Trumps mit keinem Charakteristikum so eindeutig korreliert wie mit Bildungsabschlüssen. Wie Nate Silver (2017) in einer einfachen und doch eindeutigen Analyse unterschiedlicher Wahlbezirke aufzeigen kann, konnte Hillary Clinton gegenüber Obama in jenen Wahlbezirken Stimmen dazugewinnen, in denen viele Personen einen College-Abschluss vorweisen können. Im Gegensatz dazu gewann Donald Trump eindeutig gegenüber Mitt Romney in jenen Bezirken, in denen wenige Personen einen formalen Bildungsabschluss haben. Dieser Hinweis untermauert die Interpretation, dass eine Gruppe von Menschen Trump an die Macht gebracht hat, deren berufliche Bildung zunehmend abgewertet wird und die sich im post-industriellen Zeitalter – oder der „Wissensgesellschaft" (Poltermann 2003) – auf verlorenem Posten sieht.

Die weißen Industriearbeiter sahen sich als Verlierer eines Prozesses, in dem die Ausweitung politischer und sozialer Rechte mit der Internationalisierung der Wirtschaft verkoppelt wurde. Für sie bedeutete das Lohn- und Sicherheitseinbußen bei mehr Eigenverantwortung. Dieses Gefühl der Missachtung schlug in Ohnmacht um, als es kaum öffentlich thematisiert werden konnte. Weite Teile ihrer Anliegen (Zugang zu guter Bildung, Lohn, Arbeitsplatzsicherheit, Aufstiegschancen) waren aus dem Raum der öffentlichen Debatten in den Raum der privaten Lebensführung verlagert worden. In der Präsidentschaftswahl entlud sich diese berechtige Frustration in Stimmen für Trump und Ressentiments.

5 Trumps Präsidentschaft: Ausdruck und Motor einer Krise der liberalen Weltordnung

Im Rahmen dieses Aufsatzes habe ich gezeigt, dass der politische Aufstieg Donald Trumps keineswegs nur deswegen beunruhigend ist, weil dieser lügt und wenig Muße für das Lesen langer Dokumente aufbringt. Vielmehr habe ich darauf hingewiesen, dass diese Darstellungsweise selbst fehlgeht, weil sie Donald Trump zur Präsidentschaft verholfen hat, weil sie wichtige politische Entscheidungen verdeckt und weil sie Bürger apathisch zurücklässt. An dieser Stelle darf die Analyse der Agenda des 45. Präsidenten nicht stehenbleiben.

Daher habe ich Trumps Politik inhaltlich – in den Bereichen Umwelt und Steuern – nachvollzogen. Der 45. Präsident der Vereinigten Staaten hat im Bereich Klimaschutz das wichtigste Gesetz der Obama-Administration zurückgenommen, geschützte Flächen zur wirtschaftlichen Ausbeutung ausgewiesen und Sicherheitsstandards bei der Förderung fossiler Brennstoffe einkassiert. Mit seiner Steuerreform versucht er, ausländische Investitionen in die USA zu locken. Er verschlankt den Staat (kürzt Sozial-, Bildungs- und Forschungsausgaben), dereguliert die Wirtschaft (baut Regulierungen zugunsten von Arbeitnehmern und der Umwelt ab) und rüstet das Militär auf. Insgesamt hat sich Trump also einer konservativen Agenda verschrieben. Ich habe diese Agenda aber deswegen als *verantwortungslosen* Konservatismus bezeichnet, weil Trump nicht bereit ist, seine Politik zu rechtfertigen. Innenpolitisch entzieht er sich dem Zwang zur Rechtfertigung, indem er die Medien als Oppositionskraft zu schwächen versucht und die Macht in den Händen weniger vereinigt. Außenpolitisch steht *America First* für eine Haltung, an der alle an die amerikanische Regierung gerichteten Ansprüche abprallen.

Gleichzeitig habe ich aber auch gezeigt, dass die Politik Donald Trumps insbesondere aus den sozialen und ökonomischen Veränderungen der Weltgesellschaft heraus verstanden werden muss, deren Autor Donald Trump selbst nicht ist. Trump ist eher ein Opportunist, der die Verwerfungen und die Polarisierung in der amerikanischen Bevölkerung geschickt zu nutzen wusste. Dabei vertritt er hauptsächlich die Interessen der weißen Industriearbeiterschaft, die keine Möglichkeit findet ihre Missachtungserfahrung öffentlich zu thematisieren: Kulturell wird ihre Lebensweise abgewertet während sie ökonomisch nicht vom wirtschaftlichen Aufschwung profitieren.

Einige Kommentatoren haben sich schon darauf festgelegt, dass Trumps Politik nicht jenen dienen wird, die ihn gewählt haben. Andreas Ross etwa fragt in der *Frankfurter Allgemeinen Zeitung* (2017): „Hat Präsident Trump seine vergessenen Männer und Frauen vergessen?". Von Petersdorff-Campen (2018) erkennt zwar einen wirtschaftlichen Aufschwung in den USA, schreibt diesen aber der allgemeinen Konjunktur zu. So schließt er eine ansonsten detaillierte Darstellung der wirtschaftlichen Entwicklung in den USA unter Trump mit dem Satz, dieser bleibe „dann doch ein kleiner Mann, der nach Anerkennung giert". Diese Kommentatoren bleiben den Motiven von Trump dem Idioten oder Trump dem Lügner treu.

Interessanter als die Frage, ob Trump mit seinen Reformen die Wirtschaft in den USA kurz- oder mittelfristig stabilisiert (wofür derzeit vieles spricht), ist für diesen Aufsatz jedoch der Hinweis auf die weltgesellschaftliche Bedeutung seiner Präsidentschaft. Wie in jenem Zitat angezeigt wird, das diesem Aufsatz als Motiv vorangestellt ist, drückt sich in der Präsidentschaft Trumps eine Spannung zwischen Demokratie und Kapitalismus aus. Dabei handelt es sich nicht (oder zumindest nicht zuallererst) – das habe ich in diesem Aufsatz zu zeigen versucht – um eine innenpolitische Krise der amerikanischen Politik. Vielmehr ist Trumps Präsidentschaft der Versuch, die Krise des Weltwirtschaftsregimes innenpolitisch aufzulösen. Trumps Politik könnte man daher mit Jürgen Habermas (2013, S. 62) beschreiben als „Einigelung in der souveränen Ohnmacht der überrollten Nation angesichts der epochalen Umwandlung von Nationalstaaten, die ihre territorialen Märkte noch unter Kontrolle hatten, zu depotenzierten Mitspielern, die ihrerseits in globalisierte Märkte eingebettet sind". Die Auflösung der weltgesellschaftlichen Spannung zwischen Demokratie und Kapitalismus sucht Trump in mehr zwischenstaatlicher Konkurrenz um Steuererleichterungen und mehr Umweltzerstörung. Die vorübergehende „dynamische Stabilisierung" (Rosa et al. 2017) des demokratischen Kapitalismus in den USA geht mit einer weiteren Destabilisierung im globalen Süden einher. So entsteht eine kollektive Verantwortungslosigkeit gegenüber jenen, die unter den Handelsauseinandersetzungen und den globalen Umweltveränderungen am meisten leiden. Auf tragische Weise tritt in der Figur Donald Trumps damit die Industriearbeiterschaft des globalen Nordens den verwundbarsten Bevölkerungsschichten des globalen Südens als Naturgewalt entgegen. Das ist einerseits metaphorisch gemeint: Der globale Süden wird getroffen von gewaltförmigen Zwängen, die öffentlich gerechtfertigt werden und damit „natürlich" erscheinen. Das ist andererseits auch beschreibend gemeint: Die Folgen der Lebensweise der Industriearbeiter des globalen Nordens zeigen sich im globalen Süden als Dürreperioden und Überschwemmungen. Dass sich Trump damit aus Opportunismus weitgehend aus ohnehin porösen und asymmetrischen weltpolitischen Vermittlungsstrukturen herauszieht, indem er jede Notwendigkeit sich zu rechtfertigen ablehnt, ist das eigentliche Problem an seiner Präsidentschaft und Hinweis auf die eigentliche Krise der liberalen Weltordnung.

Was aber bedeutet diese Analyse für heutiges politisches Handeln? Der Optimist kann darauf hinweisen, dass Donald Trump kein Schicksal ist. Er wäre in den Präsidentschaftswahlen einfach zu besiegen gewesen. Wenn, so argumentiert zum Beispiel Eric Bronner (2017), Jill Stein – die linke Kandidatin der Grünen – nicht zur Präsidentschaftswahl angetreten wäre und ihre wenigen Stimmen an Clinton gegangen wären. Dann hätte Trump die Staaten Michigan, Pennsylvania und Wisconsin verloren und wäre nicht Präsident geworden. Der Pessimist kann darauf verweisen, dass Trump nur Ausdruck einer Krise ist, die unter den derzeitigen institutionellen Voraussetzungen schwer zu durchbrechen ist. Die gerechtfertigten Forderungen der Industriearbeiter des globalen Nordens werden ohne angemessene weltgesellschaftliche Vermittlungsstrukturen verantwortungslos innenpolitisch auf Kosten der Schwächsten im globalen Süden erfüllt. Eine Perspektive, die – ob nun mit oder ohne Trump – keine guten Aussichten bietet.

Literatur

Abromeit, John. 2016. Critical Theory and the Persistance of Right Wing Populism. *Logos – a journal of modern society & culture*. http://logosjournal.com/2016/abromeit/. Zugegriffen: 18. Februar 2018.

Adorno, Theodor W., E. Frenkel-Brunswik, D. J. Levinson, und R. N. Sanford. 1950. *The Authoritarian Personality*. New York: Harper & Brothers.

Beck, Ulrich. 1986. *Risikogesellschaft: auf dem Weg in eine andere Moderne*. Frankfurt am Main: Suhrkamp.

Borchert, Jens, und S. Lessenich. 2004. 'Spätkapitalismus' revisited. Möglichkeiten und Grenzen adaptiver Selbsttransformation der Wohlfahrtsstaatsanalyse. *Zeitschrift für Sozialreform* 50(6): 563–583.

Bronner, Stephen E. 2017. Back to basics: Trump's counter-revolution, resistance and solidarity. *Logos – a journal of modern society & culture*. http://logosjournal.com/2017/back-to-basics-trumps-counter-revolution-resistance-and-solidarity/. Zugegriffen: 18. Februar 2018.

Brown, Wendy. 2017. Demokratie unter Beschuss: Donald Trump und der apokalyptische Populismus. *Blätter für deutsche und internationale Politik* 8: 47–60.

Brunnengräber, Achim. 2017. Warum sich die Klimaforschung mit harten Machtverhältnissen beschäftigen muss. *GAIA Ökologische Perspektiven für Wissenschaft und Gesellschaft* 26: 13–15.

Cowen, Tyler. 2018. Trump's revolution is all about investment. *Bloomberg*. https://www.bloomberg.com/view/articles/2017-12-04/trump-s-economic-revolution-is-all-about-investment. Zugegriffen: 18. Februar 2018.

Daase, Christopher, J. Junk, S. Kroll, und V. Rauer. 2017. Verantwortung in der Politik und Politik der Verantwortung: eine Einleitung zum Sonderheft. In *Politik und Verantwortung. Analysen zum Wandel politischer Entscheidungs- und Rechtfertigungspraktiken*, Politische Vierteljahresschrift/ PVS-Sonderheft 52: 3–11.

Enten, Harry. 2018. Voters Used To See Moderation In Trump. Not Anymore. *Fivethirtyeight*. https://fivethirtyeight.com/features/voters-think-trump-has-moved-to-the-right/. Zugegriffen: 18. Februar 2018.

Fuchs, Christian. 2017. Donald Trump: A Critical Theory-Perspective on Authoritarian Capitalism. *Triple-C* 15(1): 1–72. http://www.triple-c.at. Zugegriffen: 18. Februar 2018.

Habermas, Jürgen. 2013. Demokratie oder Kapitalismus? Vom Elend der nationalstaatlichen Fragmentierung in einer kapitalistisch integrierten Weltgesellschaft. *Blätter für deutsche und internationale Politik* 5: 59–70.

Habermas, Jürgen. 2016. Für eine demokratische Polarisierung – Wie man dem Rechtspopulismus den Boden entzieht. *Blätter für deutsche und internationale Politik* 11: 35–42.

Havertz, Rieke. 2017. Versprochen, gebrochen. *DIE ZEIT*, 29. April. http://www.zeit.de/politik/ausland/2017-04/donald-trump-bilanz-reformen-aussenpolitik. Zugegriffen: 18. Februar 2018.

Hochschild, Arlie. 2017. The Ecstatic Edge of Politics: Sociology and Donald Trump. *Contemporary Sociology* 45(6): 683–689.

Kristoff, Nicholas. 2016. My Shared Shame: The Media Helped Make Trump. *New York Times*, 26. März. https://www.nytimes.com/2016/03/27/opinion/sunday/my-shared-shame-the-media-helped-make-trump.html. Zugegriffen: 18. Februar 2018.

Huddleston, Tom Jr. 2016. Trump's Success Is 'Damn Good' For the Network. *Fortune*, 1. März. http://fortune.com/2016/03/01/les-moonves-cbs-trump/. Zugegriffen: 18. Februar 2018.

Leggewie, Claus. 2017. So reden Trumps Gegner – sagen sie bloß nicht impeachment. *Frankfurter Allgemeine Zeitung*, 20. November. http://www.faz.net/aktuell/feuilleton/debatten/politologe-das-intellektuelle-amerika-gegen-donald-trump-15297561.html. Zugegriffen: 18. Februar 2018.

Leisegang, Daniel. 2016. Die große Trump-Show. *Blätter für deutsche und internationale Politik* 12: 10–13.

Lessenich, Stephan. 2012. 'Aktivierender' Sozialstaat: eine politisch-soziologische Zwischenbilanz. In *Sozialpolitik und Sozialstaat*, Hrsg. R. Bispinck, G. Bosch, K. Hofemann, G. Naegele, 41–53. Wiesbaden: VS Verlag für Sozialwissenschaften.

Lipton, Eric, und D. Ivory. 2017. Trump Says His Regulatory Rollback Already Is 'The Most Far-Reaching'. *New York Times*, 14. Dezember. https://www.nytimes.com/2017/12/14/us/politics/trump-federal-regulations.html. Zugegriffen: 18. Februar 2018.

Mann, Ted. 2017. Regulators Propose Rollbacks to Offshore Drilling Safety Measures. *The Wallstreet Journal*, 25. Dezember. https://www.wsj.com/articles/regulators-propose-rollbacks-to-offshore-drilling-safety-measures-1514206800. Zugegriffen: 18. Februar 2018.

Meyer, Robinson. 2017. What Does Trump's Budget Mean for the Environment? His proposal would cut federal enforcement and effectively halt many Superfund cleanups. *The Atlantic*, 24. Mai. https://www.theatlantic.com/science/archive/2017/05/trump-epa-budget-noaa-climate-change/527814/. Zugegriffen: 18. Februar 2018.

Milman, Oliver. 2016. EPA fears 'unprecedented disaster' for environment over Scott Pruitt pick. *The Guardian*, 8. Dezember. https://www.theguardian.com/environment/2016/dec/08/epa-scott-pruitt-disaster-environment-senate-democrats. Zugegriffen: 18. Februar 2018.

Milman, Oliver, und S. Morris. 2017. Trump is deleting climate change, one site at a time. *The Guardian*, 14. Mai. https://www.theguardian.com/us-news/2017/may/14/donald-trump-climate-change-mentions-government-websites. Zugegriffen: 18. Februar 2018.

Nichols, John. 2017. Konservatismus ohne Gewissen: Die Mission des Donald Trump. *Blätter für deutsche und internationale Politik* 11: 37–49.

Offe, Claus. 2005. *Strukturprobleme des kapitalistischen Staates*. Veränderte Neuausgabe. Frankfurt/New York: Campus.

Poltermann, Andreas. 2013. Wissensgesellschaft – eine Idee im Realitätscheck. *Bundeszentrale für politische Bildung*. http://www.bpb.de/gesellschaft/kultur/zukunft-bildung/146199/wissensgesellschaft?p=0. Zugegriffen: 18. Februar 2018.

Powers, Richard. 2009. *Der Klang der Zeit*. Frankfurt am Main: Fischer Verlag.

Rauer, Valentin. 2014. Diffusion von Verantwortung und Haftung in komplexen Handlungszusammenhängen. In *Politik und Unsicherheit. Strategien in einer sich wandelnden*

Sicherheitskultur, Hrsg. C. Daase, S. Engert und G. Kolliarakis, 105–118. Frankfurt a. M.: Campus Verlag.
Rosa, Hartmut, K. Dörre, und S. Lessenich. 2017. Appropriation, activation and acceleration: the escalatory logics of capitalist modernity and the crises of dynamic stabilization. *Theory, Culture & Society* 34: 53–73.
Ross, Andreas. 2017. Üppige Bescherung – Hat Präsident Trump seine vergessenen Männer und Frauen vergessen? *Frankfurter Allgemeine Zeitung*, 21. Dezember.
Ross Andreas. 2018. Wahrheit und Lüge. *Frankfurter Allgemeine Sonntagszeitung*, 14. Januar.
Schäfers, Manfred, und R. Lindner. 2017. Trumps ‚großartiges Weihnachtsgeschenk'. *Frankfurter Allgemeine Zeitung*, 21. Dezember.
Stevenson, Alexandra, und J. Ewing. 2017. U.S. Tax Bill May Inspire Cuts Globally, While Fueling Trade Tensions. *New York Times*, 22. Dezember. https://www.nytimes.com/2017/12/22/business/tax-bill-global-profits.html. Zugegriffen: 18. Februar 2018.
Silver, Nate. 2016. Education, Not Income, Predicted Who Would Vote For Trump. *Fivethirtyeight*. http://fivethirtyeight.com/features/education-not-income-predicted-who-would-vote-for-trump/. Zugegriffen: 18. Februar 2018.
Skocpol, Theda, und V. Williamson. 2012. *The Tea Party and the Remaking of Republican Conservatism*. New York: Oxford University Press.
Streeck, Wolfgang. 2016. The post-capitalist interregnum: The old system is dying, but a new social order cannot yet be born. *Juncture* 23(2): 68 – 77.
Streeck, Wolfgang. 2017. Trump and the Trumpists. *Inference: International Review of Science*. http://inference-review.com/article/trump-and-the-trumpists. Zugegriffen: 18. Februar 2018.
Trump, Donald J.. 2017. Excerpts from Trump's Interview with the Times. *New York Times*, 28. Dezember. https://www.nytimes.com/2017/12/28/us/politics/trump-interview-excerpts.html. Zugegriffen 18. Februar 2018.
von Petersdorff-Campen, Winand. 2018. Das amerikanische Wirtschaftswunder. *Frankfurter Allgemeine Zeitung*, 16. Januar.
Wallmeier, Philip. 2017. Der Aufstieg Donald Trumps – zwischen Herrschaft und Widerstand. *GAIA – Ökologische Perspektiven für Wissenschaft und Gesellschaft*, 26(4): 313–316.

III

America First? Trump in etablierten Strukturen

Trumps Innenpolitik im Schatten von Obama

Stillstand oder Rechtsruck?

Michael Dobbins

Zusammenfassung

Der vorliegende Beitrag gibt einen nüchternen Überblick über die innenpolitischen Reformvorhaben und tatsächlich durchgesetzten Reformen von Donald Trump in seinem ersten Amtsjahr als Präsident der USA. Dabei wird zunächst systematisch auf die legislativen und exekutiven Handlungsmöglichkeiten des Präsidenten im amerikanischen präsidialen Verfassungssystem eingegangen. Daran anschließend werden Trumps bisherige exekutive Dekrete (*executive orders*) besprochen. Der Hauptteil des Beitrags widmet sich den Reformversuchen Trumps in den Bereichen Wirtschafts-, Steuer- sowie Gesundheitspolitik und geht der Frage nach, inwieweit es Trump bisher gelungen ist, das politische Erbe seines Vorgängers Barack Obama rückgängig zu machen. Es wird erläutert, warum ein markanter Politikwandel im Bereich der Steuerpolitik bereits stattfinden konnte, während zahlreiche Versuche, Obamas Gesundheitsreform zunichte zu machen, bisher ins Leere gelaufen sind. Im Fazit wage ich eine Prognose zu den Zwischenwahlen im November 2018 sowie zur Wahrscheinlichkeit von tiefgreifendem Politikwandel in der zweiten Hälfte seiner Amtszeit.

Schlüsselbegriffe

Donald Trump, Innenpolitik, USA, Gesetzgebung, Kongress, Gesundheitspolitik, Steuerpolitik, Energiepolitik, Politikwandel

C. Daase und S. Kroll (Hrsg.), *Angriff auf die liberale Weltordnung*,
https://doi.org/10.1007/978-3-658-23783-7_6

1 Einleitung

Die Wahl von Donald J. Trump zum 45. Präsidenten der USA am 8. November 2016 war ein Schockereignis, mit dem nur wenige Beobachter gerechnet haben.[1] Nicht zuletzt aufgrund der relativ positiven wirtschaftlichen Bilanz seines Vorgängers Barack Obama herrschte in weiten Teilen der internationalen politischen Öffentlichkeit Fassungslosigkeit und Unverständnis für die Wahl des Unternehmers und Milliardärs, der bisher keinerlei politische Erfahrung aufwies. In Anbetracht seines durchaus auffälligen Verhaltens und seiner vielen fragwürdigen Aussagen im Zuge des langen und kostenintensiven Wahlkampfs galt Trump für viele als erster „postfaktischer Präsident" der USA, dessen Wahl – auch angesichts großer republikanischer Zugewinne im Kongress – von vielen seiner politischen Gegner regelrecht als Weltuntergang interpretiert wurde.

Im Gegensatz zu anderen Analysen in diesem Band beschäftigt sich dieses Kapitel nicht mit den Gründen für Trumps Wahlsieg (vgl. auch Wallmeier in diesem Band) oder seinen außenpolitischen Vorhaben, sondern setzt sich explizit mit den Möglichkeiten und dem faktischen Eintreten von Politikwandel seit seiner Amtsübernahme auseinander. Es wird bewusst auf eine Analyse seiner durchaus unberechenbaren Persönlichkeit und Rhetorik verzichtet. Vielmehr bietet der vorliegende Beitrag einen nüchternen Überblick über die innenpolitischen Reformvorhaben und tatsächlich durchgesetzten Reformen unter Trump.

Im folgenden Abschnitt möchte ich zunächst einen kurzen Überblick über das politische System der USA geben und dabei systematisch auf die Handlungsmöglichkeiten des Präsidenten im präsidialen Verfassungssystem eingehen. Dabei unterscheide ich zwischen exekutiven Dekreten und unterschiedlichen gesetzgeberischen Verfahren, die der Zustimmung des Kongresses bedürfen. Es wird ersichtlich, dass der Präsident mit sehr erheblichen institutionellen Schranken konfrontiert ist, die die Durchsetzung größerer politischer Vorhaben erheblich erschweren können. Anschließend werden die gegenwärtigen parteipolitischen Konstellationen im amerikanischen Kongress erläutert, wobei deutlich wird, dass der Präsident auch bei *united government*, d.h. mit parteipolitischen Mehrheiten im Kongress, nicht automatisch seine politische Agenda durchsetzen kann. Nach einem kurzen Überblick über bisherige legislative Maßnahmen, die bereits per Dekret verabschiedet wurden, wird detailliert auf Trumps großangelegte Reformversuche im Bereich der Wirtschafts- und Steuerpolitik sowie Gesundheitspolitik eingegangen.

---

1 Aus Gründen der Lesbarkeit wurde im Text die männliche Form benutzt, nichtsdestoweniger beziehen sich die Angaben auf Angehörige beider Geschlechter.

Um Verbindungen zu den anderen Kapitel in diesem Band herzustellen, gehe ich von der Annahme aus, dass die außenpolitische Handlungsfähigkeit des Präsidenten stark von seinen innenpolitischen (Miss)erfolgen abhängt. Eine durch Blockaden im Kongress ins Stocken geratene innenpolitische Agenda kann beispielsweise dazu führen, dass sich der Präsident stärker auf außenpolitische Vorhaben konzentriert. Außerdem kann davon ausgegangen werden, dass innenpolitische Dynamiken die Stoßrichtung außenpolitischer Vorhaben stark beeinflussen können. Eine gesunde Wirtschaft und hohe Steuereinnahmen machen die USA weniger abhängig von ausländischen Krediten und erhöhen die außenpolitischen Gestaltungsmöglichkeiten. Auch die von Trump angestrebten Reformen im Bereich der Energie- und Umweltpolitik sowie in der Wirtschafts- und Steuerpolitik haben direkte Auswirkungen auf internationale Beziehungen: Mit der Deregulierung der Energiepolitik wird gezielt versucht, die USA weniger abhängig von Rohstoffen aus anderen Staaten zu machen, während die propagierten massiven Steuersetzungen im Ausland tätige amerikanische Unternehmen ermutigen sollen, ihre Geschäfte zurück in die USA zu verlagern. Insofern birgt die innenpolitische Agenda Trumps auch viel außenpolitisches Konfliktpotential.

2 Handlungsoptionen im US-Präsidentialismus

Mit seinem Wahlversprechen, Amerika zu neuer Großartigkeit zu verhelfen („*make America great again*"), konnte Trump vor allem mit seinem Image als politisch inkorrektem Macher und nicht von Interessengruppen käuflichem „Outsider" bei vielen Wählern in Schlüsselstaaten punkten. Es herrschte unter vielen Unterstützern die Meinung, er könne mit seinem Unternehmergeist, Handlungsdrang und vermeintlichem Verhandlungsgeschick festgefahrene Strukturen aufbrechen und die USA innen- und außenpolitisch wieder auf Erfolgskurs bringen. Ihm steht jedoch der US-Kongress als mächtigste Legislative der Welt gegenüber, die, auch dann wenn seine Partei in beiden Kammern die Mehrheit stellt, ein sehr erhebliches Gegengewicht zum Präsidenten darstellt.

Im starken Gegensatz zu politischen Systemen parlamentarischer Prägung liegt in den USA das legislative Agenda-Recht beim Kongress, und nicht etwa beim Präsidenten. Dies hat eine ganze Reihe von Folgen für die Handlungsfähigkeit der Exekutive und des politischen Systems der USA insgesamt. In erster Linie bedeutet dies, dass alle legislativen Initiativen ausschließlich vom Kongress ausgehen. Dabei bleibt der Präsident im Gesetzgebungsprozess zunächst außen vor und kann höchstens steuernd auf den Prozess einwirken. Mit anderen Worten muss der fast immer politisch zersplitterte Kongress dem Präsidenten Gesetzesvorlagen liefern, welche er entweder unterzeichnen oder per Veto ablehnen kann.

Doch auch der Weg zu einem fertigen Gesetzentwurf kann äußerst langwierig und komplex sein. Erstens handelt es sich beim amerikanischen Verfassungssystem bekanntlich um ein Zweikammersystem. Der Senat besteht aus 100 Mitgliedern, die alle sechs Jahre gewählt werden. Alle zwei Jahre im November wird im Turnus ein Drittel der Senatoren neu gewählt. Das Repräsentantenhaus besteht dagegen aus 435 stimmberechtigten Mitgliedern, deren Sitze alle zwei Jahre zur Wahl stehen. Damit befindet sich der Kongress, aber vor allem das Repräsentantenhaus in einem Zustand des permanenten Wahlkampfs. Vor diesem Hintergrund weisen die Kongressmitglieder eine hohe Responsivität gegenüber den Partikularinteressen ihrer lokalen Wählerschaft auf (Jones und McDermott 2010). Somit sind regionale ökonomische Belange häufig von größerer Bedeutung als ideologische bzw. parteipolitische Konflikte.

Dennoch zeichnet sich seit den 1980er Jahren eine deutlich zunehmende parteipolitische Polarisierung ab. Während früher generell von einer niedrigen Fraktionsdisziplin und wechselnden Stimmkoalitionen über Parteigrenzen hinweg ausgegangen werden konnte, kommt es seit ca. drei Jahrzehnten zu einer „Europäisierung" (d. h. höhere Fraktionsdisziplin) des Stimmverhaltens der Demokraten und Republikaner (Mann und Ornstein 2012; Bohne und Lütjen 2016). Insbesondere unter Barack Obama verfolgten die Republikaner eine bisher beispiellose Obstruktionspolitik, die es dem Kongress nahezu unmöglich machte, groß angelegte Gesetzesvorhaben zu verabschieden. Doch unter Trump sehen sich die Republikaner zunehmend mit einem klassischen politischen Zielkonflikt zwischen *vote seeking* und *policy seeking* konfrontiert (Alesina und Cukiermann 1990). Insbesondere ‚Trump-skeptische' Republikaner, die sowohl dem wirtschaftsliberalen als auch dem sozialkonservativ-religiösem Flügel der Partei zugerechnet werden können, befürchten im Falle einer zu großen politischen Nähe zu Trump die Wut der lokalen Wähler. Dies hat für den Präsidenten zur Folge, dass er für jede Gesetzesvorlage – trotz derzeitiger republikanischer Dominanz in beiden Kammern – eine *ad hoc*-Mehrheit suchen muss.

Neben den allgemeinen politisch-ideologischen Schwierigkeiten, die damit verbunden sind, eine tragfähige politische Mehrheit im heterogen besetzten Kongress zu finden, bestehen im „Innenleben" des Kongresses unzählige Blockade-Möglichkeiten, so dass das legislative System der USA insgesamt einen hohen *Status-Quo-Bias* aufweist. Von besonderer Bedeutung in diesem Zusammenhang ist das so genannte *Filibuster.* Historisch kam dem Senat eine besondere Rolle beim Schutz von Partikular- oder Minderheitsinteressen zu. Im Gegensatz zum Repräsentantenhaus haben Senatoren das Recht, so lange sie wollen im Plenum zu reden, auch wenn die Rede mit der zu beschließenden Gesetzgebung nichts zu tun hat. Nur eine 3/5-‚Supermehrheit', d. h. 60 von 100 Senatoren, kann die Debatte beenden und die Gesetzesvorlage zur Abstimmung bringen (Krehbiel 1998). Mit anderen Worten kann eine Zweifünftel-Minderheit einen Gesetzesentwurf ‚zu Tode reden'. Diese Taktik, welche in der Vergangenheit eher nur in Ausnahmefällen verwendet wurde (z. B. bei der Bürgerrechtsgesetzgebung in den 1960er Jahren), ist in den letzten Jahren nicht nur zum Bestandteil des Gesetzgebungsprozesses geworden, sondern wurde sogar verfahrenstechnisch erleichtert. Heutzutage sind Dauerreden nicht mehr obligatorisch und das *Filibuster* kann in mehreren Phasen des legislativen Verfahrens eingesetzt werden, z. B. vor Eröffnung und Abschluss einer Debatte im Senatsplenum und vor Abstimmung zu einem gemeinsamen Gesetzesentwurf des Senats und Repräsentantenhauses, der das Harmonisierungsverfahren im so genannten *Conference Committee* (Vermittlungsausschuss) bereits durchlief. Nicht zuletzt deshalb wird in den USA von einer „Tyrannei der Minderheit" (Flemming und Marshall 1994; Fenn 2009) gesprochen, denn nur selten können *filibustersichere* Mehrheiten (60 von 100 Senatoren) erreicht werden.

Doch es scheitern viele Gesetzesentwürfe nicht nur am *Filibuster* oder an den oft schwierigen Verhandlungen zur Harmonisierung unterschiedlicher Gesetzesentwürfe zwischen beiden Kammern, sondern auch an den komplexen Innenstrukturen des US-Kongresses. Sowohl Senat als auch Repräsentantenhaus bestehen aus zahlreichen Ausschüssen (*committees*) (Davidson et al. 2013). Diese unterschiedlich zusammengesetzten Gremien analysieren Gesetzesvorlagen und debattieren diese öffentlich. Eine besondere Bedeutung kommt dem *Ways and Means Committee* im Repräsentantenhaus und dem *Senate Finance Committee* zu, da diese alle Gesetzesentwürfe im Hinblick auf ihre Finanzierbarkeit überprüfen. Doch auch andere Ausschüsse und Unterausschüsse, die von einer Gesetzesvorlage inhaltlich betroffen sind, haben die Möglichkeit, Abänderungen vorzunehmen oder Gesetzesvorlagen gänzlich abzulehnen. Häufig wird auch innerhalb der Komitees versucht, Gesetzentwürfe mit Subventionen für einzelne Wahlbezirke oder anderen politischen „Geschenken" zu versehen (sog. *pork barreling*), um die Unterstützung bestimmter Abgeordneter zu sichern, die ansonsten den Gesetzesentwurf in den Ausschüssen oder bei Kongressabstimmungen zu Fall bringen würden. Ferner besteht für die einzelnen Ausschüsse die Möglichkeit, einen Gesetzesentwurf zu „ignorieren", so dass er nie zur Abstimmung kommt.

Können diese scheinbar unüberwindbaren Hürden im amerikanischen Gesetzgebungsprozess umgangen werden? In den USA können haushaltsrelevante Gesetzesentwürfe im Rahmen des so genannten *Reconciliation*-Verfahrens mit einer einfachen Senatsmehrheit von 51 Stimmen verabschiedet werden (im Falle eines Patts stimmt der Vize-Präsident mit ab). Somit fällt die Möglichkeit einer

Filibuster-Dauerrede weg. Sowohl bei der Zuweisung von Gesetzesentwürfen kommt der/dem *Senate Parliamentarian* (derzeit Elizabeth MacDonough) eine besondere Rolle zu. Sie (oder er) ist generell unparteiische(r) Jurist(in) und entscheidet, ob und wann das *Reconciliation*-Verfahren möglich ist und welche Ausschüsse ein Gesetzesentwurf im Senat durchlaufen muss.

Charakteristisch für präsidentielle Systeme wie dem der USA sind jedoch Exekutivdekrete (englisch: *executive orders*). Da der Präsident endgültige Autorität innerhalb der Exekutive hat, kann er laut Verfassung[2] Anweisungen an Exekutivbehörden (z. B. Justizministerium, Einwanderungsbehörde, Umweltschutzbehörde) erteilen. Aufgrund der vorrangigen Stellung des Kongresses im Gesetzgebungsprozess kann dadurch keine neue Gesetzgebung verabschiedet oder bestehende Gesetzgebung abgeändert bzw. abgeschafft werden. Vielmehr geht es dem Präsidenten im Falle der *executive orders* darum, die Umsetzung bereits im Kongress beschlossener Politiken zu beschleunigen oder zu verlangsamen. Häufig werden auch themenspezifische *task forces* eingerichtet, um politische Handlungsoptionen auszuloten, die es der Exekutive erlauben, ohne die Zusammenarbeit des fast immer gespaltenen und wenig handlungsfähigen Kongresses zu handeln.

Genau an dieser Stelle setzt das folgende Kapitel an. Zunächst gebe ich einen kurzen Überblick über die bisherigen Exekutivdekrete, die von Trumps Vorgänger Barack Obama ausgesprochen wurden. Daran anschließend beschreibe ich die wichtigsten exekutiven Handlungen Trumps in seinem ersten Amtsjahr. Nach einer Zwischenbilanz dieser exekutiven Maßnahmen gehe ich im vierten Kapitel auf die gegenwärtigen Regierungskonstellationen sowie die größeren legislativen Reformvorhaben Trumps ein, die der Zustimmung der Legislative bedürfen.

3 Exekutives Handeln Trumps im Schatten von Obama

Kritiker aus dem konservativen Spektrum warfen Barack Obama häufig vor, mittels exekutiver Dekrete am zersplitterten Kongress vorbei zu regieren und damit sein Mandat als Präsident zu missbrauchen. Fasst man jedoch die Anzahl der durch seine Amtsvorgänger erlassenen Dekrete ins Auge, so erweist sich dieser

2 Artikel II, Sektion I, Klausel 1 stattet den Präsidenten mit exekutiver Macht aus („Die vollziehende Gewalt liegt bei dem Präsidenten der Vereinigten Staaten von Amerika"), und Artikel II, Sektion 3 verpflichtet den Präsidenten, dafür „Sorge zu tragen, dass die Gesetze gewissenhaft vollzogen werden". Angesichts dieser eher vagen Formulierungen bleibt viel Ermessensspielraum im Hinblick auf die Reichweite exekutiver Handlungen, so dass *executive orders* sehr häufig Gegenstand gerichtlicher Überprüfungen sind.

Vorwurf als übertrieben. Auch wenn die reine Anzahl an *executive orders* wenig über deren Reichweite und Auswirkungen aussagt, bewegte sich das Ausmaß eigenständigen exekutiven Handelns unter Obama ungefähr auf dem Niveau seines Vorgängers George W. Bush und weit unter dem Niveau früherer Präsidenten des 20. Jahrhunderts (American Presidency Project 2017). Dennoch konnte Barack Obama mit einigen richtungsweisenden Exekutivdekreten wichtige Impulse für seine Präsidentschaft und die gesellschaftspolitische Entwicklung der USA setzen. Direkt zu Beginn seiner Amtszeit verordnete Obama die Schließung des Militärgefängnisses in Guantanamo sowie ein Verbot von extremen Verhörmethoden (=Folterverbot). Hinzu kamen Maßnahmen zur Erhöhung der Energieeffizienz innerhalb der US-Regierungsbehörden sowie die Erhöhung des Mindestlohns für Regierungsangestellte. Als „vorbildlicher Arbeitgeber" hoffte die Obama-Regierung auf Nachahmungseffekte im privaten Sektor.

Durch die Rückeroberung des Repräsentantenhauses durch die Republikaner im Jahre 2010 und des Senats Ende 2014 wurden die legislativen Handlungsmöglichkeiten Obamas massiv eingeschränkt. Schon davor, aber in verstärkter Form danach versuchte Obama eine aggressivere Umweltpolitik durch die Erweiterung der Handlungsfähigkeit der nationalen Umweltbehörde durchzusetzen. Dabei wurden durch *executive orders* die Handlungsspielräume der Zentralregierung, die Umweltqualität von Wasserstraßen und Sumpfgebieten zu regulieren, erweitert und neue Schadstoffgrenzwerte für neue und bereits bestehende Kraftwerke gesetzt. Weiterhin wurden niedrigere Emissionsgrenzwerte für LKWs, Flugzeuge und den Ausstoß von Chemikalien gesetzt und Erlasse zu energieeffizienten Autos und Bussen, die von Regierungsbehörden benutzt werden, verabschiedet. Zu den wichtigsten exekutiven Handlungen Obamas gehörte auch das Verbot der sogenannten Keystone-Pipeline im Jahre 2015. Mit dem Stopp des Pipeline-Projektes, das Öl aus Kanada nach Texas befördern sollte, wollte Obama nach seiner Zusage zum Pariser Klimaabkommen die globale Führungsrolle der USA in der Klimapolitik verankern und langjährigen Bedenken über die Umweltverträglichkeit des Projektes vonseiten amerikanischer Umweltverbände entgegenkommen.

Auch bei sozialen Fragen verfolgte Obama mit zahlreichen exekutiven Handlungen eine progressive Agenda. Besonders nennenswert sind Maßnahmen zur Erweiterung der Rechte von Homo- und Transsexuellen (z. B. Verbot von Arbeitsplatzdiskriminierung, finanzielle Gleichstellung gleichgeschlechtlicher Paare, usw.) infolge einer Entscheidung des Obersten Gerichtshofs, dass das von den Republikanern in den 90er Jahren verabschiedete Verbot von gleichgeschlechtlichen Ehen (*Defense of Marriage Act*) verfassungswidrig sei. Nach dem Scheitern eines Entwurfes zu einer weitreichenden Einwanderungsreform sah sich Obama auch gezwungen, durch exekutive Erlasse auf dem umstrittenen Gebiet der Einwanderungspolitik tätig zu werden. Bei gleichzeitiger Verschärfung von Grenzkontrollen und einer rigideren Abschiebepolitik im Falle von illegalen Einwanderern verordnete Obama das so genannte DACA-Dekret (*Deferred Action for Childhood Arrivals*), welches vorsieht, die Abschiebung von Einwanderern, die als Kinder illegal in die USA einreisten, sich in Ausbildung befinden oder im Militär gedient haben, auszusetzen.

Bei den exekutiven Handlungen unter Trump lassen sich bereits einige übergreifende Tendenzen feststellen. Insbesondere im Bereich der Umweltpolitik kann von einem recht eifrigen *Rollback* der umweltfreundlichen Maßnahmen Obamas gesprochen werden. Neben dem Ausstieg aus dem Pariser Klimaabkommen, das mit der vermeintlichen Bedrohung amerikanischer Arbeitsplätze begründet wurde, wurden der Bau und die Inbetriebnahme der Keystone-Pipeline per Exekutivdekret im März 2017 wieder genehmigt. Dasselbe gilt für die so genannte Dakota-Access-Ölleitung, die in den letzten Jahren „zum Epizentrum einer weltweiten Bewegung gegen die Ausbeutung von Bodenschätzen und für den Respekt von Rechten der indigenen Völker" wurde (Zilm 2017): Das von Obama auf Druck von Umweltgruppen und Vertretungen der indianischen Ureinwohner auf Eis gelegte Projekt wurde von Trump wieder genehmigt und die Räumung des großen Protestcamps vom republikanischen Gouverneur North Dakotas verordnet.

Auch weitere Exekutivhandlungen Trumps deuten auf die systematische Rückgängigmachung von Obamas umweltpolitischem Erbe hin. So wurde zunächst die Überprüfung der Notwendigkeit zahlreicher umweltfreundlicher Maßnahmen Obamas angeordnet. Dabei wurden die Tätigkeitsfelder der Nationalen Umweltschutzbehörde massiv eingeschränkt (z. B. Durchführung von Umweltverträglichkeitsprüfungen bei Emissionen, Treibhausgasen, Kohle- und Gaskraftwerken). Bereits in den ersten Monaten seiner Amtszeit verordnete Trump außerdem die Auflockerung zahlreicher Richtlinien für die Kohleindustrie (z. B. Zulassungen, Müllentsorgung) und Obergrenzen für den Ausstoß von diversen toxischen Stoffen (z. B. Methangas). Neben dem Austritt aus dem Pariser Klimaabkommen im Juni 2017 verordnete der von Trump ernannte Leiter der US-Umweltbehörde, Scott Pruitt, Ende 2017 auch die Abschaffung der von Obama eingeführten *Clean Power Plans*. Mit diesem Schritt, der als „Beendigung des Krieges gegen die Kohleindustrie" bezeichnet wurde (Dennis und Eilperin 2017), wurden die von Obama eingeführten Pläne zur Reduzierung von Emissionen von Kohlekraftwerken und in der Stromerzeugung und zur Förderung erneuerbarer Energien und der Energieeinsparung außer Kraft gesetzt.

Besonders symbolisch für Trumps deregulative Agenda ist die sogenannte „*Reducing Regulation and Controlling Regulatory Costs*"-Verordnung: Hiermit wird verfügt, dass für jede neue Richtlinie (eng. *regulation*) zwei bestehende Richtlinien gestrichen werden müssen, ohne dass jedoch konkrete Angaben zum Umfang,

Gegenstand und zur Reichweite der Richtlinien gemacht werden. Auch in anderen Politikbereichen setzte Trump in seinem ersten Amtsjahr seine deregulative Agenda um. Besonders nennenswert sind Auflockerungen der Regeln zum Waffenbesitz sowie die Abschaffung von landesweiten Standards für die Lehrerbildung (Brown 2017) und ein Erlass zur Verhinderung zentralstaatlicher Einmischung in einzelstaatliche bildungspolitische Angelegenheiten. Dennoch wurde auf zentralstaatlicher Ebene eine neue Taskforce zur Förderung der beruflichen Bildung (nach deutschem Vorbild) eingerichtet (Soergel 2017). Weitere Maßnahmen dienen dazu, durch die Stärkung der Rechte der Bundesstaaten neue Akzente im Bereich der Familien- und Sozialpolitik zu setzen. Beispielsweise können die Bundesstaaten nunmehr Mittel für Familienplanungskliniken, die Abtreibungen durchführen, verweigern und Drogentests von Beziehern von Arbeitslosengeld verlangen.

Auch im Bereich der inneren Sicherheit und Drogenpolitik setzte Trump in seinem ersten Amtsjahr einige weitere exekutive Maßnahmen durch. Nachdem im letzten Amtsjahr von Barack Obama 135 Polizisten im Dienst starben[3], ordnete Trump zu Beginn seiner Amtszeit die Überprüfung der bestehenden Maßnahmen zur Prävention von Gewalt gegen Polizisten an (Revesz 2017). Nach der Ernennung des konservativen Hardliners Jeff Sessions zum Justizminister wurden zahlreiche Erlasse zur Verschärfung der Strafen für Gewalt gegen die Polizei verfügt. Während es Obama den einzelnen Bundesstaaten überließ, den Besitz von Freizeitdrogen wie z. B. Cannabis nicht mehr zu bestrafen, machte Sessions diese Regelung rückgängig, indem er der Bundesanwaltschaft (*federal prosecutors*) verordnete, das bundesweite Verbot von Freizeitdrogen stärker durchzusetzen.

Neben der Neueinstellung von mehreren Tausenden neuen Grenzbeamten sorgte das von Trump verordnete 90-tägige Einreiseverbot für Menschen aus sieben überwiegend muslimischen Staaten (Irak, Iran, Jemen, Libyen, Somalia, Syrien und Sudan) für besonderes Aufsehen (Executive Order 13796). Zugleich sollte die Einreise von syrischen Flüchtlingen auf unbestimmte Zeit ausgesetzt und die Aufnahme von Angehörigen verfolgter Minderheiten (v. a. Christen aus Staaten mit großer muslimischer Bevölkerung) bevorzugt werden. Begründet wurde der Einreisestopp nicht nur mit der potentiellen Terrorgefahr, sondern auch damit, dass die genannten Staaten die vom Heimatschutzministerium festgeschriebenen Standards für die Sicherheitsüberprüfung (z. B. biometrische Pässe) nicht erfüllen. Nachdem die Verordnung von zahlreichen Berufungsgerichten gekippt wurde, genehmigte

3 Knapp 1000 Menschen starben im selben Jahr im Rahmen von polizeilichen Maßnahmen (Revesz 2017)

der Oberste Gerichtshof, dessen frei gewordener Sitz mit Trumps konservativem Wunschkandidaten Neil Gorsuch besetzt wurde, Ende 2017 Teile der Verordnung.[4]

4 Legislatives Handeln Trumps im Schatten von Obama

Wie oben geschildert gestalten sich groß angelegte legislative Reformen in den USA schwierig, da zuerst der Kongress tätig werden muss und jedes gesetzgeberische Vorhaben ein regelrechtes Labyrinth mit unzähligen Stolpersteinen im Kongress durchlaufen muss. Im ersten Amtsjahr unterzeichnete Trump knapp 100 vom Kongress verabschiedete Gesetzesentwürfe und damit durchschnittlich etwas weniger als all seine sechs Vorgänger (Keith 2017). Bei einem Großteil der Gesetze handelt es sich um routinemäßige vom Kongress ausgehandelte und verabschiedete Zuteilungen von Finanzmitteln fürs US-Militär oder für andere staatliche Aufgaben wie etwa Katastrophenschutz oder infrastrukturelle Wiederaufbaumaßnahmen. Neben einigen weiteren eher zeremoniellen Maßnahmen wie etwa die Umbenennung von Behörden und Denkmälern oder die Aufstockung von Forschungsmitteln für die NASA oder für forschende Frauen setzte Trump nach Bekanntwerden einiger Skandale in den letzten 10 Jahren strengere Rechenschaftspflichten für die landesweit vertretene Veteranenbehörde durch.

Bis kurz vor Weihnachten 2017 konnte Trump jedoch keine größeren bzw. richtungsweisenden legislativen Erfolge vorweisen. Vielmehr war sein erstes Amtsjahr durch ein recht außergewöhnliches Politikmuster geprägt: Auf eine medial wirksame Verkündung eines neuen, großangelegten, ambitiösen Reformvorhabens folgte immer wieder ein (häufig selbstverschuldeter) Skandal, der dann wochenlang vom Vorhaben ablenkte, bis ein neues Reformpaket proklamiert wurde, das dann wiederum ins Leere lief. Dieses Bild eines innenpolitisch nahezu handlungsunfähigen Präsidenten, das nach den gescheiterten Bemühungen Obamas Gesundheitsreform zu Fall zu bringen, bekräftigt wurde, änderte sich jedoch schlagartig mit der Verabschiedung der größten Steuerreform seit Jahrzehnten in den USA im Dezember 2017. Im Folgenden bespreche ich diese beiden größeren Reformversuche und deren Ausgang und gehe darauf ein, inwieweit eine grundlegende Transformation der amerikanischen Innenpolitik stattgefunden hat bzw. in den nächsten Amtsjahren Trumps stattfinden könnte.

4 Ich verzichte aus Platzgründen auf eine ausführliche Diskussion dieses recht komplexen Sachverhaltes, der noch nicht endgültig gerichtlich geklärt ist. Siehe Migration Policy Institute (2017) für einen detaillierten Überblick.

4.1 Gesundheitspolitik

Die von Barack Obama im Jahre 2010 unterzeichnete Gesundheitsreform (*Patient Protection and Affordable Care Act*) gehört zu den folgenreichsten sozialpolitischen Reformen der letzten 100 Jahre in den USA. Der langwierige legislative Prozess, der zum Gesetz führte, brachte die Komplexität des amerikanischen Gesetzgebungsprozess ans Tageslicht, denn trotz massivem Problemdruck drohte bei jedem Schritt im Gesetzgebungsprozess der Gesetzesentwurf zu scheitern.

Charakteristisch für das amerikanische Gesundheitswesen sind Dezentralisierung, Privatisierung und die Vorrangstellung der Versicherungsindustrie. Das von der historisch verankerten Leitidee der Selbstverantwortung und der mangelnden zentralstaatlichen politischen Handlungsfähigkeit geprägte System brachte – trotz Spitzenleistungen und Innovationen in medizinischer Forschung und Praxis – eine ganze Reihe von Ineffizienzen mit sich. Obwohl die USA mehr für ihr Gesundheitswesen ausgaben als jedes andere Land der Welt, gelang es den USA über Jahrzehnte hinweg nicht, eine hinreichende Versorgung für die Gesamtbevölkerung sicherzustellen. Mitte der 2000er waren mehr als 15 % der Bevölkerung nicht krankenversichert und während der Wirtschafts- und Finanzkrise verloren jeden Tag ca. 14.000 Menschen ihre Krankenversicherung (Jacobson 2009). Die hohen Krankenversicherungsbeiträge hatten auch unzählige Privat- und Firmenpleiten zur Folge, die wiederum die Wirtschaftskrise verschärften. Bisherige Reformbemühungen scheiterten immer wieder am Widerstand des Kongresses, an einflussreichen Medizinerverbänden und an der sehr mächtigen Versicherungsindustrie (Boase 1996).

Ein zentrales und stark pfadabhängiges Merkmal des amerikanischen Gesundheitswesens ist die arbeitgeberbasierte Krankenversicherung, die durch gewinnorientierte Versicherungsunternehmen abgewickelt wird. Damit bestanden starke Anreize für die Versicherungskonzerne, sehr selektiv mit ihren Versicherten umzugehen, d. h. Patienten mit Vorerkrankungen aus Versicherungspolicen auszuschließen oder höhere Beiträge von bestimmten Gruppen (z. B. Frauen, Senioren, Diabetikern) zu verlangen. Seit den sechziger Jahren bestanden neben den privat verwalteten Krankenversicherungen staatliche Versicherungsprogramme für Senioren ab 65 (*Medicare*) und extrem Bedürftige (*Medicaid*), welche allerdings durch die private Industrie verwaltet wurden.

Die ursprünglichen Reformvorschläge Obamas sahen vor allem vor, die Versicherungsindustrie durch eine Reihe von Maßnahmen stärker in die Pflicht zu nehmen (z. B. Verbot von Diskriminierung von Menschen mit Vorerkrankungen oder Kündigungen von erkrankten Menschen, Bezahlung von präventiven Untersuchungen). Durch die Einführung einer beitragsfinanzierten staatlichen

Krankenversicherung (*public option*) als Alternative zum privaten System sollte die Versicherungsindustrie weiter unter Druck gesetzt werden, kostengünstigere Krankenversicherungen anzubieten. Darüber hinaus sollte jeder US-Bürger verpflichtet werden, eine Krankenversicherung abzuschließen (*individual mandate*) und Arbeitgeber mittels Steuererleichterungen und Subventionen motiviert werden, ihre Mitarbeiter zu versichern. Dabei sollte das *Medicaid*-Programm für Bedürftige erweitert werden[5]. Diese Reformversion, die etwa eine Billion US-Dollar kosten sollte und eine Zusatzsteuer von ca. 5,4 % bei sehr gut Verdienenden vorsah, wurde nahezu eins-zu-eins vom demokratisch dominierten Repräsentantenhaus übernommen und ermöglichte es darüber hinaus illegalen Einwanderern, eine (private) Krankenversicherung abzuschließen.

Die parallel entworfene Version des Senats fiel trotz einer ursprünglichen *filibustersicheren* demokratischen Mehrheit (60 von 100 Sitzen) etwas zurückhaltender aus. Eher konservativ gesinnte Demokraten befürchteten die Erhöhung des Staatsdefizits und die Ausweitung der staatlichen Gesundheitsbürokratie sowie die Finanzierung von Abtreibungen mit staatlichen Mitteln. Somit wurde in der Senatsversion bei Aufrechterhaltung des *individual mandates* (Versicherungspflicht) vor allem auf die *public option* und Steuererhöhungen für Gutverdienende verzichtet, während einige finanzielle Zugeständnisse in Form von Subventionen an die Bundesstaaten der konservativen demokratischen „Wackelkandidaten" gewährt wurden. Dabei wurden auch einige weitere progressive Bestimmungen aufgelockert: Beispielsweise dürfen nach der Senatsversion Krankenversicherungen von kranken und älteren Menschen noch Beiträge verlangen, die höchsten dreimal so hoch (statt doppelt so hoch wie in der Version des Repräsentantenhauses) sind wie diejenigen junger Erwachsener.

Nachdem beide Kammern ihren eigenen Versionen zustimmten, verloren jedoch die Demokraten im Senat durch den Tod von Ted Kennedy im August 2009 ihre *filibustersichere* Mehrheit, so dass die Demokraten im Repräsentantenhaus gezwungen waren, entweder dem aus der Sicht der progressiveren Abgeordneten viel zu zurückhaltenden Entwurf zuzustimmen oder das gesamte Reformpaket fallen zu lassen. Aufgrund der mehrfachen *Filibuster*-Möglichkeiten hätte ein im Vermittlungsausschuss ausgehandelter Gesetzesentwurf einer weiteren Abstimmung in beiden Kammern bedurft, die wohl aufgrund eines Filibusters im Senat gescheitert wäre. Letztendlich wurde vor diesem Hintergrund die Senatsversion vom Repräsentantenhaus angenommen und im Gegenzug die finanziellen Zugeständnisse an konservative Demokraten im Senat durch das *Reconciliation*-Verfahren wieder

5 Ausweitung auf Menschen, deren Einkommen weniger als 130 % der gesetzlich geregelten Armutsgrenzen beträgt; ca. $ 29.000 für 4-köpfige Familie.

abgeschafft. Im März 2010 wurde die als *Obamacare* bekannte Reform (*Patient Protection and Affordable Care Act*) vom Präsidenten Obama unterzeichnet und ist in den folgenden Jahren schrittweise in Kraft getreten. Statt einer staatlichen Krankenversicherung mussten in dieser Version des Gesetzes private Krankenversicherer nunmehr stärker staatlich regulierte Krankenversicherungspolicen über so genannte *health insurance exchanges* („Versicherungsbörsen") auf bundestaatlicher Ebene transparent online anbieten.

Ob die Reform in ihren ersten Jahren ihre Ziele erreichte, bleibt eine offene Frage. Trotz erheblichen Startschwierigkeiten insbesondere bei der Einrichtung der Online-Versicherungsbörsen steigt seit 2010 die Anzahl der krankenversicherten Amerikaner massiv an, nicht zuletzt auch deshalb, weil sich die neuen, stärker staatlich regulierten Angebote großer Beliebtheit erfreuen und junge Erwachsene (bisher eine der größten Nichtversicherten-Gruppen) nunmehr bis 26 Jahre durch ihre Eltern mitversichert bleiben dürfen. Während die Gesamtkosten fürs Gesundheitssystem in den letzten Jahren weniger stark anstiegen als in bisherigen Jahren, brachte die Reform für manche Haushalte spürbar höhere Versicherungsbeiträge mit sich, da die Definition von Krankenversicherung durch die Reform quasi neugeregelt bzw. ausgeweitet wurde. Damit ist gemeint, dass viele bisher bestehende risikoreiche Policen nur einen Teil der entstehenden Gesundheitsdienstleistungen und -kosten deckten. Durch die Reform wurden deshalb viele Versicherte dazu gezwungen, teurere Policen abzuschließen, die ein breiteres Spektrum an Krankenversicherungsleistungen abdecken.

Das Scheitern von Trumpcare. Die Abschaffung des unter den Republikanern gehassten *Obamacare*-Programms gehörte nicht nur zu den obersten Prioritäten Trumps, sondern auch zu denen der republikanischen Parteiführung, die beide Kongresskammern beherrschte. Bei Amtsübernahme Trumps kontrollierten die Republikaner 237 und die Demokraten 193 Sitze im Repräsentantenhaus. Von den 237 Republikanern gelten ca. 30 als streng konservative *Tea Party*-Mitglieder, während etwa 35 als gemäßigt (sogenannte *Tuesday Group*) gelten können. Im Senat kontrollierten die Republikaner 53 der 100 Sitze. Von ihnen können ca. 6–7 zu den moderaten Republikanern gezählt werden, und auch ein weit größerer Teil steht der Präsidentschaft Trumps eher kritisch gegenüber.

Die großen Leitlinien von *Trumpcare* sahen neben der Abschaffung der allgemeinen Versicherungspflicht (*individual mandate*) die Einschränkung von *medicaid*-Leistungen (die unter Obama ausgeweitete staatliche Krankenversicherung für Bedürftige) sowie weitere Einschränkungen bei einigen seit *Obamacare* obligatorisch mitversicherten Leistungen (z. B. Behandlungen von Drogensüchtigen, Suchtprävention, Früherkennung von div. Krankheiten, medizinischen Leistungen für Schwangere) vor. Ferner sollten Beitragsgrenzen z. B. bei Menschen mit Vorerkrankungen und älteren Menschen flexibilisiert werden und diverse Steuern zur Finanzierung von *Obamacare* (z. B. bei Sonnenstudios) abgeschafft werden, was insgesamt betrachtet einer Rückkehr zum Status Quo vor *Obamacare* gleichkäme. Zentraler Vorteil wäre laut Trump die massive Reduzierung des Haushaltsdefizits.

Folgt man der in der Politikwissenschaft etablierten Argumentation von Paul Pierson, bringen sozialstaatliche Leistungen neue Interessengruppen von Nutznießern mit sich, die für deren Erhalt kämpfen. Für politische Entscheidungsträger wird es dadurch zunehmend politisch riskant, diese konkreten Leistungen abzuschaffen, da die Vorteile der Abschaffung eher diffus bleiben (z. B. Reduzierung des Staatsdefizits). Diese Gewöhnungseffekte und die Angst vor Wahlverlusten im Falle radikaler Kürzungen führe, so Pierson, zur Pfadabhängigkeit (d. h. Stabilität) sozialstaatlicher Arrangements. Vor dem Hintergrund zunehmender Beliebtheit von *Obamacare* gegen Ende seines Mandats steckten die Republikaner Anfang 2017 in einem solchen Dilemma, das stark von *policy seeking*- und *vote seeking*-Motiven geprägt war: Entweder konnten sie ihr Versprechen einhalten, die Abschaffung der Obama-Reform voranzutreiben, oder aber sich vorerst anderen Themen widmen, die politisch weniger risikobehaftet sind (z. B. Steuerreform), um ihre Wiederwahlchancen im Herbst 2018 zu steigern.

Wirft man einen Blick auf den Gesetzesentwurf zur Beendigung von *Obamacare (American Health Care Act)*, der im April 2017 vom Repräsentantenhaus verabschiedet wurde, wird ersichtlich, dass *policy seeking*-Motive eher vorrangig waren. Der Gesetzesentwurf, dessen sehr knappe Verabschiedung (217-213) im Repräsentantenhaus als vorläufig erster größerer legislativer Sieg für Trump aufgefasst wurde, orientierte sich stark an Trumps ursprünglichen Reformvorschlägen: Die allgemeine Krankenversicherungspflicht sowie das *employer mandate* (Arbeitgeberpflicht, Angestellte zu versichern) sollten wegfallen und die Beitragsgrenzen für ältere Menschen massiv flexibilisiert werden (maximal fünfmal höher als für gesunde junge Menschen). Auf bundestaatlicher Ebene sollten Versicherungsträger Menschen mit Vorerkrankungen eine Krankenversicherung verweigern dürfen. Im Gegenzug sollten Subventionen an Bundestaaten zur Deckung von Gesundheitskosten von Risikopatienten gewährt werden. Darüber hinaus sollten Kürzungen beim *Medicaid*-Programm für Bedürftige vorgenommen und die meisten Steuern zur Finanzierung von *Obamacare* abgeschafft werden.

Auch die unterschiedlichen Versionen des Reformentwurfs, die aus dem republikanisch dominierten Senat hervorgingen, zielten vor allem auf den Abbau von *Obamacare* ab. Aufgrund der hohen Wahrscheinlichkeit eines demokratischen *Filibusters* versuchten führende Republikaner mittels des *Reconciliation*-Verfahrens der Obama-Gesundheitsreform deren finanzielle Grundlage zu entziehen. Mit dem

Better Care Reconciliation Act (Juni 2017) und dem leicht abgeänderten *Obama Care Repeal Reconciliation Act* (Juli 2017) sollten die allgemeine Versicherungspflicht sowie die Arbeitgeberversicherungspflicht für Arbeitnehmer und eine ganze Reihe von Subventionen und steuerlichen Vorteilen abgeschafft werden. Dabei sollte das unter Obama ausgeweitete *Medicaid*-Programm massiv zurückgefahren, aber das Diskriminierungsverbot von Menschen mit Vorerkrankungen aufrechterhalten werden. Die Gesetzesentwürfe, die ohne öffentliche Anhörungen mit Ärzteverbänden und anderen betroffenen Akteuren und ohne die Beteiligung wichtiger Ausschüsse formuliert wurden, scheiterten jedoch im US-Senat – vor allem, weil der politische Prozess von zahlreichen moderaten Republikanern als zu intransparent und voreilig interpretiert wurde und der Gesetzesentwurf für zumindest drei konservative Senatoren als zu gemäßigt galt. Ferner hatte das unparteiische Haushaltsbüro des US-Kongresses (*Congressional Budget Office*) ausgerechnet, dass etwa 15 Millionen Amerikaner in den kommenden zehn Jahren ihre Krankenversicherung verlieren und die durchschnittlichen Krankenversicherungsbeiträge um ca. 25 % steigen würden, sollte die Reform in Kraft treten (Congressional Budget Office 2017). Nicht zuletzt deshalb und aufgrund von Bedenken, ob die *senate parliamentarian* letztendlich die Verabschiedung des Gesetzes mittels des *Reconciliation*-Verfahrens erlauben würde, bevorzugten zahlreiche Republikaner einen Neuanfang mit einem schlankeren Gesetzesentwurf.

Im Rahmen des etwas abgeschwächten *Health Care Freedom Act*, der Ende Juli 2017 vom republikanischen Mehrheitsführer Mitch McConnell vorgestellt wurde, sollten Strafgebühren für Nichtversicherte bzw. Arbeitgeber, die ihre Angestellten nicht versichern, rückwirkend entfallen, diverse Steuern zur Finanzierung von *Obamacare* ausgesetzt und staatliche Subventionen an Familienplanungskliniken (v. a. *Planned Parenthood)* abgeschafft werden. In starkem Gegensatz zu den Vorgängerversionen sollten Bundesmittel für lokale Versorger aufgestockt und keine Einschränkungen bei *Medicaid*-Leistungen vorgenommen werden. Doch auch diese schlankere Version brachte keine Mehrheit im Senat zustande und scheiterte letztendlich am Widerstand von drei als moderat geltenden Senatoren – Susan Collins, Lisa Murkowski und John McCain, der nach Bekanntwerden seiner Krebsdiagnose und einem operativen Eingriff nach Washington reiste, um – zum Erstaunen seiner Fraktion im Senat – sein Veto gegen das Vorhaben einzulegen. Damit wurde die Aufrechterhaltung der großen Leitlinien von *Obamacare* vorerst besiegelt, so dass Trump unter den gegenwärtigen politischen Konstellationen im Kongress nur noch durch exekutives Handeln, andere steuerrelevante Gesetzgebung oder durch parteiübergreifende Gesetzgebung das *Obamacare*-Gesetz abschwächen kann.

4.2 Wirtschafts- und Steuerpolitik

Seit der Reagan-Ära verfolgen die USA vor allem unter republikanischer Dominanz eine aggressive Steuersenkungspolitik auf Bundesebene. Lediglich unter Bill Clinton wurde angesichts des hohen Haushaltsdefizits die Einkommenssteuer für Gutverdienende leicht erhöht (von 36 auf 39,6 Prozent), während die Körperschaftssteuer (Unternehmenssteuer) auf 35 % festgesetzt wurde. Unter George W. Bush wurden die Steuersätze für alle Steuerklassen und sowohl für Individuen und Haushalte als auch für Unternehmen ohne Ausgleich gesenkt. Diese Steuersenkungspolitik wurde – bis auf die neuen Steuern zur Finanzierung von *Obamacare* (z. B. Sonnenstudios, Tabak, Kapitalerträge für Gutverdienende) – weiterverfolgt und die unter Bush verabschiedeten Steuererleichterungen zum größten Teil weiter zementiert. Dabei muss jedoch berücksichtigt werden, dass US-Bürger auch dazu verpflichtet sind, jährlich Steuern an ihren Bundestaat abzuführen (z. B. Immobiliensteuern), so dass das in Europa zum Teil verbreitete Bild der USA als Steuerparadies etwas verzerrt ist.

Mit der Unterzeichnung des *Tax Cuts and Jobs Act*, der bereits zuvor von beiden Kongresskammern verabschiedet wurde, erzielte Trump Ende 2017 seinen ersten großen legislativen Erfolg. Da es sich um haushaltsrelevante Gesetzgebung handelte, entfiel die Möglichkeit eines demokratischen *Filibusters*, so dass das Gesetz relativ schnell und ohne eine breite öffentliche Debatte durch das *Reconciliation*-Verfahren verabschiedet werden konnte. Zu den großen Eckpfeilern der Reform gehören vor allem Änderungen bei den Einkommens- und Körperschaftssteuersätzen. Die Körperschaftssteuer (*corporate tax*) sinkt permanent von 35 auf 20 Prozent (den niedrigsten Steuersatz seit 1939). Mit 35 Prozent hatten die USA bisher *de jure* einen der höchsten Unternehmenssteuersätze unter den Industrienationen, was jedoch dadurch relativiert wurde, dass ein sehr erheblicher Anteil der Unternehmensausgaben steuerlich abgesetzt werden konnte. Der Körperschaftssteuersatz bewegte sich also *de facto* für die meisten Unternehmen im Bereich von ca. 20 Prozent (Amadeo 2018). Mit der endgültigen Senkung der Körperschaftssteuer auf 20 Prozent und dem Fortbestehen von diversen Möglichkeiten, Unternehmensausgaben abzuschreiben, werden die USA als bisheriges Hochsteuerland für Unternehmen fast zu einer Steueroase, denn die neuen Unternehmenssteuersätze liegen nunmehr nicht nur unter denen von Frankreich und Deutschland, sondern auch unter denen europäischer Niedrigsteuerländer wie z. B. Luxemburg oder die Niederlande (Kaiser 2017).

Die neoliberal anmutende Reform der Unternehmenssteuer hat jedoch auch einen Hauch von wirtschaftlichem Nationalismus, der an die Wahlkampfrhetorik Trumps zum Schutz amerikanischer Industrien anknüpft. Zwar wird im Reformpaket auf die ursprünglich anvisierte Importsteuer (*excise tax*) von 20 % verzichtet, die andere Exportnationen wie Deutschland schwer getroffen hätte. Dennoch setzt die Reform starke Anreize, im Ausland erzeugtes Kapital zurück in die USA zu bringen. Konkret soll es durch die Senkung der Unternehmenssteuer um 15 Prozent für international agierende amerikanische Unternehmen attraktiver werden, größere Teile ihrer internationalen Geschäfte von den USA aus zu lenken statt aus anderen Ländern (Tagesanzeiger 2017). Bisher hatten global tätige US-Unternehmen aufgrund der hohen Unternehmensteuer in den USA den Anreiz, ihre Gewinne im Ausland (z. B. in Irland) zu verbuchen und damit US-Steuern zu vermeiden. Die Neuregelung der Besteuerung von Auslandsgewinnen macht es für US-Unternehmen damit attraktiver, wichtige Konzernfunktionen und Investitionen in die USA zu verlagern. Neben der Senkung der Unternehmenssteuer in den USA haben US-Unternehmen nun auch die Möglichkeit, eine einmalige Steuer von 15,5 Prozent auf ausländisches Vermögen und 8 Prozent auf Arbeitsgeräte, die in die USA zurückgebracht werden (sog. „*repatriation*"), zu bezahlen (Amadeo 2017). Bisher galt ein Steuersatz von 35 % für „zurückgeholte Gewinne".

Auch bei der Einkommenssteuer, die Individuen an den Zentralstaat entrichten, setzt Trump neue Akzente. Die Steuersätze sinken um 2 bis 4 Prozent für alle Steuerklassen mit Ausnahme der Geringverdiener, und die Spitzensteuer sinkt von 39,6 % auf 37 %. Entgegen aller Versprechen von Trump wurden die bestehenden Einkommenssteuerklassen jedoch nicht vereinfacht und die Einkommenssteuersenkungen sind bis 2025 zeitlich begrenzt. Außerdem bedeuten die Steuersenkungen nicht automatisch Steuererleichterungen für alle Haushalte und Individuen. Beispielsweise konnten steuerzahlende Haushalte bisher pro Person $ 4.150 von ihrem Einkommen pauschal absetzen. Diese sogenannten *personal exemptions* wurden jedoch abgeschafft, so dass sich kinderreiche Familien auf höhere Steuern einstellen müssen (Lyons Cole 2018). Im Gegenzug wurde aber die sogenannte *standard deduction* (Untergrenze für die Einkommenssteuerpflicht) von $ 6.350 auf $ 12.000 erhöht, so dass Geringverdiener infolge der Reform nicht stärker besteuert werden. Außerdem steigt der Kinderfreibetrag von $ 1.000 auf $ 2.000, während jedoch zahlreiche Abschreibungsmöglichkeiten wie z. B. Umzugskosten und Alimente wegfallen.[6]

Durch die Neuregelung der Einkommenssteuer wird auch ein wichtiger Teil der *Obamacare*-Reform indirekt abgeschafft. Mit der Reform entfällt die im Zuge der Implementierung von *Obamacare* stets gestiegene Strafgebühr für Nichtversicherte,

---

6 Die vom Repräsentantenhaus ursprüngliche vorgesehene Abschaffung von Abschreibungen von Gesundheitskosten war nicht mehr Bestandteil der Senatsversion, die von Trump unterzeichnet wurde.

was neue Anreize für junge, gesunde Menschen setzt, auf eine Krankenversicherung zu verzichten. Dies wiederum wird voraussichtlich nicht nur die Anzahl der Nichtversicherten wieder erhöhen, sondern auch zu einem Anstieg der Versicherungsprämien führen, da der Versichertenpool durchschnittlich älter und damit kostenintensiver wird.

Dagegen könnte die Reform für Immobilienkäufer den positiven Effekt haben, dass die Immobilienpreise sinken, weil steuerliche Abzüge auf Hypothekenzinsen nunmehr begrenzt werden. Insbesondere in noblen Wohnorten dürften die Immobilienpreise zumindest leicht fallen, da Eigentümer nicht mehr Darlehenszinsen von ihrer Steuerlast abziehen können (Meiritz 2017). Eine weitere Neuregelung im Gesetz könnte allerdings Immobilienbesitzer in Staaten mit hohen Immobiliensteuern treffen. Bisher konnten US-Bürger ihre bundestaatlichen Steuern von der nationalen Einkommensteuer (*federal income tax*) absetzen. Das neue Gesetz beschränkt solche Abschreibungen auf $ 10.000 jährlich (ebenda 2017), was insbesondere die hochversteuerten, demokratischen Hochburgen New York, New Jersey und Kalifornien treffen wird. Nicht zuletzt deshalb wird diese Regelung im Gesetz von vielen als später Racheakt an Obamas Stammwählern interpretiert.

Nicht nur aus diesem Grund hagelt es ununterbrochen Kritik am Gesetz. Erstens wird angesichts des sehr robusten Wirtschaftswachstums und der historisch niedrigen Arbeitslosenquote die Notwendigkeit der Reform diskutiert. Zweitens wird hinterfragt, wie die Reform – vor allem im Hinblick auf die massiv und permanent gesunkene Unternehmenssteuer – finanziert werden soll, ohne das bereits enorme Staatshaushaltsdefizit weiter in die Höhe zu treiben. Anhänger Trumps und der Reform argumentieren, dass sich die Reform durch eine gesteigerte Wirtschaftsleistung selber finanziert. Doch nicht nur die 1,5 Billion Dollar an Steuerausfällen wegen der Reform sind für die Staatsfinanzen problematisch, sondern auch die Tatsache, dass in den nächsten Jahren immer mehr Amerikaner, die rechtliche Ansprüche auf staatliche Leistungen haben (v. a. *Medicade* und die staatliche Rentenversicherung *social security*) in Ruhestand gehen bzw. das Anspruchsalter von 65 Jahren erreichen. Drittens sehen die Kritiker das Gesetz als massives Geschenk an Wohlhabende und Unternehmen in einer Phase bereits hoher sozioökonomischer Ungleichheit. Dies hat nicht nur mit der Senkung der Steuersätze zu tun, sondern auch damit, dass zahlreiche Steuerentlastungen für Privatpersonen wie etwa höhere Kinderbeiträge bereits 2025 auslaufen (Meiritz 2017). Dabei wird jedoch die Schwelle für die Erbschaftssteuer, die vor allem Reiche belastet, permanent angehoben. Das unparteiische *Tax Policy Center* errechnete beispielsweise, dass die Steuerbelastung für alle Einkommensklassen sowohl 2018 als auch 2025 zwar sinken wird, aber dass die obersten Einkommensklassen am allermeisten von der Reform profitieren. Während die unteren Einkommensklassen mit einem Ersparnis von ca. 60 Dollar pro Kopf pro Jahr rechnen können, werden die höheren Einkommensklassen um mehrere Tausend Dollar pro Jahr entlastet. Da die Einkommenssteuersenkungen sowie eine Reihe von Abschreibungsmöglichkeiten, von denen vor allem die Mittelsicht profitiert, im Jahre 2025 auslaufen, fällt der durchschnittliche Steuersatz im Jahre 2027 für mehr als die Hälfte der Bevölkerung höher aus als der jetzige Satz (Tax Policy Center 2017).

5 Schlussfolgerungen

Im vorliegenden Beitrag habe ich jenseits von Trumps diversen Skandalen und „Twitter-Kriegen" versucht, einen objektiven und nüchternen Überblick über seine legislativen und exekutiven Handlungen im ersten Amtsjahr zu geben. Ein sehr markanter Politikwandel hat vor allem im Bereich der Steuerpolitik stattgefunden, während im Bereich der Umwelt- und Energiepolitik eher von einem Abbau zahlreicher progressiver Maßnahmen Obamas gesprochen werden kann. Trotz seiner gescheiterten Bemühungen, *Obamacare* abzuschaffen, versucht Trump durch die Hintertür (d. h. durch weitere exekutive Dekrete und durch die neue Steuergesetzgesetzgebung) das Gesetz zu verwässern. Ich wage zum jetzigen Zeitpunkt die These, dass sich ein weiterer Rechtsruck in der US-Innenpolitik zunehmend schwierig gestalten wird. Ende 2018 werden das gesamte Repräsentantenhaus und ein Drittel des Senats neu gewählt, was in zweierlei Hinsicht die legislative Agenda Trumps ausbremsen könnte. Erstens rücken bei Kongressabgeordneten *vote seeking*-Motive derzeit stärker in den Vordergrund, so dass sie im Jahr vor den Zwischenwahlen eher abgeneigt sind, unter der Bevölkerung unbeliebte politische Vorhaben zu unterstützen. Zweitens kann die Oppositionspartei – auch bei hoher Beliebtheit des Präsidenten – mit starken Zugewinnen bei den Zwischenwahlen in beiden Kongresskammern rechnen. Dies könnte Ende 2018 umso mehr der Fall sein, denn es wird aufgrund der starken Antipathie gegen Trump mit einer sehr hohen demokratischen Wahlbeteiligung gerechnet. Dabei kann auch beobachtet werden, dass sich die amerikanische Gesellschaft – zumindest was die öffentliche Meinung zu einer ganzen Reihe von Politikfeldern (z. B. Wirtschafts- und Sozialpolitik, Bildungspolitik, Umweltpolitik) – sichtbar nach Links bewegt hat. Diese politische Verschiebung geht auch mit einer Massenmobilisierung linker Gruppierungen (z. B. *American Civil Liberty Union*) sowie derzeit einem Boom eher links gerichteter Medien (z. B. *New York Times, Huffington Post*) einher (Gatzke 2018). Vor diesem Hintergrund sind die Aussichten der Republikaner auf einen Wahlsieg Ende 2018 oder gar 2020 als eher düster einzuschätzen.

Im Falle einer demokratischen Übernahme des Kongresses wäre Trump für legislative Reformvorhaben zwingend auf überparteiische *ad hoc*-Koalitionen aus Demokraten und Republikanern angewiesen. Um sein Image als politischer Macher angesichts noch stärkerer *Checks und Balances* nicht gänzlich zu verlieren, ist es durchaus denkbar, dass Trump eventuell weniger polarisierende Reformvorhaben anstrebt wie z. B. eine Infrastrukturmodernisierung. Ebenso denkbar wäre im Falle einer demokratischen Dominanz des Kongresses das Zustandekommen einer bereiten Koalition für eine übergreifenden Einwanderungsreform, die sowohl unter Bush II als auch unter Obama scheiterte, durch die Verknüpfung von eher republikanischen bzw. trump'schen Reformplänen (z. B. Ausbau der Mauer an der mexikanischen Grenze) und eher demokratischen Reformwünschen (z. B. Bleiberecht für manche illegale Einwanderer). Im Falle der Entschärfung der starken gesellschaftlichen Polarisierung durch politische Kompromisse und nicht zuletzt in Anbetracht der historisch niedrigen Arbeitslosigkeit, der robusten Wirtschaftskonjunktur und eines boomenden Aktienmarktes sind die Wiederwahl-Chancen Donald Trumps im Jahre 2020 jedoch nicht zu unterschätzen.

Literatur

Alesina, Alberto, und A. Cukierman. 1990. The Politics of Ambiguity. *The Quarterly Journal of Economics* 105(4): 829–850.

Amadeo, Kimberly. 2018. Trump's Tax Plan and How It Affects You. *The Balance*, 5. Februar. https://www.thebalance.com/trump-s-tax-plan-how-it-affects-you-4113968. Zugegriffen: 19. Januar 2018.

American Presidency Project. 2017. Executive Orders Washington-Trump. http://www.presidency.ucsb.edu/data/orders.php. Zugegriffen: 19. Januar 2018.

Boase, Joan P. 1996. Institutions, Institutionalized Networks and Policy Choices: Health Policy in the US and Canada. *Governance* 9(3): 287–310.

Brown, Emma. 2017. Trump signs bills overturning Obama-era education regulations, *Chicago Tribune,* 27. März. http://www.chicagotribune.com/news/nationworld/ct-trump-overturn-education-regulations-20170327-story.html. Zugegriffen: 20. Januar 2018.

Congressional Budget Office. 2017. Obamacare Repeal Reconciliation Act of 2017. https://www.cbo.gov/publication/52939. Zugegriffen: 20. Januar 2018.

Davidson, Roger H., W. J. Oleszek, F. E. Lee, und E. Schickler. 2013. *Congress and its members.* Los Angeles: Sage und CQ Press.

Dennis, Brady, und J. Eilperin. 2017. EPA chief Scott Pruitt tells coal miners he will repeal power plant rule Tuesday: 'The war against coal is over'. *Washington Post,* 09. Oktober. https://www.washingtonpost.com/news/energy-environment/wp/2017/10/09/

pruitt-tells-coal-miners-he-will-repeal-power-plan-rule-tuesday-the-war-on-coal-is-over/?utm_term=.1c50ddf23eeb. Zugegriffen: 20. Januar 2018.

Fenn, Peter. 2009. The tyranny of the minority. *Politico,* 19. März. https://www.politico.com/story/2009/03/the-tyranny-of-the-minority-020178. Zugegriffen: 20. Januar 2018.

Flemming Arthur S., und R. Marshall. 1994. Tyranny of the minority, *New York Times,* 30. Mai. http://www.nytimes.com/1994/05/30/opinion/tyranny-of-the-minority.html. Zugegriffen: 20. Januar 2018.

Gatzke, Marcus, T. Schröder, und F. Mohr. 2018. Trump wirkt. *Die Zeit,* 18. Januar. http://www.zeit.de/wirtschaft/2018-01/donald-trump-wirtschaft-usa. Zugegriffen: 20. Januar 2018.

Jones, David R., und M. L. McDermott. 2010. *Americans, Congress and democratic responsiveness.* Ann Arbor: University of Michigan Press.

Jacobson, Louis. 2009. Obama claims 14,000 lose health insurance every day. *Politfact,* 24. Juni. http://www.politifact.com/truth-o-meter/statements/2009/jul/24/barack-obama/obama-claims-14000-lose-health-insurance-every-day/. Zugegriffen: 20. Januar 2018.

Kaiser, Tobias. 2017. Die Steuerreform des US-Präsidenten hat auch Verlierer. *Die Welt,* 24. Dezember. https://www.welt.de/wirtschaft/article171885222/Donald-Trump-Steuerreform-des-US-Praesidenten-hat-auch-Verlierer.html. Zugegriffen: 20. Januar 2018.

Keith, Tamara. 2017. Trump Signed 96 Laws In 2017. Here Is What They Do And How They Measure Up. *NPR Online,* 27. Dezember. https://www.npr.org/2017/12/27/573546883/trump-signed-96-laws-in-2017-here-is-what-they-do-and-how-they-measure-up. Zugegriffen: 20. Januar 2018.

Krehbiel, Keith. 1998. *Pivotal Politics.* Princeton: Princeton University Press.

Meiritz, Annett. 2017. Zehn Überraschungen im Trump-Gesetz. *Handelsblatt,* 21. Dezember. http://www.handelsblatt.com/politik/international/us-steuerreform-zehn-ueberraschungen-im-trump-gesetz/20766522.html. Zugegriffen: 20. Januar 2018.

Migration Policy Institute. 2017. Data and Analysis Related to Trump Administration Executive Orders on Immigrants and Refugees. https://www.migrationpolicy.org/programs/us-immigration-policy-program/data-and-analysis-related-trump-administration-executive. Zugegriffen: 20. Januar 2018.

Revesz, Rachel. 2017. Donald Trump Signs Executive Order Giving Police More Powers. *The Independent,* 9. Februar. http://www.independent.co.uk/news/world/americas/donald-trump-sign-executive-order-police-more-authority-murder-shooting-us-president-jeff-sessions-a7572001.html. Zugegriffen: 20. Januar 2018.

Soergel, Andrea. 2017. Trump Unveils Apprenticeship Overhaul. *US News and World Report,* 15. Juni. https://www.usnews.com/news/articles/2017-06-15/donald-trump-unveils-apprenticeship-executive-order. Zugegriffen: 20. Januar 2018.

Tax Policy Center. 2017. Analysis of the Tax Cuts and Jobs Act. http://www.taxpolicycenter.org/feature/analysis-tax-cuts-and-jobs-act. Zugegriffen: 20. Januar 2018.

Zilm, Kerstin. 2017. Widerstand gegen Trump-Pipeline hält an. *Deutschlandfunk,* 01. April. http://www.deutschlandfunk.de/oelleitung-dakota-access-widerstand-gegen-trump-pipeline.799.de.html?dram:article_id=382862. Zugegriffen: 20. Januar 2018.

Russland: Das Trauma der Trump-Administration

Hans-Joachim Spanger

Zusammenfassung

Nirgends liegen Trumps Anspruch und die Washingtoner Wirklichkeit weiter auseinander als in der Russland-Politik. Im Wahlkampf hatte Donald Trump verkündet, die Beziehungen mit Russland grundlegend verbessern und einen „great deal" mit Moskau anstreben zu wollen. Heraus kam das Gegenteil: So schlecht wie unter Trump waren die Beziehungen zwischen den USA und Russland zuletzt unter Ronald Reagan, und die aktuelle Russophobie in Washington erinnert in vielerlei Hinsicht an die Ära des US-Senators Joseph McCarthy am Beginn der 1950er Jahre. Die Stationen des Niedergangs reichen von den lähmenden Sonderermittlungen zu Russlands Einmischung in den Präsidentschaftswahlkampf über drastisch verschärfte Sanktionen des US-Kongresses sowie präzedenzlose wechselseitige Beschränkungen der diplomatischen Arbeit bis zur Entscheidung der Administration, der Ukraine „tödliche" Waffen zur Verfügung zu stellen. Die Chancen, dass sich daran etwas ändert, sind gering – auch und gerade nach dem desaströsen Gipfeltreffen in Helsinki im Juli 2018. Zu fest gefügt ist die Allianz aus Demokraten, die auf Russland zielen, aber Trump treffen wollen, Republikanern, die mit Trump Rechnungen offen haben und Washingtoner Kalten Kriegern, die die Gunst der Stunde für ihre Aufrüstungspläne nutzen.

Schlüsselbegriffe

Collusion; Einmischung; Ermittlungen; *Magnitsky Act*; Putin; *Russiagate*; Russland; Sanktionen

C. Daase und S. Kroll (Hrsg.), *Angriff auf die liberale Weltordnung*,
https://doi.org/10.1007/978-3-658-23783-7_7

1 Einleitung

„Our relationship is at the lowest level it's been at since the Cold War and it's spiraling down" (US Senate Committee on Appropriations 2017). So lautete im Juni 2017 das Urteil, mit dem der damalige Außenminister Rex Tillerson vor dem US-Kongress die Beziehungen zwischen den USA und Russland charakterisierte. Daran hat sich seither wenig geändert, trotz der damals ebenfalls verkündeten Absicht, einen „way back" finden zu wollen (ibid.). Im Gegenteil kennen die Beziehungen zwischen den beiden Atommächten seit dem Amtsantritt Donald Trumps nur eine Richtung: abwärts. Die Stationen des Niedergangs sind eindrucksvoll. Sie reichen von den Sonderermittlungen des *Special Counsel*, Robert S. Mueller III, zu der russischen Mitwirkung am US-Präsidentschaftswahlkampf über ein neues, massiv verschärftes Sanktionsgesetz des US-Kongresses sowie präzedenzlose wechselseitige Beschränkungen der diplomatischen Arbeit bis zur Entscheidung der Administration, der Ukraine „tödliche" Waffen zur Verfügung zu stellen. Praktische Korrektive finden sich keine.

Geblieben ist nur Donald Trumps demonstrative Wertschätzung des russischen Präsidenten Vladimir Putin. Sie gibt er bei jeder passenden oder mehr noch unpassenden Gelegenheit zum Besten. Ein Beispiel: Als Trump am 18. Dezember 2017 seine neue Nationale Sicherheitsstrategie vorstellte, ging er nur beiläufig auf den „Revisionismus" Russlands ein, den die Strategie ins Visier nimmt, und schwärmte stattdessen von der „großartigen Partnerschaft", die er, nicht aber die Strategie, anstrebe, und dem „freundlichen" Telefonanruf, den er kurz zuvor von Putin erhalten hatte (White House 2017).[1] Einstweiliger Höhepunkt war das Treffen beider am 16. Juli 2018 in Helsinki, das nach einem zweistündigen Vier-Augengespräch mit einer denkwürdigen Pressekonferenz gekrönt wurde, die nahezu alle Beobachter – mit Ausnahme der russischen – in die Verzweiflung trieb (Rucker et al. 2018; Walt 2018). Dieses Verhaltensmuster reflektiert vor allem Eines: die nur mit psychopathologischen Kategorien zu erfassende Persönlichkeit Trumps, nicht aber eine irgendwie geartete Strategie des Weißen Hauses zur Einleitung einer Kurskorrektur.

Die Washingtoner Russlandpolitik zeigt denn auch eine erratische Inkohärenz, die im Verlauf der Jahre 2017 und 2018 immer weiter in die Untiefen des Kalten Krieges geführt hat. Es ist dies das paradoxe Ergebnis einer Präsidentschaft, die bei ihrem Start das genaue Gegenteil verkündet hatte. Kein anderes Politikfeld markiert deutlicher die Grenzen und Absurditäten dessen, was mit Trump in Washington Einzug gehalten hat.

1 Das Presseecho war entsprechend (Washington Post 2017a).

Dabei geht es nur peripher um Russland selbst. Vielmehr ist Russland zur Chiffre für die innenpolitischen Grabenkämpfe in Washington und für den Überlebenskampf der Trump-Administration geworden. Im Mittelpunkt steht dabei seit der Amtsübernahme durch Trump das in allen Tonlagen gegeißelte *meddling* des Kremls in die Präsidentschaftswahlen und die damit einhergehende *collusion* der Trump-Kampagne – eine Steilvorlage zur Demontage seiner Administration, die namentlich von der in den Wahlen schwer gebeutelten Demokratischen Partei begierig aufgegriffen wurde und wird.

Dem kann sich angesichts der alles überlagernden öffentlichen Aufmerksamkeit, die diesem Thema seither gewidmet wird, auch die Republikanische Partei nicht entziehen. Große Teile der Partei wollen das auch gar nicht, aus unterschiedlichen Gründen. Für sie ist die endemische Washingtoner Russophobie eine vorzügliche Kulisse, um entweder Trump selbst ins Visier zu nehmen, zumindest aber seine Avancen gegenüber Putin zu neutralisieren oder um in der Tradition des amerikanischen Unipolarismus die unter Republikanern besonders populären Aufrüstungsprogramme und globalen Machtprojektionen voranzutreiben. Dass dies im Unterschied zu China bei Russland kaum mit ökonomischen Kosten verbunden ist, macht eine solche Haltung umso leichter.

Neben den Ermittlungen zum *Russiagate* dokumentieren die Sanktionsbeschlüsse des Kongresses wie auch die wechselseitigen Beschränkungen der diplomatischen Arbeit, was sich Ende 2017 in den sicherheitspolitischen Doktrinen offiziell niedergeschlagen hat: Unter Trump ist Russland wie bei Goethes Zauberlehrling in nur einem Jahr vom prospektiven Partner zum gefürchteten Gegner mutiert. Dies sei im Folgenden rekonstruiert.

2 Was Trump eigentlich wollte …

Jenseits des Islams, der Immigration und der Handelsdefizite spielte Außenpolitik in Trumps Wahlkampf eine nur untergeordnete Rolle. Es blieb bei Randbemerkungen und einer Grundsatzrede, in der er am 27. April 2016 den Eindruck erweckte, an die in der republikanischen Partei einst populäre Tradition des außenpolitischen Realismus anknüpfen zu wollen. Nicht zufällig trug er diese im *(Nixon-)Center for the National Interest* vor, im Washingtoner Establishment die prominenteste realistische und einzige russophile Stimme. Darin verabschiedete er sich vom *nation-building business* und kritisierte: „We went from mistakes in Iraq to Egypt to Libya, to President Obama's line in the sand in Syria. […] It all began with a dangerous idea that we could make western democracies out of countries that had no experience or interests in becoming a western democracy." Im Gegensatz dazu versprach er, sich künftig auf die „Stabilität in der Welt" konzentrieren zu wollen, wobei Russland und China – bei allen „ernsthaften Differenzen" – auf der Basis der „gemeinsamen Interessen" wichtige Partner sein sollten (Center for the National Interest 2016).[2]

Dass Trump unter der Parole *America First* den eigenen nationalen Interessen folgen wollte und dass er sich zudem explizit von einer Politik verabschiedete, die den westlichen Werten und deren globaler Verbreitung verpflichtet ist, war natürlich Musik in Moskauer Ohren. Auch dort stehen die nationalen Interessen im Mittelpunkt und gilt der amerikanische Demokratieexport als Grundübel der Epoche. Putins Sprecher Dmitrij Peskov bekannte denn auch: „Es ist phänomenal, wie nah sie sich in ihrem Verständnis der Außenpolitik sind – und es gibt gute Gründe, gemäßigt optimistisch zu sein, dass ein Dialog wieder möglich wird" (Moscow Times 2016). Mit Trump verband sich folglich in Moskau die Hoffnung auf einen Interessenausgleich unter Gleichen. Das hatte insoweit auch Trump vorgeschwebt, als er in besagter Rede ausführte, mit Russland einen „great deal" anstreben zu wollen (Center for the National Interest 2016). Allerdings erinnert diese Wortwahl schon weniger an realistische Paradigmen, und Trumps Deal sollte ausdrücklich aus einer Position der Stärke angebahnt werden sowie auf strikter Gegenseitigkeit beruhen; von Gleichheit und Augenhöhe war und ist bei ihm keine Rede.

Wichtiger als diese schon nicht übermäßig kohärenten programmatischen Auslassungen dürfte Trumps Einschätzung seiner persönlichen Fähigkeiten – und Neigungen – gewesen sein, die auch auf Russland abstrahlen sollten: das Vertrauen auf seine Erfahrung als Dealmaker und auf Männerfreundschaften, die mehr zählen als Institutionen, Regeln und Verfahren, ganz wie bei Max Webers Idealtyp des charismatischen Herrschers. Bei Trump wie bei Putin gehören Regelverletzungen und Unberechenbarkeit – von Putin in der Ukraine-Krise exzessiv praktiziert, von Trump in besagter Rede explizit gefordert[3] – zur Selbstinszenierung. Bei der Anbahnung solcher besonderen Beziehungen hat es Putin in der Vergangenheit zu

---

2 Zeitungsberichten zufolge hat an dieser Rede auch der außenpolitische Berater George Papadopoulos mitgewirkt. Er sollte im Verlauf des Jahres 2017 noch eine wesentliche Rolle in den Ermittlungen über Trumps *collusion* mit Russland spielen und vermarktete die Rede offenbar als „the signal to meet" gegenüber einer Kontaktperson in Moskau, Ivan Timofeev, vom semi-offiziellen „Russischen Rat für Internationale Angelegenheiten" (LaFraniere et al. 2017).

3 „We must as a nation be more unpredictable. We are totally predictable. We tell everything. We're sending troops. We tell them. We're sending something else. We have a news conference. We have to be unpredictable. And we have to be unpredictable starting now." (Ibid.)

einiger Meisterschaft gebracht, mit Berlusconi, Chirac und Schröder, ja selbst mit George W. Bush und in jüngerer Zeit mit Xi Jinping. Spätestens in dem gloriosen Empfang, den Beijing im November 2017 Trump bei seinem China-Besuch bereitete, verwirklichte sich mit Xi, was er auch von Putin erträumte: „I like very much President Xi. He treated me better than anybody's ever been treated in the history of China." (New York Times 2017)

Gestützt wurde Trumps Absicht, mit seinem Amtsantritt auch gegenüber Moskau ein neues Kapitel aufschlagen zu wollen, zumindest in Teilen durch die Auswahl seines Personals. So installierte er mit Rex Tillerson einen Außenminister und mit Michael Flynn einen nationalen Sicherheitsberater mit einschlägiger Vergangenheit. Tillerson ist Träger des russischen Ordens für (Völker)Freundschaft, war dank Exxon-Mobile Jahrzehnte im Russland-Business aktiv und bis zu seinem Amtsantritt erklärter Gegner der Sanktionen. Flynn wiederum rechtfertigte die Notwendigkeit eines Zusammengehens mit Moskau unter anderem damit, dass er den (bei ihm alles beherrschenden) Kampf gegen den Islam(ismus) in eine Reihe mit dem (gemeinsam erfolgreichen) Kampf gegen Hitler stellte. Auch hatte er es sich 2015 nicht nehmen lassen, gegen gute Bezahlung – „I got paid so much" (genau $33.750) – den Pausenclown bei einer Jubiläumsveranstaltung des russischen Auslandssenders RT zu spielen (Priest und Miller 2015).[4] Allerdings blieb Flynn eine sehr kurze Episode, und auch Tillerson waren nur wenige Monate im Amt beschieden, in denen er das State Department auf ein Format stutzte, das exakt seinem außenpolitischen Erfahrungshorizont entsprach.

3 ... und was dabei herauskam

Von Anfang an gab es in der Trump-Administration neben Flynn und Tillerson allerdings auch Vertreter, die ein ganz anderes Verhältnis zu Russland hatten, angesichts der sehr überschaubaren Community von Russlandfreunden in Washington nicht weiter verwunderlich. Dazu gehören neben Vizepräsident Mike Pence auch die UN-Botschafterin Nikki Haley, der CIA-Chef und Nachfolger Tillersons als Außenminister Mike Pompeo sowie nicht zuletzt die Schar ehemaliger Generäle,

4 Einen nachhaltigen Eindruck scheint er dort als „Obamas General" nicht hinterlassen zu haben, wie die ebenfalls anwesende grüne Präsidentschaftskandidatin Jill Stein zu berichten wusste: „Flynn's one-on-one with RT host Sophie Shevardnadze went over poorly; he was regarded as inarticulate and uninformed by a range of audience members I spoke to (I did not attend)." (Blumenthal 2017)

von Verteidigungsminister James Mattis über den zeitweiligen Nachfolger Flynns als Sicherheitsberater, H. R. McMaster (er wurde Anfang April 2018 vom kältesten aller Kalten Krieger in Washington, John Bolton, abgelöst), bis hin zum Mitte 2017 installierten Stabschef des Weißen Hauses, John F. Kelly. Und sie machten aus ihren Aversionen gegenüber Putins Russland keinen Hehl. So charakterisierte Pompeo Russland bereits im April 2017 in einer Rede vor dem *Center for Strategic and International Studies* in Washington als „unredeemable adversary" und Putin als einen Mann, „for whom veracity doesn't translate into English". Auf die Diskrepanz zu Trump angesprochen, deutete er dessen verständigungsbereite Botschaften als taktisches Mittel, sich gegenüber Moskau auch andere Optionen zu bewahren (Miller 2017).

Hinzu kommt, dass sich die realistischen Spurenelemente in Trumps außenpolitischen Ideen immer weiter verflüchtigten. Stephen Walt hat plastisch gezeigt, wie eine realistische Agenda ausgesehen hätte, die Russland als Partner bei der Lösung der drängenden globalen Probleme – vom Terrorismus über die nukleare Proliferation bis zur Krise des Nahen Ostens – an Bord holt und zugleich eine systematische Abkehr von der Vergangenheit vollzieht:

> "But for the past 25 years, the traditional foreign-policy establishment here in Washington kept ignoring Russia's geopolitical concerns and pushing NATO eastward. How dumb was that? And they kept talking all the time about spreading democracy and criticizing Moscow for not being just like us. I can't believe how stupid this was: All it did was alarm the Russians and eventually lead them to seize Crimea. That wasn't good, but can you blame them? No, you should blame Obama and all those liberals in the EU. Even worse, this dumb policy just pushed Moscow closer to Beijing. Is that what we want?" (Walt 2017a)

Jenseits der Rhetorik ist das allerdings nicht Trump – aus Mangel an Kenntnis, aus Mangel an strategischer Orientierung und auf Grund eines grundlegend anderen Weltbildes: des Dealmakers, der nach dem Motto verfährt, dass alles verhandelbar ist, wenn man genug Druck ausübt und sich nicht in die Karten schauen lässt. Heraus kam folglich, was Stephen Walt so umschreibt: „Trump's approach to foreign policy would make a great sitcom, *opéra bouffe*, or a Marx Brothers movie, but it is both disastrous and demeaning for the United States." (Walt 2017b)

Gleichwohl gab es in den ersten Monaten der Trump-Administration erste Versuche einer (Wieder-)Annäherung zwischen Moskau und Washington. So wurde ein Treffen Trumps mit Putin ventiliert – in Ljubljana, wo einst im Jahre 2001 George W. Bush beim legendären Blick in Putins Augen auf dessen Seele gestoßen war. Daraus wurde zwar nichts, aber immerhin fand am 10. Mai 2017 ein kurzes Treffen zwischen Trump und Außenminister Lavrov im Weißen Haus statt, das beide Akteure als Zeichen des guten Willens und der Bereitschaft zur pragmatischen Zusammenarbeit deuteten, dessen öffentliches Echo in Washington jedoch verheerend war.[5] Immer stärker geriet Trumps Russlandpolitik in die vom Kongress initiierte Gegenbewegung und lief anschließend auf Grund.

4 Russland-Sanktionen – die Hegung des Außenseiters

Sanktionen gegenüber dem postsowjetischen Russland haben eine gewisse Tradition und reichen bis zur Obama-Administration zurück. In größerem Maßstab wurden sie 2012 mit dem *Magnitsky Act* des US-Kongresses wiederbelebt, mit dem ursprünglich russische Beamte bestraft werden sollten, die für den Tod des russischen Anwalts eines einst in Russland aktiven Investmentbankers (Bill Browder, *Hermitage Capital*) verantwortlich gemacht wurden. Dieses Gesetz löste den *Jackson-Vanik Amendment* ab, mit dem 1974(!) die Sowjetunion dafür sanktioniert werden sollte, dass sie Juden nicht frei emigrieren lassen wollte. 2014 folgte auf die Annexion der Krim und die Operationen im Donbass eine Serie von Sanktionen der US-Administration, die nicht mehr nur noch die Bewegungsfreiheit und das Vermögen von Einzelpersonen, sondern auch Unternehmen und die Wirtschaftsbeziehungen zu Russland betrafen. Den Schlusspunkt unmittelbar vor dem Amtsantritt Trumps setzte Präsident Obama, als er im Dezember 2016 unter Hinweis auf die russischen Aktivitäten im US-Wahlkampf und die dem Kreml zugeschriebenen Hackerangriffe auf die Demokratische Partei 35 russische Diplomaten ausweisen sowie zwei Freizeiteinrichtungen der russischen Botschaft schließen ließ.

Die Russland-Sanktionen wurden im Verlauf der Jahre 2017 und 2018 nicht nur sukzessive erweitert, sondern namentlich vom Kongress auch massiv verschärft. Diese Maßnahmen erwiesen sich als außerordentlich wirkungsvoll, zwar nicht gegenüber Russland, da sie hier lediglich eine Eskalationsspirale in Gang setzten, wohl aber gegenüber dem Weißen Haus, dessen Russlandpolitik damit bereits im Ansatz abgewürgt wurde. Insbesondere das *Countering America's Adversaries Through Sanctions Act* (CAATSA) vom Sommer 2017 mit seinen weitreichenden und detaillierten Anforderungen legte die Trump-Administration gegenüber Mos-

5 Dazu trugen Bildaufnahmen der russischen Agentur TASS ebenso bei wie vom israelischen Geheimdienst übermittelte Erkenntnisse, die Trump an Lavrov weiterreichte sowie das Timing, denn kurz zuvor hatte Trump den Chef des FBI, James Comey, gefeuert, expressis verbis wegen dessen Aktivitäten in der Russland-Affäre und den Ermittlungen gegen Flynn (vgl. z. B. Tamkin 2017; Dorn 2017).

kau auf einen konfrontativen Kurs fest. Der Kongress griff damit tief und in einer extravaganten Auslegung der US-Verfassung in die außenpolitische Prärogative des Präsidenten ein. Zwar nutzte das Weiße Haus durch Verzögerungen den verbliebenen exekutiven Spielraum, der Kurs war damit jedoch fixiert.[6]

Kein Wunder, dominiert im Kongress bei Trumps Republikanern (und nicht anders bei den Demokraten) doch eine militante Russlandphobie. Bereits unmittelbar nach Trumps Wahlerfolg setzte daher dort die Gegenbewegung zu seinen Putin-Avancen ein mit dem Ziel, seine Bewegungsfreiheit nach Osten so weit wie möglich zu begrenzen. Dies geschah mit demonstrativen Bekundungen, etwa durch John McCain, der die Aussicht eines neuerlichen „Resets" als „Komplizenschaft mit Putins und Assads Abschlachten des syrischen Volkes" geißelte.[7] Ferner wurden von mehreren Kongressausschüssen nach einigem Hin und Her mit dem Weißen Haus Untersuchungen zu Russlands Einmischung in den amerikanischen Wahlkampf eingeleitet. Und nicht zuletzt planten republikanische Mitglieder beider Häuser schon früh Gesetzesinitiativen, die Russland direkt ins Visier nehmen sollten, von einer stärkeren militärischen Unterstützung für die osteuropäischen NATO-Verbündeten über Waffenlieferungen an die Ukraine bis zu einem (bindenden) Sanktionsbeschluss gegen alle, die die syrische Regierung im Bürgerkrieg unterstützen. Auch hier war John McCain federführend, und es fällt auf, dass nahezu alle diese Initiativen parteiübergreifend vorangetrieben wurden, im Fall der Sanktionen mit dem demokratischen Senator Benjamin L. Cardin.

Zwar gelang es dem Weißen Haus, über den Vorsitzenden des Außenpolitischen Ausschusses des Senats, Bob Corker, ebenfalls ein erklärter Trump-Gegner, den Gesetzgebungsprozess zu verzögern, stoppen konnte ihn dies jedoch nicht. Vielmehr wuchs mit jeder Initiative der Administration der Druck im Kongress, dem Weißen Haus Zügel anzulegen – von der Unfähigkeit, Russlands Kreise in Syrien einzugrenzen (Demirjian 2017) über die Entlassung von James Comey im Mai (Miller et al. 2017) bis hin zu der famosen Idee Trumps, mit Russland einen gemeinsamen „Cyber-Security-Plan" zu entwickeln, die er Anfang Juli von seinem Treffen mit Putin beim G20-Gipfel in Hamburg mitgebracht hatte und in Helsinki offenbar erneuerte.[8]

---

6 Auch wenn darüber in Washington natürlich fleißig gestritten wird (Phillips 2018).

7 So in seiner Presseerklärung zum ersten Telefonat Putins mit Trump nach dessen Wahl (McCain 2016).

8 Dazu merkte der republikanische Senator Lindsey O. Graham an, dass der vorgeschlagene Cyber-Pakt „ziemlich nah" an der „dümmsten Idee" sei, die er je gehört habe – und fügte Ergänzungen in die Sanktionsinitiative des Senats ein, die dem Präsidenten die Möglichkeit nehmen sollte, diese unilateral zu wiederrufen (ibid.). Allerdings hat Trump diese Idee selbst kurz danach wieder verworfen – per Twitter (vgl. FAZ 2017a).

Mit dem CAATSA-Sanktionsgesetz, das endgültig am 24. Juli 2017 vom Repräsentantenhaus (mit 419 zu 3 Stimmen) und am 27. Juli 2017 vom Senat (mit 98 zu 2 Stimmen) verabschiedet wurde, zog der Kongress die Initiative in der US-Russlandpolitik endgültig an sich. Die Konsequenzen waren schon damals nicht zu übersehen:

> "Even if Trump persists in his pro-Russia rhetoric, the bill will provide much-needed clarity to US policy toward Russia. It will end worried speculation about the White House's intentions on sanctions, and it will indicate once and for all that America remains committed to combating Russian aggression." (Fishman 2017)

Mit seiner Unterschrift am 2. August 2017 besiegelte Trump seine in Anbetracht der Stimmenverhältnisse unausweichliche Kapitulation, zögernd und mit der Klage, dass er das Gesetz als „klar verfassungswidrig" missbillige.

Mit dem Gesetz wurden nicht nur die bisherigen *executive orders* von Trumps Vorgänger zum Gesetz erklärt und deren Aufhebung damit – wie weiland bei Jackson-Vanik – an die (kaum zu erlangende) Zustimmung des Kongresses gebunden; sie wurden auch ausgeweitet und zum Teil massiv verschärft, woran einige verbliebene präsidentielle *waiver* kaum etwas ändern. Hinzu kommt eine Art Fahrstuhl, der weitere Sanktionen avisiert, wenn in den geforderten halbjährlichen Berichten der Administration an den Kongress keine Fortschritte im Verhalten Russlands an den drei Fronten Ukraine, Syrien und Cyber zu berichten sind.

Drei Zielgruppen stehen im Mittelpunkt des Gesetzes: die russische Energiewirtschaft, die Rüstungswirtschaft und die „Oligarchen".[9] Bei der Energie werden die bestehenden Sanktionen, die eine Mitwirkung „westlicher" Unternehmen an der Erschließung unkonventioneller Ölvorkommen verbieten – in der Arktis, beim Fracking und in großen Meerestiefen – auf alle Aktivitäten unter russischer Beteiligung ausgeweitet, auch außerhalb des Landes. Ferner werden Investitionen sanktioniert, die Russlands Fähigkeit zum Export von Energie (Öl und Gas) namentlich über Pipelines stärken. Das zielt expressis verbis auf das Nord Stream II-Projekt durch die Ostsee – und ebenso explizit auf die Exportinteressen der US-Fracking-Industrie – wurde aber leicht einschränkend an eine Koordination mit den Alliierten der USA gebunden.[10]

---

9 Verschärft wurden auch die Finanzsanktionen, indem die zulässigen Kreditlaufzeiten für Geschäfte mit russischen Banken von 30 auf 14 Tage verkürzt wurden.

10 Der Widerstand gegen Nord Stream hat Tradition in den USA und wurde schon von der Obama-Administration vorgetragen. Unter Trump gewann dies jedoch eine ganz neue Dimension, angefangen von seinen Invektiven gegen Deutschland und seine russische „Gefangenschaft" im Umfeld des NATO-Gipfels im Juli 2018 über die offene

Mandatorische Sanktionen wurden eingeführt gegen jede Person oder Körperschaft erneut auch außerhalb der USA, „that engages in a significant transaction with a person that is part of, or operates for or on behalf of, the defense or intelligence sectors of the Government of the Russian Federation". Das betrifft nicht nur den russischen Rüstungsexport – erstes Sanktionsopfer waren hier im September 2018 chinesische Militärs, bei Indien und der Türkei stehen vergleichbare Maßnahmen aus.; Ziel ist auch, das laufende Modernisierungsprogramm der russischen Streitkräfte zu torpedieren. Dazu sollte das *State Department* eine Liste der einschlägigen russischen Unternehmen vorlegen, was mit einiger Verzögerung Ende Oktober 2017 geschah und mit 33 Unternehmen praktisch den gesamten russischen Verteidigungssektor umfasst, darunter die *Holding Rostec* und *Rosoboronexport*, die maßgebliche Exportfirma (State Department 2017; Zapotosky et al. 2017).

Schließlich wurde das *Department of the Treasury* aufgefordert, bis Ende Januar 2018 eine Liste der „most significant senior foreign political figures and oligarchs in the Russian Federation, as determined by their closeness to the Russian regime and their net worth" vorzulegen. Dies erfolgte am 29. Januar 2018 und heraus kam – im deklassifizierten Teil – eine Liste mit insgesamt 210 Namen, 114 Politiker und 96 „Oligarchen". Sie ist weder innovativ noch zielgenau und listet lediglich die allseits bekannten Regierungsvertreter und leitenden Beamten der Präsidialverwaltung auf sowie bei den „Oligarchen" jene, die über ein Vermögen von mindestens $1 Milliarde verfügen – eine Replika der jährlichen Forbes-Liste, wie Kritiker sarkastisch anmerkten (Department of the Treasury 2018a; Bershidsky 2018). Hier waren keine unmittelbaren Maßnahmen vorgesehen, versprachen sich die Initiatoren doch allein von der Veröffentlichung, Nervosität in die höheren Moskauer Kreise zu tragen und einen Keil in das politisch-wirtschaftliche Gefüge des Kremls zu treiben.[11] Allerdings gewann die Liste Brisanz, als Anfang April 2018 die ersten „Oligarchen" vom US-Finanzministerium mit Sanktionen belegt wurden, darunter

Propagierung der eigenen Exportinteressen bis hin zu immer wieder vorgetragenen Sanktionsdrohungen (dazu gab es am 18. Juli etwa eine Gesetzesinitiative im Kongress unter dem lyrischen Titel „Escape Act" (from Russia's Political Coercion), eingebracht vom republikanischen Senator Barrasso aus Wyoming, dem Staat mit den größten Fracking-Reserven bei Öl und Gas, Barrasso 2018).

11 So die Interpretation einiger Aktivisten, die sich im Vorfeld um einen angemessenen Zuschnitt der „Kreml-Liste" bemüht hatten: Anders Åslund, Daniel Fried, Andrei Illarionov, and Andrei Piontkovsky (2017). Russische Beobachter sehen dies nicht anders: „The sanctions imply that individual members of the elite either remain loyal to Russia, but get disconnected from global finance and other means, or retain these means, but disassociate from the Russian authorities. Being listed requires a choice. You have to decide whose side you are on, the ‚whites' or the ‚reds.'" (Timofeev 2018).

so prominente Vertreter wie Oleg Deripaska und der überwiegend in der Schweiz operierende Viktor Vekselberg, die sich daraufhin aus ihren Unternehmen zurückziehen mussten, um diese vor einem Konkurs zu bewahren.[12]

Schließlich sieht CAATSA auch aktive Maßnahmen vor, indem es unter dem Motto „Countering Russian Influence in Europe and Eurasia" einen Finanzrahmen für 2018 im Volumen von $250 Millionen zur Verfügung stellte, mit dem auf gesellschaftlicher und medialer Ebene tatsächlicher oder imaginierter russischer Einfluss zurückgedrängt werden soll. Es wird vom Kongress erwartet, dass sich auch die EU diesen Aktivitäten anschließt.

Als sei dies noch nicht genug, starteten Anfang 2018 zwei Senatoren – Marco Rubio, ein von Trump in den republikanischen Vorwahlen geschlagener Präsidentschaftskandidat, und Chris Van Hollen, ein außenpolitisch eher unbewanderter Demokrat – eine weitere Sanktionsinitiative: den *Defending Elections from Threats by Establishing Redlines, or Deter, Act.* Auch diese Gesetzesinitiative zielt auf Russland (sowie ergänzend auf China, Iran und Nord-Korea) und sieht „robuste", d. h. mandatorische Sanktionen „on major sectors of the Russian economy" vor, wenn der *Director of National Intelligence* einen Monat nach einer Wahl „feststellt", dass eine Einmischung von außen stattgefunden hat – wozu auch Werbung in traditionellen oder sozialen Medien gerechnet wird (Rubio und van Hollen 2018).

Diese bis dato „härtesten" Maßnahmen wurden zwar bis Mitte des Jahres 2018 nicht vom Kongress verabschiedet, fanden jedoch im Nachgang und als unmittelbare Reaktion zum Helsinki-Gipfel ihre Krönung in einer neuerlichen parteiübergeifenden Gesetzesinitiative unter dem unmissverständlichen Titel *Defending American Security from Kremlin Aggression Act (DASKAA).* Diese Initiative soll, wie es einer der Initiatoren formulierte, „Putin's regime to its foundation" erschüttern – unter anderem durch eine Verschärfung der CAATSA-Sanktionen sowie einen Prüfauftrag an das State Department, ob Russland zum Förderer des internationalen Terrorismus erklärt werden kann (Graham 2018; DASKAA 2018). Treten diese Sanktionen in Kraft, sind die Beziehungen zwischen Washington und Moskau kaum mehr von jenen zu Teheran oder Caracas zu unterscheiden und Trumps Putin-Avancen kehren sich vollends ins Absurde.

12 Beide gehören keineswegs zum engsten Kreis um Putin, waren aber im Umfeld von Trump unterwegs: Deripaska als Sponsor von Paul Manafort, Trumps zeitweiligem Wahlkampfleiter, und Vekselberg als Teilnehmer an Trumps Amtseinführung (Hudson und Sonne 2018). Anders verhält es sich beim Schwiegersohn Putins, Kirill Šamalov, oder dem Vorstandsvorsitzenden von Gazprom, Aleksej Miller. Verknüpft waren auch diese Sanktionen mit dem expliziten Hinweis, dass sich ihre Geltung auch auf „non-US persons" und deren Geschäfte mit den betroffenen Firmen erstrecke (Department of the Treasury 2018).

Nach Angaben des russischen Außenministeriums waren Ende 2017 195 russische Personen und 402 Unternehmen auf den diversen US-Sanktionslisten aufgeführt – und diese wachsen nahezu wöchentlich (Ministry of Foreign Affairs of the Russian Federation 2017). So wurden, ein Beispiel, im Januar 2018 weitere Unternehmen und Personen erfasst, die sich im Straßenbau auf der Krim engagieren, den vertragswidrigen Transfer von Siemens-Turbinen auf die Halbinsel organisiert hatten oder vom illegalen Kohlenhandel aus dem Donbass profitierten (einschließlich weiterer offizieller Vertreter der dortigen Separatistenverwaltungen, Department of the Treasury 2018b).

Es liegt auf der Hand, dass eine solche unilaterale Sanktionspolitik der USA eine weit größere Sprengkraft innerhalb des westlichen Bündnisses entfaltet als jegliche Spaltungsversuche aus Moskau. Das wurde spätestens sichtbar, als Washington bei der unilateralen Wiederaufnahme der Iran-Sanktionen im Mai 2018 erneut seine Hebel ansetzte, um die Sanktionen – namentlich im Energiebereich – auch extraterritorial und im eigenen ökonomischen Interesse durchzusetzen.

Für Russland war damit endgültig der Rubikon überschritten. Und in der Tat, während die EU-Sanktionspolitik in Moskau einen Politikwechsel, namentlich gegenüber der Ukraine, bewirken wollte, zielt die US-Sanktionspolitik nunmehr ganz offen auf einen Regimewechsel. Das CAATSA besiegelte damit das Schicksal der Beziehungen zwischen Washington und Moskau, und „zementiert die feindselige Politik der USA gegenüber Moskau auf Jahrzehnte", wie ein alles andere als konfrontationsgeneigter russischer Beobachter feststellte (Timofeev 2017).[13]

5 Tit for Tat – Stärke zeigen

In Russland verfehlte das Sanktionsgesetz seinen Eindruck nicht und rief eine unmittelbare Reaktion hervor. Schon vor der Unterschrift Trumps, am 30. Juli 2017, verfügte der russische Präsident eine präzedenzlose Reduzierung des diplomatischen Personals der USA in Russland: um 755 Personen, innerhalb eines Monats. Damit sollte eine Parität von 455 Personen in beiden Ländern hergestellt werden, was die Schließung zweier Landhäuser der Botschaft in der Umgebung Moskaus ebenfalls einschloss. Die unmittelbare Folge: Am 23. August stellten die diplomatischen

13 Weniger konziliante Vertreter sahen damit sogar die Gefahr eines Krieges der USA mit anderen Großmächten, sprich Russland und China, heraufziehen (Suslov 2017).

Vertretungen der USA in Russland die Erteilung von Visa vorübergehend ein und beschränkten sie in der Folge auf die Botschaft in Moskau.[14]

Hatte Trump sich für die russischen Maßnahmen ursprünglich noch bedankt und die damit einhergehenden Spareffekte begrüßt – „We'll save a lot of money"[15] –, so konnte im aufgeheizten Washingtoner Klima eine abermalige Reaktion nicht ausbleiben. Ende August verfügte Trump die Schließung der beiden russischen Handelsvertretungen sowie des Generalkonsulats in San Francisco und räumte dafür 48 Stunden ein. Auch dies geschah unter Hinweis auf die Parität, in diesem Fall der Zahl der Konsulate beider Länder.

Die harsche russische Reaktion liegt nicht allein im Sanktionsgesetz des US-Kongresses begründet, sondern auch in der ursprünglichen Zurückhaltung Putins, als Obama im Dezember 2016 seine Wahlkampfsanktionen verhängte. Darauf hatte Außenminister Lavrov bereits eine angemessene, sprich symmetrische, Antwort angekündigt, als Putin diese abblies – sehr zum Wohlgefallen Trumps, das er in einem seiner legendären Tweets kundtat: „I always knew he was very smart" (zitiert nach Harding 2017, S. 114). Hintergrund waren Signale des Trump-Übergangsteams, die Michael Flynn am 29. Dezember 2016 im Auftrag eines „sehr hohen Verantwortlichen" des Teams dem russischen Botschafter übermittelte, wonach eine zurückhaltende Reaktion angezeigt sei, weil die Sanktionen unter Trump zur Disposition stünden.[16] Dass es tatsächlich Bemühungen der Trump-Administration gab, die Sanktionsspirale zu verlassen, zeigen die Gespräche über eine Rückgabe der beiden konfiszierten Landhäuser der russischen Botschaft, die bis Juli 2017 und damit unmittelbar vor dem Sanktionsbeschluss des Kongresses, andauerten (DeYoung und Entous 2017).

Nach dem vorläufigen Abschluss der diplomatischen Scharmützel verlagerten sich die Vergeltungsmaßnahmen auf die Medien: Im November 2017 zwang die US-Administration den russischen Auslandssender RT, sich als „ausländischen Agenten" zu registrieren, was im Januar 2018 auch dessen Dachgesellschaft „Sputnik" ereilte. Dieses Gesetz, das in den 1930er Jahren auf Aktivitäten der Nazis in den USA zielte, hatte 2012 als Vorlage gedient, als die Staatsduma in Moskau eine Regelung beschloss, nach der „politisch aktive" Nichtregierungsorganisationen mit

---

14 Was angesichts der Entfernungen im Land und der Notwendigkeit eines Interviews der Antragsteller vor Ort einer Besuchsblockade gleichkommt (US Embassy in Russia 2017).

15 Angesichts der fortgesetzt gähnenden Lücken im State Department ist zu befürchten, dass er auch dies ernst gemeint hat (ABC News 2017).

16 Flynn bekennt sich schuldig – und handelte offenbar auf Anweisung von oben (FAZ 2017b). Später wurde zudem bekannt, dass Flynn bei der Amtseinführung Trumps einem Geschäftspartner kundgetan hatte, dass die Sanktionen durch die neue Administration sofort „ripped up" würden (Hamburger 2017).

Einnahmen aus dem Ausland sich ebenfalls als „ausländische Agenten" registrieren mussten. Die damals beschlossene Regelung wurde nunmehr auch auf ausländische Medien ausgeweitet, jedoch bis auf Weiteres nur auf die beiden amerikanischen Sender *Voice of America* und *Radio Free Europe/Radio Liberty* sowie sieben mit ihnen verbundene Spartensender (wie z. B. *Sibir Realii*) angewandt. Sie müssen sich ebenfalls als „ausländische Agenten" deklarieren und zudem ihre Einnahmen offenlegen.

Eine neuerliche Ausweisungsrunde folgte im Frühjahr 2018 auf die Vergiftung des ehemaligen russischen Agenten Sergej Skripal und seiner Tochter am 4. März im britischen Salisbury. Auch hier ging Washington mit insgesamt 60 Diplomaten (48 der Botschaft und 12 der UN-Vertretung in New York, in der Summe die weitreichendste Ausweisungsverfügung seit 1986) und der Schließung des Konsulats in Seattle (dies u. a. mit dem Argument, dass Spionageaktivitäten gegen den dort angesiedelten Flugzeughersteller Boeing vorgebeugt werden müsse) weit über die Solidaritätsbekundungen anderer Verbündeter hinaus, die sich auf eher symbolische Vergeltungsmaßnahmen an die Moskauer Adresse beschränkten – Deutschland etwa wies lediglich vier russische Botschaftsangehörige aus (Rucker et al. 2018). Russland antwortete spiegelbildlich und verfügte u. a. die Schließung des US-Konsulats in St. Petersburg.

Auch wenn bis zur Identifizierung von drei mutmaßlichen Agenten des russischen Militärgeheimdienstes durch die britischen Ermittlungsbehörden im September 2018 keine neuen Erkenntnisse zum Fall Skripal öffentlich wurden, folgte gleichwohl eine weitere Sanktionsrunde, die sich auf die US-Gesetzgebung zum Verbot von Chemiewaffen stützt (Chemical and Biological Weapons Control and Warfare Elimination Act of 1991). Mit Wirkung zum 22. August 2018 wurde der Export sensitiver Technologien nach Russland verboten und wie im Gesetz vorgesehen eine zweite gravierendere Runde angekündigt, wenn Russland nicht innerhalb von 90 Tagen glaubwürdig versichert, künftig keine Chemiewaffen einzusetzen. Dann greifen Finanzsanktionen, und es kann zu weiteren Einschränkungen in den diplomatischen Beziehungen sowie zu Beschränkungen im Flugverkehr kommen (New York Times 2018).

6 Russiagate – Trump in der Dauerdefensive

Den Resonanzboden all dieser Aktivitäten bildete die Einmischung in den Präsidentschaftswahlkampf, die dem Kreml allenthalben nachgesagt wird, sowie die Erörterungen und Ermittlungen, die dazu seit dem Wahlsieg Trumps auf allen denkbaren Ebenen stattfinden – mit einem nicht nachlassenden medialen Echo. Russland wird seither ausschließlich durch dieses Prisma wahrgenommen, als prinzipieller und militanter Gegner, der nach dem Skript der Sowjetunion einen neuen Kalten Krieg entfacht habe und die Demokratien des Westens nicht allein militärisch von außen bedrohe, wie seit der Annexion der Krim, sondern nunmehr auch von innen mit dem Ziel eines *regime change* in den USA (Blackwill und Gordon 2018; vgl. auch Bergmann und Kenney 2017). Für einige, wie den ehemaligen Direktor der CIA, Michael V. Hayden, katapultiert dies Russland und seine Einmischung in den Wahlkampf gar in den Pantheon antiamerikanischer Umtriebe und Bedrohungen – als „politisches Äquivalent des Angriffs vom 11. September 2001“ (Miller et al. 2017).

Je größer die Gefahr, umso größer nicht nur die öffentliche Aufmerksamkeit, sondern umso größer auch der Bedarf an konzentrierten und parteiübergreifend konzertierten Gegenmaßnahmen – für die Trump ein dankbares Objekt abgibt. Die Vorwürfe an seine Adresse, von den Demokraten wie auch so manchem seiner republikanischen Kritiker vorgetragen, reichen bis zum Vorwurf des *Appeasements*: „Never before in American history has so clear a threat to national security been so clearly ignored by a U.S. president“ (zitiert nach Washington Post 2018).

Angesichts der Ignoranz und Tollpatschigkeit, mit der Trump diesen Attacken seit seinem Wahlerfolg begegnet, und angesichts der Schar halbseidener Aufschneider mit fragwürdigen Ostkontakten, mit denen er sich im Wahlkampf umgeben hat, kann es nicht verwundern, dass solche Attacken immer wieder neue Nahrung erhalten – und für viele Beobachter nicht nur das russische *meddling*, sondern auch Trumps *collusion* durchaus plausibel erscheinen.[17]

Die US-Presse hat in immer neuen Timelines und Synopsen minutiös die Etappen nachgezeichnet, die Trumps Team und russische Akteure zusammen führten.[18] Das betrifft vor allem die Aktivitäten im Umfeld von Wikileaks und dessen Veröffentlichung von Emails aus dem Lager der Demokraten im Juni und Oktober 2016, die Trump seinerzeit nicht nur begeistert begrüßte, sondern beim ersten Mal an die russischen Hacker gewandt auch Nachschub erbat – nachdem

17 Der Guardian-Redakteur Luke Harding (2017) hat dazu ein umfangreiches Buch verfasst, das detailliert alles zusammenträgt, was Trump und seine Entourage mit Russland verbindet und dabei in seiner Wertung wesentlich auf dem „Steele-Dossier“ fußt (das Dossier des ehemaligen britischen Geheimagneten Christopher Steele, das ursprünglich von Gegnern Trumps in der Republikanischen Partei und im Anschluss vom Democratic National Committee finanziert worden ist: Company Intelligence Report 2016/080. US Presidential Election: Republican Candidate Donald Trump's Activities in Russia and Compromising Relationship with the Kremlin) .

18 Vgl. z. B. Miller et al. 2017, Kelly 2017; Bump 2017a; Lee und Kelly 2017; Bump 2018a.

er bereits kurz zuvor „sehr, sehr interessante" Enthüllungen über Hillary Clinton angekündigt hatte.

Bei dieser Ankündigung könnte das Treffen eine Rolle gespielt haben, das am 9. Juni 2016 Donald Trump Jr., der Leiter des Wahlkampfteams, Paul Manafort, und Trumps Schwiegersohn Jared Kushner mit einer russischen Anwältin im Trump Tower veranstalteten, in der erklärten Hoffnung, belastendes Material über Hillary Clinton zu erhalten. Aber auch andere Gestalten, wie der langjährige Weggefährte Trumps, Oliver Stone, oder der junge außenpolitische Berater George Papadopoulos verkündeten Insider-Wissen, Ersterer durch seine Kontakte zu der Hacker-Gruppe Guccifer 2.0 und Julian Assange, Letzterer dank einer windigen Quelle aus Malta mit Namen Joseph Mifsud.[19] Ein weiterer außenpolitischer Berater mit einer demonstrativen Affinität für den russischen Präsidenten, Carter Page, erweckte darüber hinaus den Eindruck, über direkte Quellen in Moskau zu verfügen, was ihm den Vorwurf des Geheimnisverrats eintrug.

Anfängerfehler, wie Kushners Ansinnen vom Dezember 2016, mit dem russischen Botschafter einen geheimen Kommunikationskanal zum Kreml zu etablieren, und erstaunliche Nachlässigkeiten, wie das wahrheitswidrige Dementi von Justizminister Jeff Sessions, je mit offiziellen russischen Vertretern zusammengetroffen zu sein, taten ein Übriges. Dass Manafort zusammen mit seinem Partner Rick Gates Ende Oktober 2017 wegen einer langen Liste strafrechtlicher Verfehlungen im Zusammenhang mit seinen bis 2004 zurückreichenden Russland- und Ukraine-Geschäften angeklagt (und im August 2018 schuldig gesprochen) wurde – von Geldwäsche über Steuerhinterziehung bis hin zur Konspiration gegen die USA (u. a. wegen der fehlenden Registrierung als „ausländischer Agent") – unterstreicht den Obskurantismus des Trump-Teams, dem angesichts dessen noch einiges mehr zugetraut werden kann.

Nach außen zeigte sich Trump von all dem unbeeindruckt und einzig darum bemüht, sich seinen Wahlerfolg nicht durch die inkriminierte *Russia Connection* relativieren zu lassen. Mit seinen *Witch-Hunt-* und *Fake-News-*Invektiven ist es ihm offenkundig gelungen, sich gegen das verheerende öffentliche Echo zu immunisieren. Auch das gab und gibt den Mutmaßungen und Anwürfen immer wieder neue Nahrung. So will Trump auch bald zwei Jahre nach seiner Wahl nichts davon wissen, dass der Kreml ein Interesse an seinem Erfolg gehabt haben könnte, dies deutlich zum Ausdruck brachte und augenscheinlich auch weniger öffentlich sichtbare Instrumente zur Unterstützung Trumps zum Einsatz brachte.[20]

---

19 Zu Letzterem ein Porträt in der New York Times (Kirkpatrick 2017).

20 Der öffentlich sichtbare Part führte Mitte Februar 2018 zur Anklage von 13 russischen Staatsbürgern und drei russischen Einrichtungen, die sich seit 2014 im Rahmen einer

Stattdessen unternahm er Einiges, was einer Obstruktion der Aufklärung zumindest nahe kommt, von der Entlassung des FBI-Direktors Comey im Mai 2017 bis zu der offenbar in letzter Sekunde abgeblasenen Entlassung des Sonderermittlers Robert Mueller im Juni 2017 (Bump 2018b). Dieser war als ehemaliger FBI-Direktor am 17. Mai 2017 vom stellvertretenden Justizminister Rod Rosenstein als Sonderermittler bestellt worden, was auch diesen in das Visier Trumps und seiner republikanischen Freunde im Kongress geraten ließ. Es kann daher nicht verwundern, dass Mueller seine Ermittlungen auch auf eine mögliche Behinderung der Justiz und auf Trump unmittelbar ausweitete.

Während sich Trump in Washington von Feinden umzingelt wähnt, die Russland sagen und ihn meinen,[21] verhält es sich für ihn bei Putin nach wie vor genau umgekehrt. Dreimal traf er ihn seit seinem Amtsantritt. 2017 geschah dies jeweils in multilateralem Rahmen, im Juli beim G20-Gipfel in Hamburg und im November aus Anlass des APEC-Gipfels in Da Nang. Beide Treffen endeten mit wenig Substanz und viel öffentlicher Aufregung. Denn jedes Mal kam Trump mit der Erkenntnis zurück, dass Russland sich nach Aussage Putins nicht in die amerikanischen Wahlen eingemischt habe: „I really believe that when he tells me that, he means it … I think he's very insulted, if you want to know the truth" (DeYoung et al. 2017). Wie er zu dieser Erkenntnis gelangte, bleibt allerdings sein Geheimnis. Nicht anders – nur noch ausgeprägter – verhielt es sich beim dritten und bislang einzigen bilateralen Treffen am 16. Juli 2018 in Helsinki. Länger ventiliert, aber relativ kurzfristig anberaumt, fehlten ihm Agenda wie Substanz, womit es sich würdig in die zum Markenzeichen Trumps avancierte Tradition der *Fake Diplomacy* einreihte. Neben einer Reihe anderer Kuriositäten, trat auch hier Trumps Bekenntnis hervor, von Putins „extrem starken und überzeugenden Dementi" beeindruckt zu sein, was er gleichrangig neben die Befunde der US-Geheimdienste stellte – und damit in Washington eine neuerliche Welle der Empörung auslöste (White House 2018; Parker et al. 2018).

Es fällt bei der bisweilen an Hysterie grenzenden öffentlichen Erregung in Washington allerdings auf, dass sich die US-Debatte allein auf den russischen Versuch

---

Petersburger „Troll-Fabrik" in allen denkbaren Social-Media-Formaten neben zahlreichen anderen Aktivitäten auch um die US-Innenpolitik gekümmert haben – offenbar so etwas wie die US-Variante der inkriminierten Chinesischen (Internet-)Mauer (Case 1:18-cr-00032-DLF). Darauf folgte am 13. Juli die Anklage gegen 12 Mitarbeiter des russischen Militärgeheimdienstes, denen der klandestine Part, die Hacking-Operation gegen die Demokraten, zur Last gelegt wurde.

21 Offenbar bis hin zu der Praxis, dass im Nationalen Sicherheitsrat oder bei den Geheimdienstbriefings Russland systematisch ausgeklammert wird, um Trump nicht „off the rails" zu schicken (Washington Post 2017b).

einer Wahlbeeinflussung – und die kaum zweifelhaften Moskauer Intentionen – stützt, aber nichts zur Wirkung zu sagen weiß.[22] Hier kommen nüchterne Betrachtungen zu einem ebenso ernüchternden Ergebnis.[23] Auch ist zumindest strittig, wie die prima facie beeindruckenden Zahlen an Facebook-Posts sowie Twitter-Tweets, die ihren Ursprung in Russland hatten, zu bewerten sind.[24] Offenkundig ist indes, dass in dem aktuellen Washingtoner Klima, das, was im Kalten Krieg in Karl Poppers Terminologie einst „offene Gesellschaften" auszeichnete, bedenkenlos geopfert wird. Und ebenso offenkundig ist, dass angesichts der Reaktionen in den USA, die Operationen aus Russland ein veritables Selbsttor darstellten, und das betrifft keineswegs nur die amerikanische Sanktionspolitik.

7 Russland und die neuen Bedrohungsszenarien

Wie sehr sich mit der Trump-Administration auch die sicherheitspolitischen Parameter verschoben haben, wurde offenbar, als Weißes Haus und Pentagon Ende 2017 die neue Nationale Sicherheitsstrategie sowie Anfang 2018 die neue Verteidigungsstrategie und die *Nuclear Posture Review* veröffentlichten. Von der ursprünglichen Vision Trumps eines Großmacht-Deals mit Russland finden

22 Wozu sich etwa Blackwill und Gordon (2018, 3) ganz offen bekennen, mit dem Argument, dass der Effekt nicht (mehr) belegbar sei, während Trump in alle Enthüllungen hineindichtet, sie hätten bestätigt, dass von einem russischen Einfluss keine Rede sein könne (vgl. Blake 2018)..

23 Gestützt auf einen Datensatz von 27 russischen Wahlinterventionen seit 1991 kommen Lucan Ahmad Way und Adam Casey (2018) zu dem ernüchternden Ergebnis, dass selbst in den drei Fällen, in denen Russland nach 2015 ein gewisser Einfluss nachgesagt werden könnte (das holländische Referendum zum EU-Assoziationsabkommen mit der Ukraine, die bulgarischen sowie die US-Präsidentschaftswahlen) der tatsächliche Einfluss fraglich und zudem durch andere Faktoren neutralisiert worden sei.

24 So sahen nach einigen Angaben von 10 Millionen Besuchern russischer Werbeposts bei Facebook 5,6 Millionen diese erst nach und nicht vor den Wahlen. Und Twitter wird nachgesagt, dass von den ca. 2.700 Accounts, die Russland zugeordnet wurden, von 2011 bis August 2017 etwa 202.000 Mal getweetet worden sei – gemessen an insgesamt einer Milliarde Tweets zwischen August 2015 und dem Wahltag 2016 (Bump 2017b). Spätere Angaben liegen wieder höher: Danach habe Twitter ungefähr 2,12 Millionen automatische und mit der Präsidentschaftswahl zusammenhängende Twitter-Mitteilungen identifiziert, die von mit Russland verbundenen Accounts ausgelöst worden seien. Diese seien 455 Millionen Mal angeklickt worden in den ersten sieben Tagen nach ihrer Veröffentlichung. Ähnlich bei Facebook: Facebook teilte mit, dass wohl 126 Millionen amerikanische Nutzer von Russland aus fingierte Anzeigen gesehen hätten (FAZ 2018).

sich dort nicht einmal mehr Spurenelemente.[25] An dessen Stelle trat die neue Großmachtkonkurrenz, deren Rückkehr die *Nuclear Review* bereits auf das Jahr 2010 datierte (Department of Defense 2018, 5), während die Sicherheitsstrategie den *contest for power* zur zentralen historischen Kontinuitätslinie erklärte. Dabei rechnet Russland als „revisionistische Macht" (gemeinsam mit China) und mit dem Ziel, „to shape a world antithetical to U.S. values and interests" zu den drei großen Herausforderungen, die neben diesen beiden noch den Iran und Nord-Korea sowie die transnationale Bedrohung insbesondere durch dschihadistische Terrorgruppen umfasst. Ihnen sei gemein, dass sie „repressive Systeme" anstrebten und damit in einem fundamentalen Gegensatz zu den „freien Gesellschaften" stünden.

Da diese drei Herausforderungen nunmehr in einem Atemzug genannt werden, erübrigt sich die Kooperation mit Russland und China bei der Eindämmung und Bekämpfung sowohl des iranischen und nord-koreanischen Atomprogramms als auch des Dschihadismus – was zuvor immer als gemeinsame Herausforderung etikettiert worden war.[26] Auch nimmt die Doktrin expressis verbis Abschied von der Annahme, dass „engagement with rivals and their inclusion in international institutions and global commerce would turn them into benign actors and trustworthy partners. For the most part, this premise turned out to be false".[27] An die Stelle des seit mehr als 20 Jahren dominanten Bemühens um *responsible stakeholders* tritt nunmehr der Primat der Stärke, die allerdings – Stichwort: *US primacy* – auch frühere Doktrinen postulierten und was insoweit auch Trump anleitete, als er sich jenseits seiner pro-russischen Verständigungsrhetorik immer zur militärischen Überlegenheit bekannt hatte: „Our military dominance must be unquestioned, and I mean unquestioned, by anybody and everybody. Our power will be used if others do not play by the rules. In other words, if they do not treat us fairly" (Center for the National Interest 2016).

Trumps Stärkedekret und die russophobe Grundstimmung in Washington verbinden sich vorzüglich zu einem Rauchvorhang, hinter dem nunmehr lang gehegte Aufrüstungsphantasien Wirklichkeit werden. Die *Nuclear Posture Review* weist dazu ebenso den Weg wie die Bemühungen der Republikaner im Kongress, den Verteidigungsetat drastisch aufzustocken. So sollen – im Sinne einer *flexible*

---

25 Was insoweit nicht verwundern muss, als gewöhnlich gut unterrichtete Kreise kundtaten, dass Trump das Dokument wohl noch nicht einmal gelesen habe (Washington Post 2017c).

26 Dabei hieß es bei Trump im August 2017 noch: „When will all the haters and fools out there realize that having a good relationship with Russia is a good thing, not a bad thing […] There always playing politics – bad for our country. I want to solve North Korea, Syria, Ukraine, terrorism, and Russia can greatly help!" (Miller et al. 2017)

27 National Security Strategy of the United States of America, December 2017, S. 3, 25.

response – zügig Atomwaffen mit geringerer Sprengkraft entwickelt werden (in der Größenordnung der Hiroshima-Bombe), geplant ist ferner die Wiedereinführung U-Boot-gestützter *Cruise Missiles*, und es sind bereits Entwicklungsaufträge für eine neue landgestützte *Cruise Missile* ergangen, deren Stationierung bislang durch den INF-Vertrag untersagt wird – der Ende Oktober 2018 verkündete Ausstieg aus dem Vertrag fügt sich in das Bild. Diesen Maßnahmen wird in vertrauter Manier zugeschrieben, dass sie unverzichtbar seien, um die Abschreckung zu stärken, tatsächlich aber senken sie vor allem die nukleare Schwelle und eröffnen nukleare Kriegführungsoptionen, was geradewegs zurück in die nuklearen Glaubenssätze und -konflikte des Kalten Kriegs führt.

Einen ähnlichen Kurswechsel vollzog die Trump-Administration auch im Ukraine-Konflikt. Ursprünglich hatte sein Wahlkampfteam entgegen der Grundstimmung bei den Republikanern und im Kongress noch durchgesetzt, dass die Forderung nach Waffenlieferungen an die ukrainischen Streitkräfte aus dem Wahlprogramm der Republikaner gestrichen wurde, zugunsten einer vagen „angemessenen Unterstützung" (Cheney 2017). Davon ist keine Rede mehr. Vielmehr beschloss der Nationale Sicherheitsrat, der Ukraine ein Darlehen über $47 Millionen zu gewähren, damit diese u. a. 210 Anti-Panzer-Raketen beschaffen kann (darunter offenbar auch das moderne „Javelin"-System). Zuvor schon hatte das *State Department* eine Exportlizenz ausgestellt, die es der Ukraine erlaubt, Handfeuerwaffen von US-Herstellern zu erwerben (vgl. Adomeit 2017, S. 3, 25). Die Anregung für solche Lieferungen „tödlicher" Waffen kam ursprünglich aus dem Lager der Demokraten (ibid.). Obama hatte dies immer abgelehnt, mit dem Argument der Kritiker, dass solche Lieferungen wenig zur Konfliktlösung, viel aber zur Konflikteskalation beitragen.

Es gehört zu den Paradoxien dieser Administration, dass auf der anderen Seite zur Ukraine der zumindest temporär einzige kontinuierliche und hochrangige Gesprächskontakt zwischen den USA und Russland existierte: zwischen dem im Juli 2017 bestellten Sonderbeauftragten Kurt Volker und Vladislav Surkov, dem Beauftragten des russischen Präsidenten. Mit einem furiosen Start, zwischen August 2017 und Januar 2018 fanden vier Treffen statt, vermittelten beide Seiten den Eindruck, dass ein substantieller Austausch stattfand. Darin aber erschöpfte sich die Aktivität, Ergebnisse blieben aus, und eine Verknüpfung mit dem europäisch initiierten Normandie-Format unterblieb.

Im anderen großen Konflikt unter russischer Beteiligung, in Syrien, sind die USA dagegen vollständig marginalisiert. Das mag prima facie Trumps Aversion gegen den US-Interventionismus geschuldet sein, der den Nahen Osten „instabiler und chaotischer gemacht hat als je zuvor" (Center for the National Interest 2016). Und tatsächlich beendete er im Juli 2017 das verdeckte CIA-Programm zur Unterstützung der säkularen Rebellenfraktionen. Andererseits ließ er unmittelbar nach dem Assad zugeschriebenen Chemiewaffenangriff auf Khan Scheichun am 4. April 2017 den Luftwaffenstützpunkt Scharyat des Regimes durch Marschflugkörper zerstören. Es folgte am 14. April 2018 gemeinsam mit Frankreich und Großbritannien ein zweiter Angriff auf insgesamt 105 militärische Ziele nach einem neuerlichen Vorfall in der Stadt Duma. Und am 7. Februar 2018 kam es zu einem ersten direkten Zusammentreffen von US-Streitkräften auch mit russischen sogenannten „Wagner"-Söldnern in der Region von Deir es-Zor.

Auch solche Eskapaden unterstreichen aber nur, dass Syrien unter der neuen wie der alten Administration nicht zu den strategischen Prioritäten gehört. Ein begrenzter Einsatz aber begründet nur begrenzte Handlungsoptionen. Es kann daher nicht verwundern, dass die USA sowohl im Astana-Friedensprozess keine Rolle spielten als auch bei der Einrichtung der Deeskalationszonen in Idlib, in Teilen der Provinzen Hama und Homs sowie den östlichen Vororten von Damaskus. Allein in der Region Daraa war Washington zusammen mit Amman als Vermittler beteiligt, was allerdings die syrische Regierung und ihre Verbündeten nicht daran hinderte, entgegen amerikanischer Warnungen auch diese „Deeskalationszone" im Juli zurückzuerobern. Mehr noch, der einzige Erfolg, die Eroberung von Raqqa und die Zerschlagung des Islamischen Staats in der Region im Verein mit den überwiegend kurdischen Verbänden der Demokratischen Kräfte Syriens (SDF), wird seit Januar 2018 durch die Militärintervention der offiziell verbündeten Türkei gegen eben diese Kräfte massiv in Frage gestellt.

8 Ausblick

So schlecht wie unter Donald Trump waren die Beziehungen zwischen den USA und Russland zuletzt, als Ronald Reagan 1983 das „Reich des Bösen" beschwor oder als am Beginn der 1950er Jahre der US-Senator Joseph McCarthy zur Jagd auf Kommunisten aller Couleur blies. Die Chancen, dass sich daran auf absehbare Zeit etwas ändert, sind gering. In Washington geistert die Vorstellung einer „historischen Wende" durch die Köpfe (Blackwill und Gordon 2018, 19).

Die Allianz aus Demokraten, die auf Russland zielen, aber Trump treffen wollen, Republikanern, die mit Trump Rechnungen offen haben und Kalten Kriegern, die die Gunst der Stunde nutzen, ist fest gefügt. Es wird bis weit über die *Mid-Term Elections* im November 2018 hinaus dauern, bevor hier an Korrekturbewegungen auch nur zu denken ist. Insofern hat das inkriminierte Establishment sich durchgesetzt. Wollte Trump den Washingtoner *swamp* trockenlegen, so hat zumindest in der Russland-Politik dieser ihn vollkommen verschlungen. Allerdings kann

Russland darüber hinaus auch noch sein politisches Schicksal selbst besiegeln, sollten die laufenden Ermittlungen offenbaren, dass seine Abstimmung mit russischen Akteuren enger war als bislang bekannt und sollte die Behinderung der Justiz fortschreiten. *Russiagate* bleibt ein Damoklesschwert.

Aber auch auf der Gegenseite, in Russland, tut sich nicht übermäßig viel, um die Lage zu entspannen. Neben kategorischen Dementis einer Wahlbeeinflussung ließ man dort geraume Zeit eine Selbstgerechtigkeit erkennen, die von der Überzeugung getragen war, den USA nur mit gleicher Münze heimzuzahlen, was man selbst (und manch anderer autoritärer Weggefährte) über die Jahre zu ertragen hatte: die flagrante Einmischung in die inneren politischen Angelegenheiten bis hin zu einer paranoid anmutenden Angst vor Farbenrevolutionen.

Bestärkt wird diese Haltung von der Moskauer Einschätzung, dass sich der Westen und die USA im Zeichen der globalen Machtverschiebung ohnehin auf einem absteigenden Ast befinden. Trumps Wahlerfolg bekräftigte diese Wahrnehmung in doppelter Weise: als Repräsentant einer populistischen Welle, die die westliche *Mainstream*-Front gegen Putin zu schwächen versprach, und als Advokat eines isolationistischen Rückzugs der USA. Beides ist so nicht eingetreten. Im Gegenteil ist der Schaden für Moskau und seine Interessen beträchtlich. Hillary Clinton wäre für Russland unbequem geworden, Trump ist ein Desaster.

Literatur

ABC News. 2017. Trump on Russia's embassy cutbacks: 'We'll save a lot of money', 8. Oktober. http://abcnews.go.com/Politics/video/trump-russias-embassy-cutbacks-save-lot-money-49144731. Zugegriffen: 30. Januar 2018.

Adomeit, Hannes. 2017. Donbass: dangerous escalation or chances for a solution? *Raamop Rusland*, 4. Dezember. www.raamoprusland.nl/dossiers/oekraine/789-donbass-dangerous-escalation-or-chances-for-a-solution. Zugegriffen: 15. Dezember 2017.

Åslund, Anders, D. Fried, A. Illarionov, und A. Piontkovsky. 2017. How to Identify the Kremlin Ruling Elite and its Agents. Criteria for the US Administration's "Kremlin Report". *Atlantic Council*, 13. November. www.atlanticcouncil.org/blogs/new-atlanticist/how-to-identify-the-kremlin-ruling-elite-and-its-agents. Zugegriffen: 10. Dezember 2017.

Barraso, John. 2018. Barrasso Bill Gives NATO Allies an Escape From Russia's Political Coercion. 18. Juli. www.barrasso.senate.gov/public/index.cfm/2018/7/barrasso-bill-gives-nato-allies-an-escape-from-russia-s-political-coercion. Zugegriffen: 23. August 2018.

Bergmann, Max, und C. Kenney. 2017. Acts of an Adversary. Russia's Ongoing Hostilities Toward the United States and Its Allies. *Center for American Progress*, 5. Dezember. www.americanprogress.org/issues/security/reports/2017/12/05/443574/acts-of-an-adversary/. Zugegriffen: 15. Dezember 2017.

Bershidsky, Leonid. 2018. The U.S. List of Russian Oligarchs Is a Disgrace. *Moscow Times*, 30. Januar. https://themoscowtimes.com/articles/the-us-list-of-russian-oligarchs-is-a-disgrace-op-ed-60336. Zugegriffen: 30. Januar 2018.

Blackwill, Robert D., und P. H. Gordon. 2018: Containing Russia. How to Respond to Moscow's Intervention in U.S. Democracy and Growing Geopolitical Challenge. Council on Foreign Relations Special Report 80. Washington: Council on Foreign Relations.

Blake, Aaron. 2018. The White House's extremely dishonest statement on the Russia indictments. *Washington Post*, 16. Februar. www.washingtonpost.com/news/the-fix/wp/2018/02/16/the-white-houses-extremely-dishonest-statement-on-the-russia-indictments/?utm_term=.d8c19ac63ee3&wpisrc=nl_politics-pm&wpmm=1. Zugegriffen: 18. Februar 2018.

Blumenthal, Max. 2017. Jill Stein on the Senate Intelligence Committee's Investigation of Her Campaign for Russian Collusion: 'There Is No There There'. *AlterNet*, 20. Dezember. www.alternet.org/grayzone-project/jill-stein-no-there-there-russian-collusion?akid=16517.8970.CQLbbR&rd=1&src=newsletter1086707&t=18. Zugegriffen: 22. Dezember 2017.

Bump, Philip. 2017a. Where the Trump campaign and Russian actors overlapped. *Washington Post*, 20

November. www.washingtonpost.com/news/politics/wp/2017/11/20/where-the-trump-campaign-and-russian-actors-overlapped/?utm_term=.1f403fe6ab2d&wpisrc=nl_politics-pm&wpmm=1. Zugegriffen: 25. November 2017.

Bump, Philip. 2017b. There's still little evidence that Russia's 2016 social media efforts did much of anything. *Washington Post*, 28. Dezember. www.washingtonpost.com/news/politics/wp/2017/12/28/theres-still-little-evidence-that-russias-2016-social-media-efforts-did-much-of-anything/?undefined=&utm_term=.98866b433670&wpisrc=nl_politics&wpmm=1. Zugegriffen: 5. Januar 2018.

Bump, Philip. 2018a. A (so far) complete timeline of the investigation into Trump and Russia. *Washington Post*, 5. Februar. www.washingtonpost.com/news/politics/wp/2018/02/05/a-so-far-complete-timeline-of-the-investigation-into-trump-and-russia/?utm_term=.3e02ce7285ef&wpisrc=nl_politics-pm&wpmm=1. Zugegriffen: 5. Februar 2018.

Bump, Philip. 2018b. Trump has consistently tried to steer the Russia probe in a different direction — or into a ditch. *Washington Post*, 26. Januar. www.washingtonpost.com/news/politics/wp/2018/01/26/trump-has-consistently-tried-to-steer-the-russia-investigation-into-a-different-direction-or-a-ditch/?utm_term=.d2a3191e3fe5&wpisrc=nl_politics-pm&wpmm=1. Zugegriffen: 30. Januar 2018.

Case 1:18-cr-00032-DLF; In the United States District Court for the District of Columbia; Criminal No. 18 U.S.C. §§ 2, 371, 1349, 1028A. Zugegriffen: 19. Februar 2018.

Center for the National Interest. 2016. Donald Trump Delivers Foreign Policy Speech, 27. April. https://cftni.org/recent-events/donald-trump-delivers-foreign-policy-speech. Zugegriffen: 30. Januar 2018.

Cheney, Kyle. 2017. Congressional aides may have answers on pro-Russia GOP platform change. *Politico*, 17. November. www.politico.com/story/2017/11/17/gop-platform-change-ukraine-russia-congressional-aides-paul-ryan-247665. Zugegriffen: 20. November 2017.

DASKAA. 2018. Defending American Security from Kremlin Aggression Act. 8. Januar. www.congress.gov/bill/115th-congress/senate-bill/3336/text. Zugegriffen: 23. August 2018.

Demirjian, Karoun. 2017. Top GOP senator warns Trump administration: Show progress with Russia or we'll pursue sanctions. *Washington Post*, 25. Mai. https://www.washingtonpost.com/powerpost/democratic-senator-expected-to-push-debate-on-russia-sanctions/2017/05/25/d8623d64-4144-11e7-8c25-44d09ff5a4a8_story.html?utm_term=.d87bb116c0d6. Zugegriffen: 9. Februar 2018.

Department of Defense. 2018. Nuclear Posture Review 2018. https://media.defense.gov/2018/Feb/02/2001872886/-1/-1/1/2018-NUCLEAR-POSTURE-REVIEW-FINAL-REPORT.PDF. Zugegriffen: 4. Februar 2018.

Department of the Treasury. 2018a. Report to Congress Pursuant to Section 241 of the CAATSA of 2017 Regarding Senior Foreign Political Figures and Oligarchs in the Russian Federation and Russian Parastatal Entities, 29. Januar. https://home.treasury.gov/news/press-releases/sm0271. Zugegriffen: 9. Februar 2018.

Department of the Treasury. 2018b. Treasury Sanctions Additional Individuals and Entities in Connection with the Conflict in Ukraine and Russia's Occupation of Crimea, 26. Januar. https://home.treasury.gov/news/press-releases/sm0266. Zugegriffen: 30. Januar 2018.

Department of the Treasury. 2018c. Treasury Designates Russian Oligarchs, Officials, and Entities in Response to Worldwide Malign Activity. 6. April. https://home.treasury.gov/news/press-releases/sm0338. Zugegriffen: 23. August 2018.

DeYoung, Karen, und A. Entous. 2017. Trump administration moves to return Russian compounds in Maryland and New York. *Washington Post*, 1. Mai. www.washingtonpost.com/world/national-security/trump-administration-moves-to-return-russian-compounds-in-maryland-and-new-york/2017/05/31/3c4778d2-4616-11e7-98cd-af64b4fe2dfc_story.html?utm_term=.f5e2f1908edf&wpisrc=nl_headlines&wpmm=1. Zugegriffen: 15. Juli 2017.

DeYoung, Karen, A. Parker, und D. Nakamura. 2017. Trump says Putin sincere in denial of Russian meddling. *Washington Post*, 11. November. www.washingtonpost.com/world/national-security/trump-insists-putin-means-it-in-denying-election-meddling-critics-say-thats-unconscionable/2017/11/11/af0b7c9e-c71a-11e7-afe9-4f60b5a6c4a0_story.html?undefined=&utm_term=.17d79706aebd&wpisrc=nl_headlines&wpmm=1. Zugegriffen: 5. Dezember 2017.

Dorn, Julian. 2017. Trump verteidigt Weitergabe sensibler Informationen an Russland. *Frankfurter Allgemeine Zeitung*, 16. Mai. www.faz.net/aktuell/politik/trumps-praesidentschaft/donald-trump-und-sein-umgang-mit-geheimdienst-informationen-15017987.html?printPagedArticle=true#pageIndex_2. Zugegriffen: 15. Juli 2017.

Frankfurter Allgemeine Zeitung. 2017a. Trump macht Rückzieher: Doch keine gemeinsame Cybereinheit mit Moskau, 10. Juli. www.faz.net/aktuell/politik/trumps-praesidentschaft/trump-macht-rueckzieher-bei-amerikanisch-russischer-cybereinheit-15099271.html. Zugegriffen: 25. Juli 2017.

Frankfurter Allgemeine Zeitung. 2017b. Flynn bekennt sich in Russland-Affäre schuldig, 1. Dezember. www.faz.net/aktuell/politik/trumps-praesidentschaft/flynn-bekennt-sich-in-russland-affaere-schuldig-15319591.html. Zugegriffen: 15. Dezember 2017.

Frankfurter Allgemeine Zeitung. 2018. Twitter: Russische Bots haben Trump 470.000 Mal retweetet, 27. Januar. www.faz.net/aktuell/wirtschaft/diginomics/twitter-russische-bots-haben-trump-470-000-mal-retweetet-15419783.html. Zugegriffen: 30. Januar 2018.

Fishman, Edward. 2017. The Senate Just Passed a Monumental New Russia Sanctions Bill—Here's What's In It. *Atlantic Council*, 14. Juni. www.atlanticcouncil.org/blogs/ukrainealert/the-senate-just-passed-a-monumental-new-russia-sanctions-bill-here-s-what-s-in-it. Zugegriffen: 15. Dezember 2017.

Graham, Lindsey. 2018. Graham, Menendez, Gardner, Cardin, McCain, Shaheen Introduce Hard-Hitting Russia Sanctions Package. 2. August. www.lgraham.senate.gov/public/index.

cfm/2018/8/graham-menendez-gardner-cardin-mccain-shaheen-introduce-hard-hitting-russia-sanctions-package. Zugegriffen: 23. August 2018.

Hamburger, Tom. 2017. Flynn told former business associate that Russia sanctions would be 'ripped up,' according to congressional witness. *Washington Post*, 6. Dezember. www.washingtonpost.com/politics/flynn-told-former-business-associate-that-russia-sanctions-would-be-ripped-up-according-to-congressional-witness/2017/12/06/11069b1a-da9c-11e7-b1a8-62589434a581_story.html?utm_term=.f87df32e7154&wpisrc=nl_politics-pm&wpmm=1. Zugegriffen: 15. Dezember 2017.

Harding, Luke. 2017. *Collusion. How Russia Helped Trump Win the White House*. London: Guardian Books.

Hudson, John, und P. Sonne. 2018. U.S. sanctions ensnare Russians with ties to Trump world. *Washington Post*, 6. April. www.washingtonpost.com/politics/trump-administration-imposes-sweeping-new-sanctions-on-russian-elite/2018/04/06/97df2782-398e-11e8-b57c-9445cc4dfa5e_story.html?utm_term=.1b0a4e35c634&wpisrc=nl_politics-pm&wpmm=1. Zugegriffen: 23. August 2018.

Kelly, Meg. 2017. All the known times the Trump campaign met with Russians. *Washington Post*, 13. November. www.washingtonpost.com/news/fact-checker/wp/2017/11/13/all-of-the-known-times-the-trump-campaign-met-with-russians/?undefined=&utm_term=.1e0714487653&wpisrc=nl_politics&wpmm=1. Zugegriffen: 15. November 2017.

Kirkpatrick, David D. 2017. The Professor Behind the Trump Campaign Adviser Charges. *New York Times*, 31. Oktober. www.nytimes.com/2017/10/31/world/europe/russia-us-election-joseph-mifsud.html. Zugegriffen: 15. November 2017.

LaFraniere, Sharon, M. Mazzetti, und M. Apuzzo. 2017. How the Russia Inquiry Began: A Campaign Aide, Drinks and Talk of Political Dirt. *New York Times*, 30. Dezember. www.nytimes.com/2017/12/30/us/politics/how-fbi-russia-investigation-began-george-papadopoulos.html?hp&action=click&pgtype=Homepage&clickSource=story-heading&module=first-column-region&region=top-news&WT.nav=top-news. Zugegriffen: 5. Januar 2018.

Lee, Michelle Y., und M. Kelly. 2017. Fact-checking the Trump-Russia investigation. *Washington Post*, 3. August. www.washingtonpost.com/news/fact-checker/wp/2017/08/03/fact-checking-the-trump-russia-investigation/?utm_term=.6195c49f0842&wpisrc=nl_politics&wpmm=1. Zugegriffen: 8. August 2017.

McCain, John. 2016. Statement by SASC Chairman John McCain on U.S.-Russia Relations. www.mccain.senate.gov/public/index.cfm/2016/11/statement-by-sasc-chairman-john-mccain-on-u-s-russia-relations. Zugegriffen: 9. Februar 2018.

Ministry of Foreign Affairs of the Russian Federation. 2017. New US anti-Russia sanctions, 21. Dezember. www.mid.ru/en/press_service/spokesman/briefings/-/asset_publisher/D2wHaWMCU6Od/content/id/2999934. Zugegriffen: 30. Januar 2018.

Miller, Greg. 2017. On Russia, Trump and his top national security aides seem to be at odds. *Washington Post*, 18. April. www.washingtonpost.com/world/national-security/on-russia-trump-and-his-top-national-security-aides-seem-to-be-at-odds/2017/04/18/13fdc832-23bf-11e7-bb9d-8cd6118e1409_story.html?utm_term=.c4fd349720fe&wpisrc=nl_headlines&wpmm=1. Zugegriffen: 18. Oktober 2017.

Miller, Greg, G. Jaffe, und P. Rucker. 2017. Doubting the intelligence. Trump pursues Putin and leaves a Russian threat unchecked. *Washington Post*, 14. Dezember. www.washingtonpost.com/graphics/2017/world/national-security/donald-trump-pursues-vladimir-putin-russian-election-hacking/?tid=a_inl&utm_term=.1e3204386d6e. Zugegriffen: 20. Dezember 2017.

Moscow Times. 2016. Putin and Trump 'Phenomenally Similar', Says Kremlin, 11. November. https://themoscowtimes.com/news/putin-and-trump-phenomenally-similar-says-kremlin-56091. Zugegriffen: 15. Mai 2017.

New York Times. 2017. Excerpts From Trump's Interview With The Times, 28. Dezember. www.nytimes.com/2017/12/28/us/politics/trump-interview-excerpts.html. Zugegriffen: 5. Januar 2018.

New York Times 2018. Newest US Sanctions Against Russia Hit an Economic Nerve. 13. August. www.nytimes.com/aponline/2018/08/13/us/politics/ap-us-united-states-russia-sanctions.html. Zugegriffen: 23. August 2018.

Parker, Ashley, P. Rucker, J. Dawsey, und C. Leonnig. 2018. Trump's Putin fallout: Inside the White House's tumultuous week of walk-backs. *Washington Post*, 21. Juli. www.washingtonpost.com/politics/trumps-putin-fallout-inside-the-white-houses-tumultuous-week-of-walk-backs/2018/07/20/7cfdfc34-8c3d-11e8-8b20-60521f27434e_story.html?utm_term=.b420dd828560&wpisrc=nl_headlines&wpmm=1. Zugegriffen: 23. August 2018.

Phillips, Amber. 2018. Even if Trump is blatantly ignoring the Russia sanctions law, there's not a lot Congress can do about it. *Washington Post*, 30. Januar. www.washingtonpost.com/news/the-fix/wp/2018/01/30/even-if-trump-is-blatantly-ignoring-the-russia-sanctions-law-theres-not-a-lot-congress-can-do-about-it/?utm_term=.ca4bac4ae537&wpisrc=nl_politics-pm&wpmm=1. Zugegriffen: 5. Februar 2018.

Priest, Dana, und G. Miller. 2015. He was one of the most respected intel officers of his generation. Now he's leading 'Lock her up' chants. *Washington Post*, 15. August. www.washingtonpost.com/world/national-security/nearly-the-entire-national-security-establishment-has-rejected-trumpexcept-for-this-man/2016/08/15/d5072d96-5e4b-11e6-8e45-477372e89d78_story.html. Zugegriffen: 9. Februar 2018.

Rubio, Marco, und C. Van Hollen. 2018. Our elections are in danger. Congress must defend them. *Washington Post*, 16. Januar. www.washingtonpost.com/opinions/our-elections-are-in-danger-congress-must-defend-them/2018/01/15/c7b3aac8-fa28-11e7-ad8c-ecbb62019393_story.html?utm_term=.d067d3653171&wpisrc=nl_daily202&wpmm=1. Zugegriffen: 20. Januar 2018.

Rucker, Philip, C. Morello, und J. Hudson. 2018. Trump administration expels 60 Russian officers, shuts Seattle consulate in response to attack on former spy in Britain. *Washington Post*, 26. März. www.washingtonpost.com/politics/trump-administration-expels-60-russian-officers-shuts-seattle-consulate-in-response-to-attack-on-former-spy-in-britain/2018/03/26/8ada3d8e-30f0-11e8-8bdd-cdb33a5eef83_story.html?utm_term=.4bce4b006e17&wpisrc=nl_politics-pm&wpmm=1. Zugegriffen: 23. August 2018.

Rucker, Philip, A. Troianovski, und S. Kim. 2018. Trump hands Putin a diplomatic triumph by casting doubt on U.S. intelligence agencies. *Washington Post*, 16. Juli. www.washingtonpost.com/politics/ahead-of-putin-summit-trump-faults-us-stupidity-for-poor-relations-with-russia/2018/07/16/297f671c-88c0-11e8-a345-a1bf7847b375_story.html?utm_term=.e37e6f20ffe3&wpisrc=nl_headlines&wpmm=1. Zugegriffen: 23. August 2018.

State Department. 2017. CAATSA Section 231(d) Defense and Intelligence Sectors of the Government of the Russian Federation, 27. Oktober. www.state.gov/t/isn/caatsa/275116.htm. Zugegriffen: 15. Dezember 2017.

Suslov, Dmitry. 2017. America Is Becoming Increasingly Dangerous for the World and Trump Has Nothing to Do with It. *Valdai Discussion Club*, 4. August. http://valdaiclub.com/a/highlights/america-increasingly-dangerous/. Zugegriffen: 30. Januar 2018.

Tamkin, Emily. 2017. What a Time for Russia's Top Diplomat to Be in Town. *Foreign Policy*, 10. Mai. http://foreignpolicy.com/2017/05/10/what-a-time-for-russias-top-diplomat-to-be-in-town/. Zugegriffen: 15. Juli 2017.

Timofeev, Ivan. 2017. Compromise Impossible: What the Sanctions Bill against Russia Means? *Valdai Discussion Club*, 25. Juli. http://valdaiclub.com/a/highlights/compromise-impossible-the-sanctions-bill/. Zugegriffen: 30. Januar 2018.

Timofeev, Ivan. 2018. US Sanctions Against Russia: Useless Lists? The Future of Article 241. *Valdai Discussion Club*, 29. Januar. http://valdaiclub.com/a/highlights/us-sanctions-against-russia-useless-lists/. Zugegriffen: 30. Januar 2018.

US Senate Committee on Appropriations. 2017. Subcommittee Hearing to Review the FY2018 Budget for the U.S. Department of State, 13. Juni. www.appropriations.senate.gov/hearings/hearing-to-review-the-fy2018-budget-for-the-us-department-of-state. Zugegriffen: 15. Januar 2018.

US-Embassy in Russia. 2017. Fact Sheet, 21. August. https://ru.usembassy.gov/fact-sheet/. Zugegriffen: 10. Oktober 2017.

Walt, Stephen M. 2017a. America's New President Is Not a Rational Actor. Whether by accident or design, Donald Trump is isolating himself and erratically unraveling the world order. *Foreign Policy*, 25. Januar. https://foreignpolicy.com/2017/01/25/americas-new-president-is-not-a-rational-actor/?utm_source=Sailthru&utm_medium=email&utm_campaign=New%20Campaign&utm_term=%2AEditors%20Picks. Zugegriffen: 2. Februar 2017.

Walt, Stephen M. 2017b. This Isn't Realpolitik. This Is Amateur Hour. The Trump administration's Asia policy is the worst of all possible worlds. *Foreign Policy*, 3. Mai. http://foreignpolicy.com/2017/05/03/this-isnt-realpolitik-this-is-amateur-hour/. Zugegriffen: 10. Mai 2017.

Walt, Stephen M. 2018. Why Trump Is Getting Away With Foreign-Policy Insanity. The only people who can stop his sucking up to Russia have lost all their credibility. *Foreign Policy*, 18. Juli. https://foreignpolicy.com/2018/07/18/why-trump-is-getting-away-with-foreign-policy-insanity. Zugegriffen: 23. August 2018.

Washington Post. 2017a. Trump's National Security Strategy isn't much of a strategy at all, 19. Dezember. www.washingtonpost.com/opinions/global-opinions/trumps-national-security-strategy-isnt-much-of-a-strategy-at-all/2017/12/19/eac50556-e4e9-11e7-ab50-621fe0588340_story.html?undefined=&utm_term=.a9aa97b98c7d&wpisrc=nl_headlines&wpmm=1. Zugegriffen: 22. Dezember 2017.

Washington Post. 2017b. The unchecked threat from Russia, 16. Dezember. www.washingtonpost.com/opinions/global-opinions/russias-threat-unchecked-by-trump/2017/12/16/0c30c962-e0ff-11e7-bbd0-9dfb2e37492a_story.html?undefined=&utm_term=.64a955472a2a&wpisrc=nl_headlines&wpmm=1. Zugegriffen: 20. Dezember 2017.

Washington Post. 2017c. Trump's National Security Strategy isn't much of a strategy at all, 19. Dezember. www.washingtonpost.com/opinions/global-opinions/trumps-national-security-strategy-isnt-much-of-a-strategy-at-all/2017/12/19/eac50556-e4e9-11e7-ab50-621fe0588340_story.html?undefined=&utm_term=.a9aa97b98c7d&wpisrc=nl_headlines&wpmm=1. Zugegriffen: 20. Dezember 2017.

Washington Post. 2018. Congress has a bill to do something about Russia. It's up to them now, 18. Januar. www.washingtonpost.com/opinions/global-opinions/congress-has-a-bill-to-do-something-about-russia-its-up-to-them-now/2018/01/18/d2190788-fc5d-11e7-a46b-a3614530bd87_story.html?undefined=&utm_term=.e9aa335ae19b&wpisrc=nl_headlines&wpmm=1. Zugegriffen: 30. Januar 2018.

Way, Lucan A., und A. Casey. 2018. Russia has been meddling in foreign elections for decades. Has it made a difference? *Washington Post*, 5. Januar. www.washingtonpost.com/news/monkey-cage/wp/2018/01/05/russia-has-been-meddling-in-foreign-elections-for-decades-has-it-made-a-difference/?undefined=&utm_term=.e86f65eef643&wpisrc=nl_politics&wpmm=1. Zugegriffen: 30. Januar 2018.

White House. 2017. Remarks by President Trump on the Administration's National Security Strategy, 18. Dezember. www.whitehouse.gov/briefings-statements/remarks-president-trump-administrations-national-security-strategy/. Zugegriffen: 22. Dezember 2017.

White House 2018. Remarks by President Trump and President Putin of the Russian Federation in Joint Press Conference, 16. Juli. www.whitehouse.gov/briefings-statements/remarks-president-trump-president-putin-russian-federation-joint-press-conference/. Zugegriffen: 23. August 2018.

Zapotosky, Matt, K. Demirjian, und D. Filipov. 2017. Trump administration reveals new list of potential Russia sanctions. *Washington Post*, 7. Oktober. www.washingtonpost.com/world/national-security/trump-administration-reveals-new-list-of-potential-russia-sanctions/2017/10/27/8f3e879a-bb3e-11e7-be94-fabb0f1e9ffb_story.html?undefined=&utm_term=.fb4081f90e1a&wpisrc=nl_headlines&wpmm=1. Zugegriffen: 15. Dezember 2017.

Unberechenbarkeit und Fairness

Die Regierung Trump und das Völkerrecht

Stefan Kroll*

Zusammenfassung

Das Kapitel untersucht das Verhältnis der Trump-Regierung zum Völkerrecht und vermittelt dabei zwischen zwei sich widersprechenden Positionen. Einerseits wird Trump unterstellt, das Völkerrecht und internationale Institutionen durch Ignoranz zu gefährden. Andererseits ist zu beobachten, dass die Trump-Regierung in den meisten Fällen das völkerrechtliche Skript befolgt. Das Kapitel zeigt, dass die Trump-Regierung das Völkerrecht anwendet, um ihre politischen Ziele zu erreichen. In dieser Instrumentalisierung des Völkerrechts zeigt sich zugleich, dass das Völkerrecht über eine Unabhängigkeit und Eigenlogik verfügt, die prägend darauf wirkt, wie politische Kontroversen verhandelt und ausgetragen werden. Der Angriff auf das Völkerrecht als Rahmen für internationale Kooperation erfolgt auf einer abstrakteren Ebene. Trumps spezifische Akzentuierung der Souveränität ist damit verbunden, das Völkerrecht auf einen engen Bereich internationaler Regelungsgegenstände zu reduzieren und in seiner Unabhängigkeit gegenüber einzelstaatlichen Interessen zu beschneiden. Die Illustration dieser Beobachtung erfolgt anhand der Begriffe Unberechenbarkeit und Fairness sowie an Fallbeispielen der internationalen Politik der Trump-Regierung.

* Bei dem Beitrag handelt es sich um die überarbeitete Version einer Vorlesung, die der Autor am 3. Juli 2017 im Klingspor Museum Offenbach, im Rahmen der Goethe Lectures Offenbach, und am 6. Juli 2017 an der Goethe Universität Frankfurt, im Rahmen der Ringvorlesung „Angriff auf die liberale Weltordnung. US Außen- und Sicherheitspolitik unter Trump", gehalten hat. Diese Publikation wurde unterstützt durch den DFG geförderten Exzellenzcluster „Die Herausbildung normativer Ordnungen" an der Goethe Universität Frankfurt. Ich danke Ben Christian, Thomas Siurkus und Philip Wallmeier für ihre Kommentare zu früheren Textversionen.

C. Daase und S. Kroll (Hrsg.), *Angriff auf die liberale Weltordnung*,
https://doi.org/10.1007/978-3-658-23783-7_8

Schlüsselbegriffe
Völkerrecht, Internationale Beziehungen, Unberechenbarkeit

1 Internationales Recht und internationale Politik

Die Regierung Trump ist ein interessanter Fall für völkerrechtspolitische Fragestellungen. Die Politik des Völkerrechts wurde als wissenschaftliches Forschungsfeld zur Jahrtausendwende insbesondere von politikwissenschaftlicher Seite aus entwickelt. Der Fokus gilt der Wechselwirkung von Völkerrecht und Politik. Ein wichtiger Ausgangspunkt ist die Frage danach, ob das Völkerrecht politische Verhältnisse nur reflektiert, oder ob das Recht insofern auch eine konstitutive Funktion hat, als es politischen Kontroversen eine spezifische Verlaufsform zu geben vermag (Reus-Smit 2004, S. 14). Sowohl der Rückzug der Vereinigten Staaten aus dem Pariser Klimaabkommen als auch das unerwartet lange Festhalten am Iran-Deal können als Beispiele für vornehmlich politische Kontroversen dienen, die durch die Berücksichtigung völkerrechtlicher Rationalitäten in einer bestimmten Form ausgetragen und verhandelt werden.

Zugleich gilt es aber in der öffentlichen Debatte als ausgemacht, dass Trump sich nicht durch die regelbasierte internationale Ordnung leiten lässt. Seit der Wahl dominiert die Auffassung, dass die Trump-Regierung eine Gefahr für das Völkerrecht und internationale Institutionen darstelle. Goldsmith, Professor an der *Harvard University*, urteilte bereits im März 2017, also nach zwei Monaten Trump-Regierung, „we are witnessing the beginnings of the greatest presidential onslaught on international law and international institutions in American history" (Goldsmith 2017). Das Kapitel nimmt diese Zuspitzung Goldsmiths zum Ausgangspunkt, um der Frage nachzugehen, ob sich nach etwas über einem Jahr Amtszeit tatsächlich ein Angriff Trumps auf das Völkerrecht und internationale Institutionen beobachten lässt.

Der Befund fällt dabei vielschichtig aus. Die Regierung-Trump handelt in den meisten Fällen völkerrechtskonform. Vor diesem Hintergrund wurde bereits beobachtet, dass sich im Verhältnis der Vereinigten Staaten zum Völkerrecht unter Trump letztlich „nur ein neuer Ton eingestellt", in der Sache aber wenig verändert habe (Dörr 2018, S. 7). Jenseits der schrillen Rhetorik des Präsidenten folgt die Regierung Trump dem völkerrechtlichen Skript und rechtfertigt ihre Außenpolitik in völkerrechtlichen Begriffen. Selbst in den Fällen, in denen dem Völkerrecht nicht entsprochen wird, wie etwa dem militärischen Engagement in Syrien, entspricht das Verhalten dem, was im Rahmen der Praxis der liberalen Weltordnung zwar nicht als legal, so doch aber als legitim anerkannt wird.

Zugleich stellt die internationale Politik der Trump-Regierung eine Gefahr für das Völkerrecht dar. Aus der Skepsis gegenüber dem Multilateralismus und der Prämisse *America First* folgt eine Haltung, die das Völkerrecht sowohl inhaltlich verengt als auch im Hinblick auf seine Unabhängigkeit von den Einzelinteressen der Staaten stark beschneidet. Das Völkerrecht wird reduziert auf die Funktion, lediglich die nach außen gerichteten Interessen der Staaten zu ordnen. In den Kategorien Friedmans ließe sich feststellen, dass das Völkerrecht unter Trump in seiner Dimension als Koexistenzordnung zwar verwendet, aber in seiner Dimension als Kooperationsordnung geschwächt wird (Friedmann 1960).

Das Kapitel folgt einer induktiven Logik. Der Ausgangspunkt ist Trump selbst und dessen Ansätze, seine internationale Politik zu beschreiben. Zwei Begriffe sind dabei besonders auffällig: Der eine ist der Begriff der Unberechenbarkeit, welche, so das häufig formulierte Ziel Trumps, die internationale Politik der Vereinigten Staaten kennzeichnen solle. Der andere ist der Begriff der Fairness, in dem sich Trumps Erwartungen vor allem an die Ergebnisse internationaler Kooperationen spiegeln, so Wolf in seinem Beitrag in diesem Band. Der Beitrag stellt fest, in welchem Kontext diese Begriffe auffällig wurden und wie sie zu verstehen sind, um daran anknüpfend an konkreten Fallbeispielen ihre Anwendung zu illustrieren.

Im Ergebnis ist festzustellen, dass Trump in den hier betrachteten Fällen zumeist seinen bereits im Wahlkampf formulierten Zielsetzungen folgt. In diesem Sinne ist die Unberechenbarkeit Trumps also beschränkt auf seine Rhetorik und auf die Auswahl der Mittel, um seine Ziele zu erreichen, nicht aber auf die Zielsetzungen. Dass das Völkerrecht eingesetzt und instrumentalisiert wird, ist eine wichtige Beobachtung. Denn es zeigt, dass Trump die von vielen erwarteten Brüche des Völkerrechts meidet. Am Begriff der Fairness lassen sich die Risiken der Verengung und Beschneidung internationaler Kooperationen und des Völkerrechts besonderes gut ablesen. Zwar ist der Begriff der Fairness gut vereinbar mit der Souveränität der Staaten, aber er ist eben auch auf deren Einzelinteressen beschränkt und umfasst kein Völkerrecht, das sich von diesen Einzelinteressen emanzipiert.

2 Unberechenbarkeit

Der Begriff der Unberechenbarkeit war bereits im Wahlkampf ein prägendes Element der Rhetorik Trumps. Trump verwies in den verschiedensten Kontexten auf die Notwendigkeit, als Präsident unberechenbar zu sein. Nicht immer war dies als strategische Haltung ernst zu nehmen. In den Medien wurde zu Recht darauf verwiesen, dass Trump mit seiner Unberechenbarkeits-Rhetorik bisweilen nur versuchte, sein Unwissen in Fachfragen zu verschleiern (Saletan 2016). Dies mag der Fall gewesen sein, es wäre aber dennoch eine verkürzte Sichtweise, die Unberechenbarkeit des Präsidenten Trump nicht weiterzuverfolgen. Unberechenbarkeit ist ein typisches Element sicherheitspolitischer Strategien und dies ist auch der Kontext, in dem Trump zumeist darauf verwiesen hat. Aber auch in den Fällen, in denen das Unberechenbarkeits-Motiv über den Kontext der Sicherheit hinaus Anwendung findet, lohnt sich eine nähere Betrachtung. Nicht zuletzt in der Adaption und Rationalisierung der Unberechenbarkeit durch andere Mitglieder der Regierung zeigt sich, dass sich die Unberechenbarkeit von der rhetorischen Verwendung ausgehend hin zu einem außenpolitischen Prinzip der Trump-Regierung verdichtet hat.

Die am häufigste zitierte Passage zur Unberechenbarkeit Trumps entstammt einer Rede zu seinen außenpolitischen Zielen aus dem April 2016 am *Center for National Interest* in Washington:

> "And then there's ISIS. I have a simple message for them. Their days are numbered. I won't tell them where and I won't tell them how. We must [...] as a nation be more unpredictable. We are totally predictable. We tell everything. We're sending troops. We tell them. We're sending something else. We have a news conference. We have to be unpredictable. And we have to be unpredictable starting now." (Trump 2016b)

Es liegt die Vermutung nahe, dass dieselbe Äußerung bei einer weniger kontroversen Präsidentenpersönlichkeit weit weniger Aufsehen erregt hätte. Wer würde bestreiten, dass in einer Auseinandersetzung mit einer Bedrohung wie ISIS Unberechenbarkeit eine notwendige Voraussetzung in der militärischen Auseinandersetzung ist? Fragwürdig ist die populistische Tonlage, in der Trump behauptet, bislang seien die Vereinigten Staaten berechenbar in dieser Auseinandersetzung und es sei an ihm, als Präsident einen neuen Weg einzuschlagen. Die Strategie der Unberechenbarkeit erscheint jedoch sehr plausibel.

Weniger klar ist die bei anderen Gelegenheiten geäußerte Auffassung, dass die Vereinigten Staaten auch in Bezug auf den Einsatz von Nuklearwaffen unberechenbar sein sollten (Rafferty 2017). Diese Äußerung ist einerseits eine mehr oder weniger bewusste rhetorische Eskalation. Andererseits handelt es sich um eine Haltung, die auch schon früher im Rahmen der nuklearen Abschreckung diskutiert und zur Anwendung gebracht wurde. Der Regierung Nixon (1969-1974) wird es zugeschrieben, versucht zu haben, den Vietnamkrieg durch eine Strategie der „rationalen Irrationalität" zu ihren Gunsten zu beenden (Yarhi-Milo 2018, S. 73–74).

Die Strategie der „rationalen Irrationalität" wird auch als sogenannte „Madman Theorie" diskutiert. Der Ansatz der „Madman Theorie" bestand darin, die Führung der Sowjetunion und Nordvietnams in den Glauben zu versetzen, dass Nixon zu allem bereit wäre, um den Krieg zu beenden, bis hin zum Einsatz von Atomwaffen. Die Einschüchterungsstrategie ging in diesem Fall zwar nicht auf, dennoch wurde der Ansatz der rationalen Irrationalität auch im Hinblick auf Trumps Unberechenbarkeit als naheliegender Deutungsversuch herangezogen (Sechser und Fuhrmann 2017, S. 5–7). In journalistischen und wissenschaftlichen Kommentaren wurde diskutiert, inwieweit Trumps Impulsivität, Sprunghaftigkeit und Inkonsistenz in diesem Zusammenhang als glaubwürdig gelten kann (Swaim 2016; Yarhi-Milo 2018). Unabhängig davon, ob man Trumps Glaubwürdigkeit in diesem Kontext in Zweifel zieht oder aufgrund seines Charakters und der öffentlichen Zweifel an seiner mentalen Gesundheit gerade als besonders naheliegend betrachtet, ist auch hier festzustellen, dass der Ansatz einer Unberechenbarkeit als Unkontrollierbarkeit und Einschüchterung keine ganz neue Facette amerikanischer Außenpolitik ist.

Das Interesse dieses Beitrags ist aber nicht das strategische Potential der Unberechenbarkeit. Im Vordergrund steht die Frage, welche Bedeutung der Unberechenbarkeit in der Wechselwirkung mit dem Recht zukommt. In Bezug hierauf ist es interessant, über den Kontext der Sicherheitspolitik hinauszugehen. Schließlich finden sich ja auch Beispiele, in denen Trump die Unberechenbarkeit auch auf andere Bereiche der internationalen Politik anwendet (Trump 2016a). Darüber hinaus handelt es sich keineswegs nur um Äußerungen des Kandidaten Trump im Zuge des US-Wahlkampfes. Auch Kabinettsangehörige, wie die amerikanische UN-Botschafterin Nikki Haley, haben die Rhetorik der Unberechenbarkeit aufgegriffen und als eine effektive Strategie der Vereinigten Staaten in internationalen Verhandlungen rationalisiert. Die Unberechenbarkeit, so Haley im Rahmen einer Anhörung vor dem US-Kongress, erleichtere ihren Job: „It has kept them [andere Staaten, SK] more on alert, of wanting to be there with us, not wanting to get on the wrong side of us" (zit. nach Lynch 2017). Diese Ausführungen unterstreichen, dass die Unberechenbarkeit für die Trump-Regierung nicht lediglich ein Instrument zur Verschleierung von Unwissen ist, sondern sich zu einem außenpolitischen Prinzip verdichtet hat.

Für das Völkerrecht, so eine erste Vermutung vor diesem Hintergrund, würde die konsequente Umsetzung dieses Prinzips eine grundlegende Herausforderung bedeuten. Eine wesentliche Funktion des Rechts besteht darin, soziale Interaktionen berechenbar zu machen bzw. Unsicherheiten im Hinblick auf die Zukunft abzuschwächen. Luhmann hat dies als die „Stabilisierung normativer Erwartungen" beschrieben. Demnach diene das Recht der Sicherung des Vertrauens „in einer komplexeren Gesellschaft […], in der personale oder interaktionelle Mechanismen der Vertrauenssicherung nicht mehr ausreichen" (Luhmann 1993, S. 132–133).

Wie der Beitrag im Folgenden zeigt, verkehrt sich bei Trump diese Funktion in ihr Gegenteil. Obwohl die Regierung Trump die Form des Völkerrechts wahrt und sich völkerrechtskonform verhält, wird ihre Außenpolitik nicht als verlässlich und vorhersehbar wahrgenommen. Im Falle Trumps ist es vielmehr die Berechenbarkeit der Außenpolitik, die sich durch die Befolgung und Instrumentalisierung des völkerrechtlichen Skripts einstellt, welche die anderen Regierungen herauszufordern scheint. Und noch mehr: Gerade in einem Fall, in dem Trump die Form des Völkerrechts nicht wahrte, scheint es, als habe er den Erwartungen der internationalen Gemeinschaft am meisten entsprochen. Die im Folgenden analysierten Fälle sind letztlich also auch geeignet, jene inneren Widersprüche der regelgeleiteten Weltordnung zu illustrieren, die im Beitrag von Daase (in diesem Band) beschrieben werden.

Der Rückzug aus dem Pariser Klimaabkommen. Zunächst zu der Frage, warum es sich in diesem Fall um einen Fall von Unberechenbarkeit handelt. Trump hatte bereits im Wahlkampf angekündigt, aus dem Abkommen aussteigen zu wollen. Insofern stellt dieser Schritt keine Überraschung dar. Dennoch gelang es Trump, diesen eigentlich berechenbaren Schritt noch kurz zuvor als unsicher erscheinen zu lassen.

Die Ankündigung des Rückzugs erfolgte am 1. Juni 2017 im Rosengarten des Weißen Hauses (White House 2017). In der Dramaturgie dieser Inszenierung spielt aber auch das kurz zuvor stattfindende G7-Treffen in Taormina eine gewichtige Rolle. Hier sah sich die US-Regierung noch nicht in der Lage, ein eindeutiges Bekenntnis für oder gegen die multilateralen Anstrengungen zum Klimaschutz abzugeben (Bundesregierung 2017a). Es schien vielmehr so, dass Trump durch seine kritische, aber zugleich nicht verbindliche Haltung zum internationalen Klimaschutz, den Konsens der verbleibenden G6 aufzubrechen versuchte. Dies geschah nicht und Trump twitterte am 27. Mai aus Taormina: „I will make my final decision on the Paris Accord next week!“.[1] Dies war der Zeitpunkt, von dem an die Weltöffentlichkeit rätselte, wie die Entscheidung wohl ausfallen würde. Kanzlerin Merkel stellte fest, es gäbe zu diesem Zeitpunkt „keinerlei Anzeichen […], ob die USA im Pariser Abkommen verbleiben werden oder nicht“ (Zeit Online 2017).

Als der Rückzug schließlich verkündet war, stellte sich die nächste Frage, nämlich die, in welcher Form der Rückzug aus dem Abkommen erfolgen sollte: Im Rahmen der Bestimmungen des Übereinkommens oder unter deren Missachtung? Die offizielle Note der Trump-Regierung an die Vereinten Nationen wurde am 4.

1 Siehe Twitter-Account Donald Trump: https://twitter.com/realdonaldtrump/status/868441116726710272?lang=de. Zugegriffen: 14. März 2018.

August 2017 überstellt. In dem Schreiben heißt es, dass die Vereinigten Staaten von ihrem Recht des Rückzugs Gebrauch machen. Demzufolge erfolgt der Rückzug im Rahmen der Bestimmungen des Abkommens nach Art. 28 (UN News Center 2017). Dies bedeutet, dass der Rückzug auch erst drei Jahre nach Inkrafttreten des Übereinkommens vollzogen werden kann.

Zugleich war damit klar, dass die Vereinigten Staaten sich nur aus dem Klimaabkommen und nicht aus der Klimarahmenkonvention der Vereinten Nationen zurückziehen, im Rahmen derer das Abkommen beschlossen wurde. Dieser Schritt wäre zwar innerhalb nur eines Jahres möglich gewesen, hätte aber höhere innenpolitische Hürden bedeutet. Da der Senat dem Beitritt zur Rahmenkonvention seinerzeit zustimmte, hätte dieser vermutlich auch die Entscheidung eines Austritts mittragen müssen. Beim Klimaabkommen ist es hingegen so, dass die Obama-Regierung dem Abkommen als *Executive Agreement* beigetreten ist, das heißt, der Beitritt wurde einseitig vom Präsidenten erklärt, ohne weitere Zustimmung der Legislative. Dies eröffnet Trump die Möglichkeit, wiederum auch den Rückzug einseitig zu erklären (siehe zu den rechtlichen Gesichtspunkten Mulligan 2017, S. 16–18).

Jenseits dieser Überlegungen stellt sich die Frage, warum Trump nicht einfach im Abkommen verblieben ist, ohne die Inhalte des Abkommens umzusetzen. Das Übereinkommen enthält bindende und nicht-bindende Elemente. Die Innovation des Übereinkommens wurde darin gesehen, dass es einer Bottom-up-Logik folgt, welche es den Staaten überlässt, die Ziele zur Reduktion ihrer Emissionen selbst zu benennen. Lediglich die dynamische Steigerung dieser Ziele stellt eine bindende Verpflichtung dar (Savaresi 2016, S. 8; Falkner 2016, S. 1107). Rajamani und Brunnée weisen jedoch darauf hin, dass dieser Ansatz, der es den einzelnen Staaten einräumt, eigene Ziele zu benennen, von manchen Beobachtern so interpretiert wurde, dass die Staaten ihre nationalen Ziele auch senken könnten, ohne dass dadurch das Abkommen verletzt würde (Rajamani und Brunnée 2017, S. 538).

In ihrer Analyse kommen die Autorinnen zu dem Schluss, dass ein solcher „stay-and-downgrade"- Ansatz dem Geist des Abkommens widerspreche und nicht zulässig sei. Mehr noch, im Verhältnis zu dem Ansatz Trumps, das Abkommen zu verlassen, stellen sie fest: „[…] from the perspective of normative integrity of the Paris Agreement, the US withdrawal may be preferable to the 'stay-and-downgrade' scenario" (Rajamani und Brunnée 2017, S. 550). Diese Feststellung ist besonders interessant, wenn man sie auf die Haltung Deutschlands zum Klimaabkommen bezieht. Deutschland bekennt sich zum Klimaabkommen und versteht sich auch darüber hinaus als Vorreiter für den internationalen Klimaschutz. Auch die nationalen Ziele sind ambitioniert. Allerdings fehlt es zugleich an den notwendigen Schritten, diese Klimaziele tatsächlich umzusetzen. Es handelt sich sozusagen um ein stillschweigendes Herabstufen, das aus einer normativen Perspektive problematischer und unberechenbarer erscheint, als der offene Rückzug der Vereinigten Staaten.

Das unerwartet lange Festhalten am Joint Comprehensive Plan of Action. Der gemeinsame Aktionsplan mit dem Iran gilt als einer der größten diplomatischen Erfolge der Obama-Regierung. Die politische Bedeutung ist hoch. Müller stellt fest, dass durch diese Vereinbarung „eine fast fünfzigjährige Entwicklung, die in ein hohes regionales Eskalationsrisiko und eine schwere Krise des weltweiten nuklearen Nichtverbreitungsregimes mündete, einen (vorläufigen) Schlusspunkt" erreicht habe (Müller 2015, S. 1). Der Aktionsplan wurde am 14. Juli 2015 beschlossen. Die beteiligten Parteien sind China, Deutschland, Frankreich, Russland, Großbritannien, die Vereinigten Staaten und der Iran sowie die Hohe Vertreterin der EU für Außen- und Sicherheitspolitik. Der Aktionsplan legt fest, dass im Gegenzug zur Einschränkung und friedlichen Ausgestaltung des iranischen Atomprogramms, unilaterale und multilaterale Sanktionen gegenüber dem Iran ausgesetzt werden.[2]

Ebenso wie im Fall des Klimaabkommens, hat sich Trump im Hinblick auf den Aktionsplan sowohl im Wahlkampf als auch im Amt kritisch geäußert und einen Austritt angekündigt. Insofern kann die Tatsache, dass dieser erst im Mai 2018 erfolgte, als die eigentliche Überraschung gelten. Dies umso mehr, als der Aktionsplan aus der Perspektive des amerikanischen Rechts nicht als ein Vertrag, sondern als ein rechtlich nicht bindendes politisches Übereinkommen gilt. Auch aus völkerrechtlicher Perspektive ist der Aktionsplan an sich rechtlich nicht bindend, allerdings wurde er durch Resolution 2231 des UN Sicherheitsrats im Juli 2015 zumindest in Teilen in bindendes Völkerrecht übersetzt (Mulligan 2017, S. 20–22). Es hängt letztlich von einer rechtlichen Einschätzung der Bedeutung und Wirkung dieser Resolution ab, inwieweit die völkerrechtliche Möglichkeit eines einseitigen Rückzugs aus dem Abkommen möglich ist, solange keine Verletzung des Abkommens durch den Iran vorliegt.

Die Aussetzung der Sanktionen, die der Aktionsplan vorsieht, musste von Trump alle 120 Tage erneuert werden. Die Grundlage für die jeweilige Erneuerung war, dass der Iran seinen Zugeständnissen aus dem Aktionsplan nachkommt. Zuständig für die Überprüfung, ob der Iran den Zugeständnissen nachkommt, ist die Internationale Atomenergiebehörde. Diese hatte dem Iran stets bescheinigt, den Inhalten des Aktionsplans vollumfänglich nachzukommen. So sah sich Trump im ersten Halbjahr seiner Amtszeit gezwungen, dem Iran auch gegenüber dem Kongress mehrfach zu bescheinigen, dass dieser seinen Zugeständnissen nachkomme. Im

2 Zum Download des *Joint Comprehensive Plan of Action:* http://www.state.gov/documents/organization/245317.pdf. Zugegriffen: 14. März 2018.

Oktober 2017 änderte Trump erstmals seine Vorgehensweise, indem er die Sanktionen zwar weiterhin aussetzte, aber eine Überarbeitung des Aktionsplans bzw. ein ganz neues Übereinkommen forderte.

Im Januar 2018 schließlich folgte eine weitere Überraschung, indem Trump ein Ultimatum an seine europäischen Partner formulierte. Sollten diese nicht einen Weg finden, die Mängel des Aktionsplans zu beheben, würde Trump diesmal tatsächlich sofort seinen Rückzug erklären (White House 2018a). Die Zeitschrift *The Atlantic* formulierte im Titel eines Kommentars zu diesem Vorgehen: „Destroying the Iran Deal while claiming to save it" (The Atlantic 2018). In der Frankfurter Allgemeinen Zeitung sah man „Europa kalt erwischt" von dieser unerwarteten Wende, die darauf hinausläuft, die europäischen Staaten zu einem gemeinsamen Vorgehen zu zwingen (FAZ 2018, S. 2). Da allerdings die europäischen Staaten sich nicht zu einem solchen Vorgehen zwingen ließen, folgte im Mai 2018 der einseitige Rückzug aus dem Übereinkommen.

Der Rückzug wurde weit überwiegend als ein Ausweis der Unverlässlichkeit der Trump-Regierung und ihres geringen Respekts gegenüber internationalen Vereinbarungen interpretiert. Dem soll hier auch nicht grundlegend widersprochen werden. Der Einwand, die Trump-Administration habe den Grundsatz der Vertragstreue in diesem Fall verletzt, ist nicht von der Hand zu weisen, selbst wenn das Abkommen formal nicht als Vertrag angesehen würde. Dies nicht zuletzt deshalb, weil das Abkommen zuvor von keiner Seite verletzt wurde.

Zugleich sei jedoch darauf hingewiesen, dass die Trump-Regierung über ein Jahr an einem Abkommen festhielt, welches aus ihrer Perspektive politisch falsch und in seiner Wirkung tendenziell gefährlich ist. Darüber hinaus kann die Trump-Regierung auf eine demokratische Legitimation für den Rückzug verweisen, gerade weil das Abkommen bereits im Wahlkampf ein wichtiges Thema war.[3]

Dass das Abkommen über Schwächen verfügt, wird im Übrigen auch von einzelnen europäischen Partnern nicht bestritten. Bis zuletzt hatte die Trump-Regierung ihr erklärtes politisches Ziel, den Aktionsplan zu beenden oder grundlegend zu überarbeiten, unter Beachtung des formalen Skripts verfolgt. Trump überraschte die beteiligten Staaten mit dem Versuch, diese zu einem gemeinsamen Vorgehen

3 Selbstverständlich basiert die internationale Ordnung darauf, dass internationale Verträge auch dann weiterhin gelten, wenn die politischen Verhältnisse innerhalb eines Landes sich durch demokratische Wahlen verändern und dies die grundsätzliche Haltung eines Landes zu einem internationalen Übereinkommen unter Umständen beeinflusst. Da aber auch das Demokratieprinzip im Völkerrecht einen zentralen Stellenwert beanspruchen kann, und es sich beim Iran-Deal eben nicht um einen Vertrag im eigentlichen Sinne, sondern um eine zunächst politische Übereinkunft handelt, sollte die demokratische Legitimation in den Vereinigten Staaten hier in die Betrachtung miteinbezogen werden.

zu zwingen. Anders als im Falle des Klimaabkommens reicht es Trump also nicht, sich lediglich zurückzuziehen und das Abkommen selbst fortbestehen zu lassen. Im Falle des Iran-Deals geht es Trump darum, das Abkommen in jedem Falle zu kippen. Die gegenwärtig geführten Debatten werden zeigen, inwieweit der Rückzug aus dem Iran-Deal tatsächlich als eine Missachtung auch völkerrechtlicher Erwartungen gewertet werden wird. Mit Blick auf das erste Jahr der Trump-Präsidentschaft ist allerdings festzuhalten, dass die formalen Erwartungen trotz eines erklärten politischen Willens gegen den Aktionsplan unerwartet lange den Verlauf dieses Konflikts geprägt haben.

Der Militärschlag gegen Syrien. Der Militärschlag gegen Syrien am 7. April 2017 kam für die Weltöffentlichkeit überraschend. Trump hatte sich im Verlauf seines Wahlkampfes widerholt kritisch gegenüber militärischen Interventionen geäußert. Im Rahmen der bereits oben zitierten Rede zur Außenpolitik aus dem April 2016 stellte Trump fest, dass militärische Interventionen ungeeignet seien, westliche Werte zu verbreiten. Darüber hinaus hätten die Interventionen im Nahen Osten wesentlich dazu beigetragen, die Situation dort zu destabilisieren (Trump 2016b). Der Militärschlag ist auch darüber hinaus geeignet, das Muster der Unberechenbarkeit zu illustrieren, weil in diesem Zusammenhang die Inszenierung des „Madman“, als Basisbedingung für die rationale Irrationalität, auf geradezu groteske Weise gelungen ist. Als Beleg hierfür gilt ein Video, in dem Trump den Moment beschreibt, in dem er während eines Abendessens die Information erhalten habe, dass die Marschflugkörper einsatzbereit seien, und dabei wiederholt „das wunderschönste Stück Schokoladenkuchen“ erwähnt, welches er und der chinesische Präsident Xi derweil genossen hätten (Der Spiegel 2017).

In einem ersten Statement rechtfertigte Trump den Angriff vor dem Hintergrund humanitärer und sicherheitspolitischer Beweggründe (Trump 2017). Während Trumps Wähler sich enttäuscht zeigten, weil Trump hierdurch von seiner im Wahlkampf geäußerten Kritik an militärischen Interventionen abwich, gab es über die Parteigrenzen hinweg auch Zustimmung für die Rückkehr zu einer durch humanitäre Motive geleiteten Interventionspraxis der Vereinigten Staaten, von der Obama zuvor Abstand genommen hatte (Politico 2017). Die Bundesregierung nannte den Militärschlag mit Verweis auf die humanitären Motive „nachvollziehbar“ (Bundesregierung 2017b).

Bei diesem Militärschlag handelt es sich um eine Intervention, die den Erwartungen des Völkerrechts mutmaßlich widerspricht, weil sie nicht durch den Sicherheitsrat der Vereinten Nationen autorisiert war und auch nicht als Fall der Selbstverteidigung angesehen werden kann. Die Argumentation der Selbstverteidigung wurde später und im Hinblick auf weitere militärische Aktivitäten der

Vereinigten Staaten in Syrien im Sommer 2017 vorgebracht. Ebenso wie bereits unter Obama wurde argumentiert, dass es sich bei den Einsätzen gegen ISIS und al-Qa'ida um einen Fall der kollektiven Selbstverteidigung handele (Jurecic 2017), was aber ebenfalls rechtlich umstritten ist (Starski 2015, S. 485).

Im Januar 2018 äußerte sich der zu diesem Zeitpunkt amtierende US-Außenminister Tillerson im Rahmen einer Rede am konservativen *Hoover Institute* der *Stanford University* über die zukünftige Strategie der Vereinigten Staaten in Syrien. Demnach planten die Vereinigten Staaten, die Präsenz in Syrien zu verlängern, um hierdurch die eigenen Sicherheitsinteressen zu fördern. Es ginge darum, das Land zu stabilisieren, was aber nicht bedeute, dass hiermit ein längerer Prozess des *Nation-Buildings* oder des Wiederaufbaus verbunden sei, und auch nicht, dass dies die Verbreitung der Menschenrechte voraussetze (Department of State 2018). Bezogen auf den Militärschlag im April stellte Tillerson fest:

> "We did this to degrade the Syrian military's ability to conduct further chemical weapons attacks, to protect innocent civilians, and to dissuade the Syrian regime from further use or proliferation of chemical weapons. The United States takes chemical weapons threats seriously, and we cannot stand idly by and allow their use to become regularized." (ibid.)

Dieses Zitat zeigt, dass die US-Administration den Militärschlag insbesondere auch als eine Sanktion für einen Völkerrechtsbruch verstanden wissen möchte. Die verschiedenen Rechtfertigungsmuster zeigen, dass die Intervention in Syrien, die zu Beginn als ein einzelner emotionaler Akt Trumps eingestuft wurde, und insofern dem Muster der Unberechenbarkeit entsprach, zumindest unter Tillerson einer längerfristigen Sicherheitsstrategie folgte, die zugleich durch humanitäre und rechtliche Argumente eingerahmt wurde. Diese Strategie steht in einer Kontinuität der Gewaltanwendung durch die Vereinigten Staaten, die zwar nicht als legal, aber dafür als legitim gilt, und sie steht damit nicht außerhalb, sondern innerhalb dessen, was als liberale Weltordnung verstanden wird. Zusammenfassend lässt sich sagen, dass sich diese Intervention nur bedingt zur Illustration einer besonderen Rechtsaversion der Trump-Regierung eignet, da es sich, wie Dörr feststellt, um „durchaus typische Elemente amerikanischer Außenpolitik der letzten fünfzig Jahre [handele] und im Fall Syriens zudem im Konzert mit anderen westlichen Staaten" erfolgte (Dörr 2018, S. 7). Allerdings ist eine Form der Missachtung des Rechts aber darin zu sehen, dass sich die Trump-Regierung gar nicht um eine systematisch entwickelte, auf frühere Fälle oder wissenschaftliche Meinungen Bezug nehmende Position bemüht.

Insgesamt erscheint die Trump-Regierung im Hinblick auf ihre außenpolitischen Zielsetzungen nicht grundsätzlich unberechenbar. Dies liegt zum einen daran, dass sie den Ankündigungen aus dem Wahlkampf folgt, aber auch darüber hinaus, dass sie keineswegs mit längerfristigen Tendenzen und Prinzipien der US-Außenpolitik bricht. Sowohl die Kritik am Klimaabkommen und dem Iran-Deal als auch der Militärschlag gegen Syrien entsprechen in der Tendenz auch der Politik anderer Administrationen. Es ist eher die Regierung Obamas, die hier die temporäre Ausnahme bildete. Und es war vor allem die Außenpolitik Obamas, von der Trump sich insbesondere im Wahlkampf distanzierte, womit er auch hier seinen Ankündigungen folgt. Die Unberechenbarkeit besteht vor allem in der Rhetorik, die die Außenpolitik begleitet, und in den Mitteln der Zielerreichung. In diesem Zusammenhang ist es eine interessante Beobachtung, dass die Trump-Regierung nicht Mittel wählt, die das Völkerrecht offensichtlich brechen, sondern vielmehr das völkerrechtliche Skript anwendet. Im Falle des Klimaabkommens und des Iran-Deals zeigt sich, dass diese Verwendung bis hin zu einer Instrumentalisierung reicht, die die eigentlichen Kooperationsziele unterminiert. Zugleich illustrieren diese Fälle aber auch, dass das Recht über eine Autonomie verfügt, die in der Form und in der Bindungswirkung, die es erzeugt, sichtbar wird. Gerade der verpflichtende Charakter, der von den Akteuren anerkannt wird, wird in völkerrechtspolitischen Studien unterschätzt, die in erster Linie auf die Instrumentalisierung des Rechts anspielen (Roth-Isigkeit 2017, S. 411).

3 Fairness

Neben dem Begriff der Unberechenbarkeit ist der Begriff der Fairness besonders auffällig in den außenpolitischen Reden, Statements und Interviews des Präsidenten. Trump verwendet den Begriff, um darauf zu verweisen, dass die Akteure sich in den internationalen Beziehungen gegenseitig gleich behandeln sollten. Anders als im Fall der Unberechenbarkeit scheint die Fairness auf den ersten Blick nicht mit der normativen Ordnung des Völkerrechts zu kollidieren. Schließlich ist es naheliegend, dass das Prinzip der Souveränität mit dem Prinzip der Gegenseitigkeit verknüpft ist. Wie der Beitrag allerdings zeigt, steht die banal erscheinende Forderung nach Fairness im Widerspruch zu einer internationalen Ordnung der Kooperation, die über die Interessen einzelner Staaten hinausgeht.

Um dies zu zeigen, ist in einem ersten Schritt das Verständnis der Gegenseitigkeit theoretisch zu vertiefen. Gegenseitigkeit, oder Reziprozität, gilt als ein klassisches Kooperationsprinzip in den internationalen Beziehungen. Robert Keohane hat in den 1980er Jahren festgestellt, „[R]eciprocity 'seems to be the most effective strategy for maintaining cooperation among egoists'" (Keohane 1986, S. 2). Reziprozität beschreibt also ein Kooperationsprinzip unter egoistischen, auf sich selbst bezogenen Akteuren. Hiervon ausgehend wird die Kooperation zwischen Staaten als eine Austauschbeziehung verstanden. Ein souveräner Staat, der seine souveränen Interessen im Blick hat, wird seine Ressourcen nur dann zur Verfügung stellen, wenn er auch eine Gegenleistung hierzu erhält.

Dieses Element der Reziprozität beschreibt Keohane als Kontingenz. Damit ist gemeint, dass in einer Ordnung der Reziprozität eine Leistung nur als Voraussetzung für oder als Antwort auf eine Gegenleistung erfolgt (ibid., S. 5). Es gibt kein einseitiges Handeln und es gibt auch keine Verantwortungsübernahme für andere. Ein weiteres Element der Reziprozität ist das der Äquivalenz. Hier geht es um die Frage, inwieweit Reziprozität eine spezifisch gleiche Gegenleistung umfassen soll oder ob Reziprozität auch dann gegeben ist, wenn eine Gegenleistung einen in etwa ähnlichen Vorteil hervorbringt, der aber nicht exakt gleich ist (ibid., S. 6).

Hieraus folgt die Unterscheidung einer spezifischen und einer diffusen Reziprozität. Was Trump in erster Linie zu fordern scheint, ist eine spezifische Reziprozität. Staaten, die miteinander kooperieren oder handeln, sollten in möglichst exakt gleicher Weise zu dieser Kooperation beitragen oder davon profitieren. Dies lässt sich insbesondere in bilateralen Beziehungen realisieren und daher ist Trump vor allem an bilateralen Bündnissen interessiert. Multilaterale Kooperationen hingegen neigen zu einer diffusen Reziprozität, bei der die Gegenleistung und der jeweilige Ertrag nicht exakt gleich und auch nicht einfach zu quantifizieren sind.

> "[...] diffuse reciprocity: that is, to contribute one's share, or behave well toward others, not because of ensuing rewards from specific actors, but in the interests of continuing satisfactory overall results for the group of which one is a part, as a whole." (Keohane 1986, S. 20)

Dies lässt sich am Beispiel der NATO sehr gut illustrieren. Zum einen ist Trumps Kritik an seinen NATO-Partnern, dass diese sich mit höheren Militärausgaben beteiligen sollen, aus amerikanischer Perspektive durchaus nachvollziehbar, weil die eingespeisten Mittel höchst unterschiedlich sind. Darüber hinaus ist die Reziprozität diffus, weil der Ertrag an Sicherheit, der sich aus der Kooperation ergibt, nur schwer quantifizierbar ist. Auch Trumps Kritik am Freihandel ist ein geeignetes Beispiel zur Illustration (vgl. auch Janusch in diesem Band). Wie etwa Böllhof, der Chef des Basler Wirtschaftsforschungsinstituts *Prognos* feststellte, scheinen „[e]inige Staats- und Regierungschefs [...] zu glauben, dass ihre Volkswirtschaften *relativ* zu anderen nicht genug profitieren", weshalb sie protektionistische Maßnahmen ergreifen würden (FAZ 2017, S. 17; Hervorhebung SK).[4]

Wie ich bereits an anderer Stelle festgestellt habe (Kroll 2017), passt es sehr gut, dass Trump seine Forderung nach spezifischer Reziprozität als Fairness bezeichnet. Erich Fromm hat die Fairness-Ethik seinerzeit als den „besondere[n] ethische[n] Beitrag der kapitalistischen Gesellschaft" kritisiert. Es ginge lediglich darum, „auf Betrug und Tricks beim Austausch von Gebrauchsgütern [...] zu verzichten" (Fromm 1999, S. 201). Insbesondere bedeute die Fairness-Ethik, sich für andere nicht verantwortlich zu fühlen (ibid., S. 202). Dieser Punkt der Nicht-Verantwortung (siehe auch Wallmeier in diesem Band), als ein Aspekt der spezifischen Reziprozität, steht nicht zuletzt auch im Widerspruch zu dem nach wie vor vorhandenen Anspruch der Vereinigten Staaten, international zu führen. Dies ist ein wichtiger Aspekt, der eine vertiefende Diskussion verdienen würde, die aber im Rahmen des Kapitels nicht erfolgen kann.

Hier ist zunächst zu fragen, wie ernst es Trump mit seiner Kritik an den Defekten der multilateralen, diffusen Reziprozität und seiner Forderung nach mehr bilateraler spezifischer Reziprozität tatsächlich ist. Zu Beginn des Jahres 2017 berichteten die Medien über den geleakten Entwurf einer *Executive Order* zu einem *Moratorium on New Multilateral Treaties.* Diese Order wurde nicht umgesetzt, aber auch im Entwurf bildet sie interessantes Anschauungsmaterial zur Kritik Trumps am Multilateralismus. Nicht zuletzt auch weil, wie Fehl und Thimm (2017, S. 150) feststellen, die Regierung Trump auch ohne diese Order „eine Reihe von Entscheidungen getroffen" habe, „die multilaterale Abkommen infrage stellen".

Die Order selbst sieht die Einrichtung eines *Treaty Review Committees* vor, welches die Aufgabe habe, internationale Verträge in verschiedenen Phasen der Verhandlung und Ratifizierung zu überprüfen, um darauf hin dem Präsidenten gegenüber eine Einschätzung abzugeben, ob die Vereinigten Staaten weiterhin an den entsprechenden Abkommen partizipieren sollen. Interessant ist zudem die Erklärung, die der Order vorangestellt ist. Demnach seien in der Vergangenheit eine Vielzahl von Verträgen geschlossen worden, die Aktivitäten regulierten, die ihrer Natur nach eher nationale Regelungsgegenstände seien. Als Beispiele werden genannt die *UN-Konvention zur Beseitigung jeder Form von Diskriminierung der Frau* und die *UN-Kinderrechtskonvention.* Das Ziel der Order sei es daher darauf

4 Die Zollpolitik Trumps, die seit dem Sommer 2018 umgesetzt wurde, und deren Vereinbarkeit mit dem Welthandelsrecht konnten für diesen Beitrag nicht mehr berücksichtigt werden.

hinzuwirken, dass zukünftig nur noch Verträge abgeschlossen würden, die tatsächlich internationale Angelegenheiten berührten.[5]

Die Kritik der Trump-Regierung am Multilateralismus umfasst also nicht nur die Forderung nach spezifischer Reziprozität. Darüber hinaus geht es auch darum, den Regelungsbereich des Völkerrechts auf einen Kernbereich internationaler Angelegenheiten zu beschränken. Dies ist keine Haltung, die sich per se gegen das Völkerrecht und internationale Institutionen richtet. Es handelt sich aber um eine Forderung nach Beschränkung und letztlich auch Desintegration, die das Völkerrecht als eine eben auch von den Interessen der Staaten emanzipierte Ordnung in ihrem Wesen verändern würde.

Dies kann anhand eines Rückgriffs auf die Völkerrechtsgeschichte illustriert werden. In der Völkerrechtsliteratur des neunzehnten Jahrhunderts wird das Völkerrecht, oder einzelne Elemente davon, bisweilen als äußeres Staatsrecht beschrieben. Eine prominente Quelle ist Hegel, der in seinen „Grundlinien der Philosophie des Rechts" das „äußere Staatsrecht" auf die unterschiedlichen „souveränen Willen" der Staaten gründete, die in ihrer Vielfalt allerdings kein allgemeines über den Staaten stehendes Völkerrecht erzeugten (Hegel 1821, §§330 und 333). Diese Sichtweise war vor allem zum Ende des neunzehnten Jahrhunderts nicht unumstritten. Berner sah hierin „den Gedanken der Souveränität […] auf die Spitze getrieben" (Berner 1872, S. 882). In Bluntschlis berühmtem Staatswörterbuch formuliert Berner folgende Betrachtung zu einem Zentrum und einer Peripherie des Völkerrechts:

> „Jeder einzelne Staat hat sein inneres Staatsrecht und sein äußeres Staatsrecht; und dies äußere Staatsrecht ist ein Stück des Völkerrechts. Das Völkerrecht aber zieht alle diese einzelnen äußeren Staatsrechte erst um seinen eigenen selbständigen Mittelpunkt zusammen und liefert uns erst das Princip, aus welchem, als der centralen Einheit, alle jene einzelnen äußeren Staatsrechte aufzufassen und zu beherrschen sind. Jedes einzelne äußere Staatsrecht ist nur ein Stück aus der Peripherie des Völkerrechts. Der Irrthum bei Hegel besteht darin, daß er das Centrum dieser Peripherie in den einzelnen Staat legt, d. h., daß er das völkerrechtliche Princip nicht vom Staate emancipirt." (Berner 1872, S. 883)

Der Begriff des äußeren Staatsrechts ist ein Anachronismus und eine Übertragung auf die gegenwärtigen internationalen Beziehungen ignoriert eine Vielzahl von Kontextaspekten, damals wie heute. Dennoch ist der Begriff gut geeignet, um ein Verständnis von Völkerrecht und Außenpolitik zu akzentuieren, das auf der Prämisse *America First* basiert (White House 2018b). *America First* steht für ein Völkerrecht,

5 Über die Homepage der *Washington Post* kann das Dokument eingesehen werden: https://apps.washingtonpost.com/g/documents/world/read-the-trump-administrations-draft-of-the-executive-order-on-treaties/2307/. Zugegriffen: 14. März 2018.

das lediglich die nach außen gewendeten Interessen des Staats repräsentiert und sich nicht vom Staat emanzipiert. Dies bedeutet nicht, dass *America First* eine grundsätzlich gegen das Völkerrecht gerichtete Haltung zum Ausdruck bringt, allerdings bildet diese Haltung eben nur einen Teilbereich des Völkerrechts ab.

Instruktiv für eine Einordnung dieser Haltung zum Völkerrecht ist auch der Rückgriff auf Friedmann und seine Unterscheidung eines Koexistenz- und eines Kooperationsvölkerrechts. Anhand dieser Unterscheidung lässt sich illustrieren, dass die Trump-Regierung zwar nicht gegen das Völkerrecht handelt, es aber nur in seinen basalen Grundlagen adressiert. In „The changing Structure of International Law" beobachtete Friedmann 1960,

> "it is today of both theoretical and practical importance to distinguish between the international law of 'coexistence', governing essentially diplomatic inter-state relations, and the international law of 'cooperation', expressed in the growing structure of international organisation and the pursuit of common human interests" (Friedmann 1960, vii).

Friedmann argumentierte nicht, dass das Völkerrecht der Kooperation das der Koexistenz ersetzen würde. Den im Titel des Werks genannten Strukturwandel sah Friedmann darin, dass das Völkerrecht der Kooperation im Verlauf des neunzehnten und zwanzigsten Jahrhunderts sich zusätzlich zu dem der Koexistenz herausgebildet habe. Gemünzt auf das übergeordnete Thema dieses Bandes, dem „Angriff auf die liberale Weltordnung", ließe sich aus dieser Unterscheidung ableiten, dass der Angriff im Bereich des Völkerrechts darin besteht, dass die amerikanische Außenpolitik gegenwärtig das Völkerrecht der Koexistenz akzentuiert und das Völkerrecht der Kooperation dadurch in die Defensive gerät.

Der Beitrag hat Belege für die Herausforderung des Kooperations-Völkerrechts angeführt, formuliert aber letztlich nicht die These eines neuen Strukturwandels des Völkerrechts. Die Beispiele, die in diesem Beitrag diskutiert wurden, illustrieren, dass die Trump-Regierung durch ihr Handeln das Völkerrecht in seinen Strukturen bisher nicht beeinträchtigt hat. Vielmehr ist es so, dass das bereits angedeutete, überwiegend völkerrechtskonforme Handeln der Regierung Trump, die normative Integrität des Völkerrechts sogar eher bestätigt hat, als das Handeln anderer Akteure (Beispiel Klimaabkommen), und dass sie – wenn auch auf dem Wege der Nötigung – in manchen Fragen ausdrücklich im Konzert mit internationalen Partnern agieren möchte (Beispiel Aktionsplan). Trotz aller provozierender Rhetorik, verwendet Trump das Völkerrecht zum Erreichen seiner politischen Ziele und entspricht dadurch der spezifischen Rationalität des Völkerrechts.

4 Schluss

Der Gegenstand des Kapitels war das Verhältnis der Trump-Regierung zum Völkerrecht. Das Kapitel hat dabei zwischen zwei grundsätzlichen Perspektiven vermittelt. Zum einen trifft es zu, dass die Trump-Regierung sich bislang weit überwiegend regelkonform verhält und in diesem Sinne die normative Integrität des Völkerrechts achtet. Die Trump-Regierung verwendet das Völkerrecht bisweilen aber in einer Weise, die den ursprünglichen Zielen einer Übereinkunft widerspricht. Interessant ist allerdings, dass das Völkerrecht auch in diesen Fällen eine autonome Wirkung entfaltet und einen Einfluss darauf ausübt, wie und in welcher Form ein Konflikt verhandelt und ausgetragen wird. Auch im Falle der Trump-Regierung hat das Völkerrecht diese strukturierende Wirkung bis jetzt ausgeübt.

Der eigentliche Angriff der Trump-Regierung auf das Völkerrecht und internationale Institutionen ist in allgemeinerer Form zu beobachten. Trumps spezifische Form der Akzentuierung der souveränen Einzelinteressen der Staaten bedeutet eine Verengung völkerrechtlicher Regelungsbereiche und eine Verkürzung des Völkerrechts als eine auch von den Einzelinteressen emanzipierten normativen Ordnung. Die Erweiterung eines solchen Völkerrechtsverständnisses auch auf weitere Akteure hätte das Potential, das Völkerrecht in seinem gegenwärtigen Wesen zu verändern.

Zur Illustration hat das Kapitel, neben einzelnen konkreten Fallbeispielen, auf Trumps Motive der Unberechenbarkeit und der Fairness zurückgegriffen. Die Trump-Regierung ist in ihrer Zielsetzung keineswegs unberechenbar. Die Unberechenbarkeit beschränkt sich auf die Rhetorik und auf die Wahl der Mittel, diese Ziele zu erreichen. Aber auch in der Wahl der Mittel ist die Trump-Regierung nur unter Einschränkungen als unberechenbar anzusehen, eben weil sie, wie gezeigt wurde, das völkerrechtliche Skript befolgt. Es hat bisweilen fast den Anschein, dass in dieser Befolgung das eigentlich überraschende Element liegt. Der auf den ersten Blick banal erscheinende Begriff der Fairness hingegen bedeutet eine Herausforderung des Völkerrechts als eigenständige Ordnung, da er mit einem engen Verständnis staatlicher Souveränität und einzelstaatlicher Interessen verknüpft ist.

Literatur

Berner, Albert F. 1872. Völkerrecht. In *Bluntschli's Staatswörterbuch in drei Bänden: Auf Grundlage des deutschen Staatswörterbuchs von Bluntschli und Brater in elf Bänden, in Verbindung mit mehreren Gelehrten*, Hrsg. Edgar Löning, 881–888. Zürich: Schultheß.

Bundesregierung. 2017a. Übersicht der Gipfeldokumente der G7/G8/G20. https://www.bundesregierung.de/Content/DE/StatischeSeiten/Breg/G7G20/uebersicht-dokumente.html. Zugegriffen: 23. Februar 2018.

Bundesregierung. 2017b. Nach US-Militäreinsatz in Syrien: 'Assad trägt alleinige Verantwortung'. Pressmitteilung, 13. April. https://www.bundesregierung.de/Content/DE/Artikel/2017/04/2017-04-05-giftgas-in-syrien.html. Zugegriffen: 23. Februar 2018.

Department of State. 2018. Remarks on the Way Forward for the United States Regarding Syria, 17. Januar. https://www.state.gov/secretary/remarks/2018/01/277493.htm. Zugegriffen: 23. Februar 2018.

Der Spiegel. 2017. Trump zu Luftschlag in Syrien: Angriffsbefehl beim Schokokuchen, 13. April. http://www.spiegel.de/politik/ausland/donald-trump-angriffsbefehl-bei-einem-stueck-schokoladenkuchen-a-1143172.html. Zugegriffen: 23. Februar 2018.

Dörr, Oliver. 2018. Nur ein neuer Ton. *Frankfurter Allgemeine Zeitung.* 4. Januar 2018: 7.

Falkner, Robert. 2016. The Paris Agreement and the new logic of international climate politics. *International Affairs* 92 (5): 1107–1125.

Fehl, Caroline, und J. Thimm. 2017. Multilateralismus minus eins?: Chancen und Grenzen multilateraler Kooperation in der Ära Trump. *Sicherheit & Frieden* 35 (3): 150–154.

Frankfurter Allgemein Zeitung. 2017. Was den G-20-Staaten droht. Studie sieht 470 Milliarden Euro Handelseinbußen bis 2030. 3. Juli: 17.

Frankfurter Allgemeine Zeitung. 2018. Europa kalt erwischt von Trumps Iran-Ultimatum. Was wird aus dem Atomabkommen? 15. Januar: 2.

Friedmann, Wolfgang. 1960. *The changing structure of international law.* Calcutta: The World Press Private LTD.

Fromm, Erich. 1999. *Die Kunst des Liebens.* München: Deutscher Taschenbuch Verlag.

Goldsmith, Jack. 2017. The Trump onslaught on international law and institutions. *Lawfare Blog*, 17. März. https://www.lawfareblog.com/trump-onslaught-international-law-and-institutions. Zugegriffen: 14. März 2018.

Hegel, Georg Wilhelm Friedrich. 1821. *Grundlinien der Philosophie des Rechts.* Berlin: In der Nicolaischen Buchhandlung.

Jurecic, Quinta. 2017. White House Letter on Legal Basis for Syria Airstrikes. *Lawfare Blog*, 2. August. https://www.lawfareblog.com/white-house-letter-legal-basis-syria-airstrikes. Zugegriffen: 23. Februar 2018.

Keohane, Robert O. 1986. Reciprocity in international relations. *International Organization* 40: 1–27.

Kroll, Stefan. 2017. Eine Kooperation von Egoisten? Zur Informalität und inhaltlichen Erweiterung der G20. *Portal für Politikwissenschaft*, 9. Juni. https://www.pw-portal.de/g20-gipfeldiplomatie-in-hamburg/40423-eine-kooperation-von-egoisten-zur-informalitaet-und-inhaltlichen-erweiterung-der-g20. Zugegriffen: 23. Februar 2018.

Luhmann, Niklas. 1993. *Das Recht der Gesellschaft.* Frankfurt: Suhrkamp.

Lynch, Colum. 2017. Nikki Haley and Trump's Doctrine of Diplomatic Chaos: The U.S. envoy to the U.N. concedes that American foreign policy is unpredictable, and that's OK.

Foreign Policy, 28 Juni. http://foreignpolicy.com/2017/06/28/nikki-haley-and-trumps-doctrine-of-diplomatic-chaos/. Zugegriffen: 14. März 2018.

Mulligan, Stephen P. 2017. Withdrawal from international agreements: Legal framework, the Paris agreement, and the Iran nuclear deal. *Congressional Research Service*: 1–26.

Müller, Harald. 2015. Khameneis Rote Linien: Eine Bewertung des „Iran-Abkommens". *HSFK-Report Nr. 2., HSFK*. https://www.hsfk.de/fileadmin/HSFK/hsfk_downloads/report0215.pdf. Zugegriffen: 23. Februar 2018.

Politico. 2017. Democratic Syria hawks love Trump's airstrikes, 7. April. https://www.politico.com/story/2017/04/trump-syria-democratic-hawks-237024. Zugegriffen: 23. Februar 2018.

Rafferty, Andrew. 2017. Donald Trump has history of contradictory statements on nuclear weapons. *NBC News*, 11. Oktober. https://www.nbcnews.com/news/all/donald-trump-has-history-contradictory-statements-nuclear-weapons-n808466. Zugegriffen: 14. März 2018.

Rajamani, Lavanya, und J. Brunnée. 2017. The legality of downgrading nationally determined contributions under the Paris agreement: Lessons from the US disengagement. *Journal of Environmental Law* 29: 537–551.

Reus-Smit, Christian. 2004. The politics of international law. In *The politics of international law*, Hrsg. Christian Reus-Smit, 14–44. Cambridge: Cambridge University Press.

Roth-Isigkeit, David. 2017. The blinkered discipline? Martti Koskenniemi and interdisciplinary approaches to international law. *International Theory* 9(3): 410–435.

Saletan, William. 2016. How Trump's "unpredictability" dodge became the dumbest doctrine in politics: He couldn't answer a question. He wound up with a political philosophy. *Slate*, 3. Mai. http://www.slate.com/articles/news_and_politics/politics/2016/05/trump_s_moronic_unpredictability_doctrine.html?wpsrc=sh_all_mob_tw_top. Zugegriffen: 14. März 2018.

Savaresi, Annalisa. 2016. The Paris agreement: Reflections on an international Odyssey. *European Society of International Law Conference Paper Series* Conference Paper No. 13/2016: 1–12.

Sechser, Todd S., und M. Fuhrmann. 2017. The madman myth: Trump and the bomb. *The International Security Studies Forum*, 22. Mai. https://issforum.org/roundtables/policy/1-5W-madman. Zugegriffen: 14. März 2018.

Starski, Paulina. 2015. Right to self-defense, attribution, and the non-state actor: Birth of the "unable or unwilling" standard? *Zeitschrift für ausländisches öffentliches Recht und Völkerrecht* 75: 455–501.

Swaim, Barton. 2016. How might Nixon's 'madman theory' apply to Trump? *Washington Post*, 15. Dezember 2016.

The Atlantic. 2018. Destroying the Iran Deal While Claiming to Save It, 21. Januar. https://www.theatlantic.com/international/archive/2018/01/trump-iran-deal-jcpoa/551066/. Zugegriffen: 23. Februar 2018.

Trump, Donald J. 2016a. Face the Nation transcripts January 31, 2016: Trump, Rubio, 31. Januar. https://www.cbsnews.com/news/face-the-nation-transcripts-january-31-2016-trump-rubio/. Zugegriffen: 14. März 2018.

Trump, Donald J. 2016b. Transcript: Donald Trump's Foreign Policy Speech, 27. April. https://www.nytimes.com/2016/04/28/us/politics/transcript-trump-foreign-policy.html. Zugegriffen: 14. März 2018.

Trump, Donald J. 2017. Transcript and Video: Trump speaks about strikes in Syria, 6. April. https://www.nytimes.com/2017/04/06/world/middleeast/transcript-video-trump-airstrikes-syria.html. Zugegriffen: 23. Februar 2018.

UN News Center. 2017. UN officially notified of US intention to withdraw from Paris climate pact, 4. August. http://www.un.org/apps/news/story.asp?NewsID=57314. Zugegriffen: 14. März 2018.

White House. 2017. Statement by President Trump on the Paris Climate Accord, 1. Juni. https://www.whitehouse.gov/the-press-office/2017/06/01/statement-president-trump-paris-climate-accord. Zugegriffen: 23. Februar 2018.

White House. 2018a. Statement by the President on the Iran Nuclear Deal, 12. Januar. https://www.whitehouse.gov/briefings-statements/statement-president-iran-nuclear-deal/. Zugegriffen: 23. Februar 2018.

White House. 2018b. President Donald J. Trump's Foreign Policy Puts America First. Fact Sheet, 30. Januar. https://www.whitehouse.gov/briefings-statements/president-donald-j-trumps-foreign-policy-puts-america-first/. Zugegriffen: 14. März 2018.

Yarhi-Milo, Keren. 2018. After credibility: American foreign policy in the Trump era. *Foreign Affairs* 97 (1): 68–77.

Zeit Online. 2017. G7-Gipfel: USA blockieren Einigung beim Klimaschutz, 27. Mai. http://www.zeit.de/politik/ausland/2017-05/g7-gipfel-italien-sizilien-taormina-usa-donald-trump-scheitern-abschlusserklaerung. Zugegriffen: 23. Februar 2018.

America First und das Ende des wohlwollenden Hegemonen

Handelspolitik unter Präsident Trump

Holger Janusch

Zusammenfassung

Mit Ende des Zweiten Weltkriegs etablierten die Vereinigten Staaten als Hegemon eine liberale Weltordnung basierend auf Prinzipien der freien Marktwirtschaft und des Freihandels. Mit dem Aufstieg Chinas gewannen allerdings bereits vor der Präsidentschaft Trumps protektionistische Stimmen an Gehör in Washington. Diese Tendenz bestätigt die Theorie der hegemonialen Stabilität, wonach ein untergehender Hegemon eine protektionistische Handelspolitik bevorzugt. Die angestrebte Handelspolitik der Trump-Administration unter dem Credo *America First* wäre demnach nur Ausdruck struktureller Machtveränderungen im Welthandelssystem. Die *America First*-Handelspolitik stellt insofern einen Bruch mit der vorherigen Handelspolitik der Vereinigten Staaten dar, da sie zwei grundlegende Kritiken kennzeichnet. Erstens basiert sie auf einer merkantilistischen Sichtweise und stellt somit eine Kritik an den Ideen des Liberalismus dar, wonach Freihandel den Wohlstand aller Nationen mehrt. Zweitens ist sie als Kritik an der Vorstellung der Vereinigten Staaten als wohlwollender Hegemon zu verstehen. Demnach ist die Trump-Administration nicht mehr bereit, höhere Kosten als andere Handelspartner für die Bereitstellung einer stabilen Weltwirtschaftsordnung zu bezahlen. Ein Blick auf die amerikanische Wirtschaft und Öffentlichkeit hingegen scheint der Theorie der hegemonialen Stabilität zu widersprechen und legt nahe, dass die Kehrwende der Trump-Administration nicht von Dauer sein wird, da ein Großteil der amerikanischen Unternehmer und Wähler weiterhin Freihandel befürwortet.

C. Daase und S. Kroll (Hrsg.), *Angriff auf die liberale Weltordnung*,
https://doi.org/10.1007/978-3-658-23783-7_9

Schlüsselbegriffe

US-Handelspolitik, Theorie der hegemonialen Stabilität, wohlwollender Hegemon, America First, Präsident Trump

1 Einleitung

Mit der Wahl Donald Trumps zieht ein Präsident in das Weiße Haus, der mit der liberalen Handelspolitik seiner Vorgänger bricht. Bereits während des Wahlkampfs drohte Trump anderen Ländern wie China und Mexiko mit Strafzöllen, da diese unfaire Handelspraktiken und Währungsmanipulationen nutzen würden. Direkt nach seinem Amtsantritt kündigte er die *Trans-Pacific Partnership* (TPP), ein Freihandelsabkommen mit elf pazifischen Ländern, das bereits unterzeichnet war und nur noch der Verabschiedung durch den Kongress bedurfte. Auch begann die Trump-Administration Neuverhandlungen mit Mexiko und Kanada über das *North American Free Trade Agreement* (NAFTA), von dem Mexiko und Kanada auf Kosten der Vereinigten Staaten profitierten. Präsident Trump drohte bereits mehrmals, dass die Vereinigten Staaten NAFTA verließen, wenn es nicht im Interesse der Vereinigten Staaten neugestaltet werde. Auch stellte die Trump-Administration die Mitgliedschaft der Vereinigten Staaten in der Welthandelsorganisation (WTO) infrage. Die Trump-Administration sähe die Regeln und Normen nicht mehr als bindend an, da sie die Souveränität der Vereinigten Staaten einschränken würden (United States Trade Representative 2017).

Doch vor allem die jüngsten Strafzölle, welche Präsident Trump gegen mehrere Länder verhängte, verdeutlichen den Unterschied zu vorherigen US-Regierungen. So beschloss Präsident Trump bereits im März 2018 aus Gründen der nationalen Sicherheit hohe Zölle auf Stahl- und Aluminiumimporte zu erheben. Richten sich die Zölle zunächst vor allem gegen China, werden seit Juni 2018 auch Strafzölle auf Importe von wichtigen Verbündeten und Handelspartnern der Vereinigten Staaten wie der Europäischen Union, Kanada und Mexiko erhoben. Die EU, Kanada und Mexiko kündigten bereits Vergeltungszölle an, worauf die Trump-Administration wiederum mit weiteren Zöllen drohte. Darüber hinaus reagierte die Trump-Administration bereits mit weiteren Strafmaßnahmen gegen China, das der Diebstahl geistigen Eigentums und Verletzungen des Investitionsschutzes vorgeworfen wird. So unterschrieb Präsident Trump einen Erlass, in dessen Folge die Vereinigten Staaten Strafzölle auf chinesische Importe, insbesondere Technologiegüter, in

Höhe von 60 Milliarden US-Dollar verhängen werden. Darüber hinaus kündigte die Trump-Administration an, ihre Maßnahmen gegen chinesische Investitionen, die auf die Übernahme US-amerikanischer Technologieunternehmen zielen, zu verstärken. Trump leitete damit einen Kurswechsel ein und bricht mit der liberalen Ausrichtung der Handelspolitik, welche die Vereinigten Staaten kontinuierlich seit Ende des Zweiten Weltkrieges verfolgten.

2 Die Entstehung des Welthandelsregimes unter der Hegemonie der Vereinigten Staaten

Im Kontext der Verwüstungen des Zweiten Weltkrieges fokussierten die Vereinigten Staaten ihre Außenwirtschaftspolitik auf die Schaffung einer liberalen Weltwirtschaftsordnung. Ziel war die Förderung von freier Marktwirtschaft und Freihandel. Teil dieser liberalen Weltwirtschaftsordnung waren die 1944 vereinbarten Bretton-Woods-Institutionen: der Internationale Währungsfonds (IWF) und die Internationale Bank für Wiederaufbau und Entwicklung (Weltbank). Während letztere Institution über Kredite den Wiederaufbau Europas finanzierte, etablierten die Vereinigten Staaten mit der Schaffung des Internationalen Währungsfonds ein System fester Wechselkurse, das die Erwartungssicherheit für Unternehmen erhöhen und damit den Außenhandel fördern sollte. Die Gründung einer internationalen Handelsorganisation scheiterte zwar zunächst, jedoch einigten sich unter der Führung der Vereinigten Staaten 23 Länder auf das *General Agreement on Tariffs and Trade* (GATT) mit dem Ziel, Handelsliberalisierung zwischen den Mitgliedsländern voranzubringen (Destler 2005; Kennedy 2005).

Für die Schaffung dieses liberalen, multilateralen Handelsregimes waren die Vereinigten Staaten bereit, gegenüber den zerstörten europäischen Ländern und Japan mehr Konzessionen zu machen. Aufgrund ihrer wirtschaftlichen und technologischen Dominanz stellte eine verstärkte Marktöffnung keine Bedrohung für die amerikanische Wirtschaft dar. Die Errichtung der liberalen Weltordnung im Rahmen dieser wohlwollenden Hegemonie war auch durch die katastrophale Handelspolitik der Vereinigten Staaten in Folge der Weltwirtschaftskrise, die Ende der 1920er Jahre begann und erst mit dem Zweiten Weltkrieg endgültig überwunden werden konnte, geprägt. 1930 erhöhten die Vereinigten Staaten mit dem *Smoot-Hawley Tariff Act* die Zölle für über 20.000 Güter, was Vergeltungszölle vieler Partnerländer und einen dramatischen Einbruch des Welthandels zur Folge hatte und die Weltwirtschaftskrise weiter verschärfte (Kindleberger 1973; Schattschneider 1963[1935]). Hatten die Vereinigten Staaten trotz ihrer hegemonialen Stellung als führende Industrienation noch auf eine Gestaltung der Weltordnung in der Zwischenkriegszeit verzichtet, wollten die Vereinigten Staaten diesen Fehler nicht wiederholen und begannen bereits gegen Ende des Zweiten Weltkrieges mit der Errichtung einer internationalen Ordnung basierend auf liberalen Werten.

Das GATT bildete das Fundament des damals entstehenden Welthandelsregimes und basierte auf dem grundlegenden liberalen Prinzip, dass Freihandel den Wohlstand aller Nationen steigert. Darüber hinaus einigten sich die Vertragsparteien des GATT auf die Norm der Nichtdiskriminierung. Nichtdiskriminierung beinhaltet das Meistbegünstigungsprinzip (*most favored nation*), wonach der geringste Zoll eines Landes für alle GATT-Länder gelten muss, und die Inländergleichbehandlung, wonach Importgüter, die den Zoll passiert haben, den gleichen Regulierungen wie inländische Produkte unterliegen. Demnach dürfen Importe eines Landes nicht gegenüber den Importen anderer Drittländer durch Handelshemmnisse und gegenüber inländischen Gütern durch Regulierungen diskriminiert werden. Zugleich setzten die Mitglieder des GATT anstelle von unilateralen oder bilateralen Zollsenkungen auf Multilateralismus und Reziprozität, um das Ziel des Freihandels zu erreichen. Hierfür fanden regelmäßig sogenannte Welthandelsrunden statt, in denen die GATT-Mitglieder über den Abbau tarifärer und nichttarifärer Handelshemmnisse verhandelten. In den acht erfolgreichen Welthandelsrunden bis Anfang der 1990er Jahre konnten nicht nur weitere Schritte zur Handelsliberalisierung erzielt werden, sondern auch die Zahl der Mitglieder wuchs stetig an (Kennedy 2005).

Trotz dieser multilateral fortschreitenden Handelsliberalisierung gab es stets auch mehr oder weniger protektionistische Tendenzen in den Vereinigten Staaten. Im Rahmen des *Trade Act of 1962* schuf der Kongress das *Office of the Special Trade Representative*, das jetzige *Office of the United States Trade Representative*, wodurch Verhandlungen über Handelsabkommen dem *Department of State* entzogen wurden. Den Kongressabgeordneten war es damals ein Dorn im Auge, dass das Außenministerium häufig wirtschaftliche Konzessionen im Gegenzug für politische Zusagen mit Partnerländern tauschte. Aber vor allem der wirtschaftliche Aufstieg Japans als neue Handelsmacht, aber auch anderer Nationen wie Deutschland ab Mitte der 1960er Jahre ließ das US-Handelsdefizit stetig wachsen und verstärkte protektionistische Stimmen in Washington bis in die 1980er Jahre. Die Stagflation im Zuge der Ölkrisen in den 1970er Jahren wirkte hierbei zusätzlich verschärfend. Im Zuge dessen verhandelten die Vereinigten Staaten unter anderem die freiwilligen Exportbeschränkungen Japans auf Automobile (Destler 2005). Zudem nutzen die Vereinigten Staaten verstärkt Antidumping-Maßnahmen und Ausgleichszölle (*countervailing duties*) gegen unfaire Handelspraktiken. Dumping meint den Verkauf von Gütern unter deren Herstellungspreis, um Konkurrenten aus dem Markt zu drängen. Ausgleichszölle richten sich gegen Importe ausländischer Unternehmen, die subventioniert werden und dadurch einen unfairen Wettbewerbsvorteil besitzen. Während das System fester Wechselkurse zu Beginn der 1970er zusammenbrach, blieb das Welthandelsregime stabil. Trotz der protektionistischen Tendenzen als Folge des damals befürchteten *American Decline* setzen die Vereinigten Staaten auch weiterhin auf multilaterale Handelsliberalisierung. In der achten Welthandelsrunde, der Uruguay-Runde, die von 1986 bis 1994 dauerte, vereinbarten die GATT-Mitgliedsländer schließlich die Gründung der WTO, was unter anderem zu einer Stärkung der Streitschlichtungsverfahren bei Handelsdisputen führte. Zugleich ergänzten sie das GATT um das *General Agreement on Trade in Services* (GATS) und das *Agreement on Trade-Related Aspects of Intellectual Property Rights* (TRIPS) (Destler 2005).

Gleichzeitig lässt sich bereits Ende der 1980er Jahre ein Strategiewechsel in der US-Handelspolitik feststellen. Mit den Verhandlungen und der Verabschiedung des NAFTA signalisieren die Vereinigten Staaten, dass sie neben den multilateralen Verhandlungen auch auf regionale Freihandelsabkommen setzen. Freihandelsabkommen widersprechen zwar dem Meistbegünstigungsprinzip, da sie den Vertragsparteien einen präferentiellen Marktzugang gewähren. Dennoch sind sie nach dem GATT (Artikel XXIV) erlaubt, solange die Vertragsparteien vollständig Zölle auf fast alle Güter senken. Dadurch soll gewährleistet werden, dass regionale Freihandelsabkommen als Bau- und nicht als Stolpersteine für die Verwirklichung des multilateralen Freihandels dienen. Kam es unter der Clinton-Administration zunächst zu einem Stillstand in der Handelspolitik, insbesondere wegen Streitigkeiten zwischen Republikanern und Demokraten über die Aufnahme von Bestimmungen zu Arbeitsstandards in Freihandelsabkommen, konnte die Bush-Administration den Streit lösen und setze verstärkt auf einen Bilateralismus. Die Bush-Administration verhandelte bilaterale und regionale Freihandelsabkommen in Lateinamerika, dem Nahen Osten und Asien (Janusch 2015b, 2016). Dennoch waren die bilateralen Freihandelsabkommen nicht als Ersatz der multilateralen Verhandlungen gedacht, sondern dienten vielmehr als Absicherung, da sich die multilateralen zunehmend schwieriger gestalteten. Bereits seit 2001 verhandeln die 164 WTO-Mitgliedsländer im Rahmen der Doha-Runde über weitere Schritte der Handelsliberalisierung, jedoch ist ein Ergebnis bisher nicht in Sicht. Ziel der Bush-Administration war es, reformwillige liberale Partnerländer mit Freihandelsabkommen zu belohnen und damit zugleich den Wettbewerbsdruck auf reformunwillige Länder zu erhöhen (*competitive liberalization*). Zudem konnten die Vereinigten Staaten in den Freihandelsabkommen Themen wie Rechte geistigen Eigentums, öffentliches Auftragswesen und Arbeitsstandards integrieren, deren Umsetzung in den multilateralen Verhandlung nur wenig Aussicht auf Erfolg hatten (Evenett und Meier 2008). Diesen Kurs in der Handelspolitik setzte die Obama-Administration fort, wobei der

Hauptfokus der Obama-Administration auf der TPP und der *Trade and Investment Partnership* (TTIP) lag. Nicht zuletzt der Aufstieg Chinas und das zunehmende US-Handelsdefizit sowie die Finanzmarktkrise haben erneut protektionistische Tendenzen in Washington verstärkt. Bereits die Bush-Administration und die Obama-Administration beklagten zunehmend die unfairen Handelspraktiken und Währungsmanipulationen Chinas und anderer Länder und setzen vermehrt auf Antidumping-Maßnahmen und Ausgleichszölle (Janusch und Witold 2017). Trotz der immer wieder aufflammenden Stimmen für protektionistische Maßnahmen waren die Vereinigten Staaten seit Ende des Zweiten Weltkriegs stets ein Befürworter des multilateralen Freihandels. Selbst unter der Bush-Administration, die sich insbesondere in der Sicherheitspolitik – zum Beispiel im Zuge des Irakkrieges – über multilaterale Normen hinwegsetzte und unilateral vorging, vertraute man in der Handelspolitik weiterhin dem multilateralen Welthandelsregime.

3 Die Theorie der hegemonialen Stabilität und der Welthandel

Der kurze Blick auf die Außenhandelspolitik der Vereinigten Staaten legt nahe, dass der Aufstieg und Untergang eines Hegemonen die Offenheit des Welthandelssystems bestimmt. Dieser Zusammenhang bildet das zentrale Argument der Theorie der hegemonialen Stabilität. Ein Hegemon ist ein Staat, der aufgrund seiner militärischen, wirtschaftlichen und technologischen Stellung allen anderen Staaten im internationalen System überlegen ist (Kindleberger 1973; Krasner 1976; Mearsheimer 2001). Nach Kindleberger (1973) ist ein Hegemon eine notwendige Bedingung für eine stabile internationale Ordnung, da nur der Hegemon öffentliche Güter des internationalen Systems wie Sicherheit und Freihandel bereitstellen und über Belohnungen und Bestrafungen das Trittbrettfahren anderer Staaten verhindern kann.[1] So war es nach Kindleberger (1973) die Zurückhaltung der Vereinigten Staaten, öffentliche Güter trotz ihrer hegemonialen Stellung in der Zwischenkriegszeit bereitzustellen, welche die Weltwirtschaftskrise Ende der 1920er Jahre auslöste. Einen wohlwollenden Hegemon kennzeichnet die Bereit-

1 Der neoliberale Institutionalismus, insbesondere die Regimetheorie, erkennt zwar die förderliche Rolle eines Hegemonen bei der Errichtung internationaler Institutionen an, sieht jedoch einen Hegemonen nicht als notwendige Bedingung an. Internationale Institutionen können auch ohne einen Hegemonen entstehen oder bestehen bleiben, wenn sie langfristig Gewinne für alle beteiligten Staaten versprechen. Siehe hierzu zum Beispiel Keohane (1984).

schaft, einen größeren Teil der Kosten bei der Bereitstellung öffentlicher Güter zu zahlen. Er handelt dabei allerdings nicht altruistisch, sondern durchaus in seinem nationalen Interesse (Gilpin 1981; Krasner 1976). Mit Blick auf den Außenhandel argumentiert Krasner (1976), dass ein aufsteigender Hegemon sich für Freihandel einsetzt, da der Hegemon wirtschaftlich und machtpolitisch davon profitiert. Der Aufstieg eines neuen Hegemonen führt somit zu einer Liberalisierung und Öffnung des internationalen Handelssystems. Ein hegemonialer Untergang hingegen führt zu Protektionismus und einer Schließung des internationalen Handelssystems. Der wohlwollende Hegemon ist jedoch nicht nur bereit, höhere Kosten für die Bereitstellung einer stabilen internationalen Ordnung zu tragen, sondern auch für deren Aufrechterhaltung seine eigene (relationale) Machtausübung zu beschränken. Der Hegemon errichtet somit eine internationale Ordnung, die auf einem Set von Regeln und Normen basiert, über welche sich der Hegemon selbst bindet. Durch den kurzfristigen Machtverzicht erhofft sich der Hegemon jedoch die Etablierung einer internationalen Ordnung, die langfristig seine Ordnungsmacht garantiert und den Aufstieg neuer Mächte verhindert (Gilpin 1981; Kindleberger 1973; Krasner 1976).[2]

Kennzeichnend für einen Hegemon ist demnach nicht seine relationale Macht in Form von Zuckerbrot und Peitsche, sondern vor allem seine Metamacht (*meta-power*). Relationale Macht meint die Fähigkeit, einen anderen Akteur im Rahmen existierender politischer Entscheidungsregeln dazu zu bewegen, etwas gegen seinen Willen zu tun (Krasner 1985; Weber 2002 [1921]; Barnett und Duvall 2005). Metamacht hingegen bezeichnet die Fähigkeit eines Akteurs, Institutionen, über die Entscheidungsverfahren geregelt werden, zu seinen eignen Gunsten zu strukturieren (Krasner 1985; Baumgartner und Burns 1975). Metamacht impliziert die Fähigkeit, andere Akteure davon abzubringen, etwas zu tun, was sie eigentlich wollen; meist ohne dass es diesen Akteuren bewusst ist (Digeser 1992, S. 978). Metamacht umfasst die Unterdrückung von Forderungen nach Veränderungen der bestehenden Verteilung von Gewinnen oder Privilegien, bevor sie artikuliert werden (*mobilization of bias*) (Bachrach und Baratz 1970, S. 44). Dieser Aspekt der Macht beinhaltet dabei sowohl Nichtentscheidungen, die durch Begrenzungen bestehender Institutionen, die bestimmte Akteure gegenüber anderen privilegieren, zustande kommen, als auch die bewusste Manipulation dieser Begrenzungen, um zukünftige Ergebnisse zum eigenen Vorteil zu verändern (*nondecisions as antedecisions*) (Bachrach und Baratz 1963; Baumgartner und Burns 1975; Guzzini 1993, S. 462).

Da einen Hegemon nicht nur die Fähigkeit, sondern auch die Bereitschaft, eine internationale Ordnung zu schaffen, kennzeichnet, ist eine Hegemonie eng mit

2 Krasner (1984) hingegen betont, dass die vom Hegemon geschaffenen internationalen Institutionen den Untergang des Hegemonen beschleunigen können.

einem Führungsanspruch (*leadership*) und weicher Macht (*soft power*) verknüpft. Nye (2002, 2011) unterscheidet harte Macht von weicher Macht. Erstes entspricht der obigen Definition von relationaler Macht und meint die Fähigkeit, meist mit wirtschaftlichen oder militärischen Mitteln, andere Akteure dazu zu bewegen, etwas zu tun, dass sie ansonsten nicht machen würden. Weiche Macht hingegen bezeichnet die Fähigkeit, dass andere Akteure freiwillig ihre Präferenzen aufgrund der Werte, Institutionen oder Politiken eines Akteurs ändern. Weiche Macht fördert die Führung des Hegemonen, da andere Staaten bereitwillig die internationale Ordnung des Hegemonen akzeptieren. Damit reduziert weiche Macht die Kosten in Form von harter Macht, die für den Hegemon bei der Schaffung einer stabilen internationalen Ordnung anfallen. Umgekehrt schädigt ein unverhältnismäßiger Einsatz von harter Macht die weiche Macht des Hegemonen und damit seine Metamacht, also die Fähigkeit, eine internationale Ordnung nach seinen Vorstellungen zu gestalten (Keohane und Nye 1977, S.44; Nye 2002; Gallarotti 2011).

4 *America First* als Kritik am wohlwollenden Hegemonen und der liberalen Welthandelsordnung

Trotz der grundsätzlich liberalen Ausrichtung der US-Handelspolitik seit Ende des Zweiten Weltkrieges gab es bereits vor der Präsidentschaft Trumps Forderungen von US-Administrationen nach Schutzmaßnahmen und Protektionismus. Besonders im Zuge eines drohenden hegemonialen Untergangs, repräsentiert durch den Aufstieg Japans oder aktuell Chinas, und von Wirtschaftskrisen mehren sich Stimmen nach mehr Protektionismus (Behrens und Janusch 2013). Seit dem WTO-Beitritt Chinas 2001 und dem Anstieg des US-Handelsdefizits beklagten bereits die Bush-Administration und später die Obama-Administration sowie Kongressabgeordnete zunehmend unfaire Handelspraktiken und Währungsmanipulationen Chinas und anderer Handelspartner. In diesem Zusammenhang können die protektionistischen Töne Präsident Trumps nur als eine Fortsetzung bestehender Kritik an unfairen Handelspraktiken von US-Handelspartnern angesehen werden und es erscheint demnach zunächst nur die Rhetorik extremer. So drohte Präsident Trump per Tweet, dass die Vereinigten Staaten NAFTA und sogar die WTO verlassen würden, wobei Präsident Trump mit den Strafzöllen auf Stahl und Aluminium bereits signalisierte, dass er im Vergleich zu vorherigen US-Regierungen auch zu extremen Maßnahmen bereit ist. Auch das außenpolitische *America First*-Credo der Trump-Administration, also amerikanischen Interessen Priorität vor den Interessen anderer Nationen einzuräumen, unterscheidet sich auf den ersten Blick nicht grundlegend von der

Außenpolitik vorheriger Administrationen. Nicht zuletzt die Bush-Administration und die Obama-Administration haben stets betont, die Handelspolitik im Interesse amerikanischer Arbeiter und Unternehmen zu gestalten. Doch im Gegensatz zu den außenpolitischen Vorstellungen und Doktrinen der vorherigen US-Administrationen beinhaltet das Credo *America First* zwei Aspekte, die eine Zäsur mit vorherigen Administrationen seit dem Zweiten Weltkrieg darstellen: erstens die Kritik an den liberalen Vorstellungen, dass Freihandel den Wohlstand aller Nationen vergrößert, und zweitens die Kritik an der Vorstellung von den Vereinigten Staaten als einem wohlwollenden Hegemonen (Janusch 2017).

Kritik am Liberalismus. Die *America First*-Außenpolitik der Trump-Administration basiert neben der Bevorzugung amerikanischer vor ausländischer Interessen auf der Vorstellung, dass im Konfliktfall materielle Interessen gegenüber normativen Werten bevorzugt werden sollten. Als primäres Ziel definiert die Trump-Administration die Verbesserung der wirtschaftlichen und sicherheitspolitischen Lage der Vereinigten Staaten. Hierfür ist sie bereit, gegebenenfalls amerikanische Wertvorstellungen von Demokratie und Menschenrechten, aber auch freier Marktwirtschaft und Freihandel, zu opfern. So betonte der ehemalige US-Außenminister Rex Tillerson, dass Werte untergeordnet werden, wenn sie ein Hindernis für die Verwirklichung ökonomischer und sicherheitspolitischer Interessen darstellen (The Guardian 2017). Mit Blick auf die Handelspolitik betont Präsident Trump zwar, dass er kein Isolationist und ein absoluter Befürworter von Freihandel sei, jedoch spiegelt sich in seinen Politiken und Argumenten eine merkantilistische Sichtweise, die den Außenhandel als Nullsummenspiel ansieht (Janusch 2017). In der liberalen Außenhandelstheorie seit Adam Smith und David Ricardo wird stets betont, dass Freihandel als Folge internationaler Arbeitsteilung (komparativer Kostenvorteile), zunehmender Größenkostenersparnis (*economies of scale*) und steigender Produktvielfalt den Wohlstand aller Nationen steigert. Die liberalen Außenhandelstheorien berücksichtigen dabei durchaus, dass Freihandel nicht nur Gewinner, sondern auch Verlierer produziert (Heckscher-Ohlin-Theorem) oder regional begrenzte Handelsabkommen auch die Wohlfahrt verringern können (handelsschaffende und -umlenkende Effekte).[3] Dennoch wird Handel grundsätzlich als Positivsummenspiel gesehen, von dem alle Nationen profitieren können. Auf dieser Idee basiert das liberale Welthandelsregime, dass die Vereinigten Staaten nach dem zweiten Weltkrieg in Form des GATT etablierten und auf dem die WTO aufbaut.

Nach Trumps handelspolitischen Vorstellungen hingegen gestaltet sich Handel vielmehr als Nullsummenspiel, wonach der Gewinn des einen der Verlust des

3 Für einen Überblick zu Außenhandelstheorien siehe Krugman und Obstfeld (2012).

anderen ist. Danach sind jedwede Handelsdefizite schädlich für die Wirtschaft und kennzeichnen stets Verlierer, während Gewinner Handelsüberschüsse erwirtschaften. Als Ursache für die Handelsdefizite der Vereinigten Staaten erkennt die Trump-Administration die unfairen Handelspraktiken und Währungsmanipulationen der Handelspartner, insbesondere China, Mexiko und Deutschland, aber auch die Inkompetenz vorheriger US-Administrationen, die sich von den Handelspartnern über den Tisch hätten ziehen lassen (United States Trade Representative 2017). Dass Außenhandel schädlich für Arbeitsplätze ist, insbesondere im Niedriglohnsektor der Vereinigten Staaten, mag dabei nicht unbegründet sein. So belegt eine Studie nach Acemoglu et al. (2014), dass seit dem WTO-Beitritt Chinas die Vereinigten Staaten 2 bis 2,4 Millionen Arbeitsplätze aufgrund chinesischer Importe verloren haben. Ein Blick auf die Textilindustrie verdeutlicht, dass die Vereinigten Staaten in den letzten 15 Jahren knapp zwei Drittel der Arbeitsplätze, also knapp 400.000, verloren haben. Dennoch vernachlässigt der einseitige Blick auf den Freihandel andere Faktoren, die den Verlust von Arbeitsplätzen bedingen. Die US-Stahlindustrie wird gerne von Kritikern als Paradebeispiel für die fatalen Folgen des Außenhandels und unfairer Handelspraktiken angeführt. Vor allem chinesisches Dumping wird häufig als Hauptursache für die Arbeitsplatzverluste in der amerikanischen Stahlbranche genannt. Eine Studie von Collard-Wexler und Loecker (2015) verweist jedoch darauf, dass Arbeitsplatzverluste im US-Stahlsektor weniger auf ausländische Importe als vielmehr auf Produktivitätsgewinne im Zuge der Einführung kleinerer Stahlwerke, sogenannter *mini-mills*, zurückzuführen sind. Darüber hinaus haben unfaire Handelspraktiken wie Dumping kaum einen signifikanten Effekt auf das Handelsdefizit der Vereinigten Staaten. Währungsmanipulationen hingegen hatten durchaus eine nicht zu vernachlässigende Wirkung auf die Handelsbilanz der Vereinigten Staaten, sind aktuell jedoch nur ein geringer Faktor. Die aktuellen US-Handelsdefizite lassen sich vor allem auf die höhere Konsumrate und geringere Sparrate der Vereinigten Staaten im internationalen Vergleich zurückführen (Pearson 2017a, 2017b).

Die handelspolitische Denkweise Trumps ist darüber hinaus aufgrund ihrer einseitigen Fokussierung auf importkonkurrierende Sektoren, insbesondere der verarbeitenden Industrien wie die Stahlbranche, problematisch. Erstens vernachlässigt diese merkantilistische Denkweise die Interessen exportorientierter Unternehmen. Bei vielen Importen handelt es sich um Zwischenprodukte einer internationalen Wertschöpfungskette. So werden Importe häufig einem US-Produkt hinzugefügt, das dann wiederum exportiert wird. In der Automobilindustrie überqueren zig Teilprodukte die US-mexikanische Grenze, bevor das endgültige Automobil zusammengesetzt wird. Teurere Importe verringern somit die Wettbewerbsfähigkeit exportorientierter Unternehmen auf dem Weltmarkt. Zweitens vernachlässigt die merkantilistische Perspektive die Interessen von Konsumenten. Während die Trump-Administration den Wohlstand einer Nation anhand der Handelsbilanz misst, betonten liberale Denker, dass der Konsum den Wohlstand einer Nation bestimmt. Freihandel erhöht dabei nicht nur die Menge des Konsums aufgrund der günstigeren Importe als Folge der internationalen Arbeitsteilung, sondern auch die Produktvielfalt.

Die drei zentralen Posten für die Handelspolitik – der *United States Trade Representative*, der *Secretary of Commerce* und der Vorsitzende der neu gegründeten *National Trade Council* – unterstützen mehr oder weniger die handelspolitische Denkweise Trumps. Der neue *United States Trade Representative* Robert Lighthizer war bereits unter Präsident Reagan stellvertretender Handelsbeauftragter und verhandelte damals freiwillige Exportbeschränkungen von Handelspartnern – unter anderem auch Stahlimporte betreffend. Zuletzt vertrat er als Anwalt die US-Stahlindustrie in Handelsdisputen. Er ist nun formal zuständig für alle internationalen Verhandlungen über Handelsabkommen. Der neue *Secretary of Commerce* Wilbur Ross war zuvor als Investor bekannt, der bankrotte Unternehmen, darunter Stahl- und Bergbaukonzerne, aufkaufte, zu neuen Agglomeraten zusammenschweißte und gewinnbringend wieder verkaufte. Als neuer Wirtschaftsminister ist er vor allem zuständig für Antidumpingmaßnahmen und Ausgleichszölle. Der Wirtschaftswissenschaftler Peter Navarro, der an der *University of California* lehrte, ist der Vorsitzende des *National Trade Council* und damit engster Berater Trumps im Weißen Haus für Handelspolitik. Navarro sieht die unfairen Handelspraktiken Chinas als Ursache für das geringe Wirtschaftswachstum und die hohe Arbeitslosigkeit der Vereinigten Staaten. Er befürwortet eine protektionistische Handelspolitik. Navarro und Ross erarbeiteten zusammen bereits während des Wahlkampfs die handelspolitische Agenda Trumps. Auf der anderen Seite gibt es eine Reihe von Ministern und Beratern wie dem Finanzminister Steven Mnuchin, der Agrarminister Sonny Perdue, dem Vorsitzende des Nationalen Wirtschaftsrats Gary Cohn und dem Sonderberater Jared Kushner, die eher eine liberale Handelspolitik befürworten.

Kritik am wohlwollenden Hegemon. Neben der Kritik an der normativen Basis der liberalen Weltordnung widerspricht die *America First*-Außenpolitik den Vorstellungen, dass die Vereinigten Staaten als wohlwollender Hegemon handeln sollten. Die Verabschiedung der Trump-Administration von der Ausrichtung der US-Außenpolitik an der Vorstellung des wohlwollenden Hegemonen sollte nicht darüber hinwegtäuschen, dass bereits die Bush- und Obama-Administrationen stets Druck auf die Handelspartner bei kontroversen Themen in den bilateralen Verhandlungen über Freihandelsabkommen ausübten. Auch in Verhandlungen mit engen Verbündeten wie Südkorea und Kolumbien waren beide Administrationen nicht gewillt gewesen, großzügige Konzessionen zu machen, sondern beharrten auf einer harten Verhandlungsposition (Janusch 2015a, 2016). Vielmehr sahen die vorherigen US-Administrationen die Eröffnung von Verhandlungen über ein Freihandelsabkommen bereits als Privileg für die Handelspartner an. Keineswegs kann davon gesprochen werden, dass die Vereinigten Staaten zu einseitigen Konzessionen bereit gewesen waren. Vorherige US-Administrationen verfolgten stets die wirtschaftlichen, aber auch sicherheitspolitischen und geopolitischen Interessen der Vereinigten Staaten in der Handelspolitik. Darüber hinaus kritisierten vorherige Administrationen, insbesondere die Bush-Administration, auch bereits multilaterale Abkommen und Organisationen. Dennoch befürworteten und unterstützten vorherige Administration im Gegensatz zur Trump-Administration stets (bis zu einem gewissen Grad) eine Verrechtlichung der Handelspolitik und damit eine Selbstbindung der Vereinigten Staaten. Ob bei der Schaffung der WTO oder der Schließung bilateraler und regionaler Freihandelsabkommen – stets strebten die Vereinigten Staaten eine Institutionalisierung der Handelspolitik zum Beispiel in Form von Streitschlichtungsverfahren an.

Bereits unter vorherigen Administrationen diente die Vorstellung des wohlwollenden Hegemonen somit nicht mehr als Leitmotiv für die Außenpolitik, wurde aber zumindest mit Blick auf die Handelspolitik nicht vollständig über Bord geworfen. Die Außenpolitik der Trump-Administration hingegen stellt eine endgültige Abkehr von der außenpolitischen Rolle der Vereinigten Staaten als wohlwollender Hegemon dar. Die Trump-Administration betont, dass sie nicht mehr dazu bereit sei, die Souveränität der Vereinigten Staaten durch multilaterale Institutionen zu beschränken (United States Trade Representative 2017; Navarro und Ross 2016). Multilaterale Abkommen wie die WTO und die geplante TPP, die Präsident Trump noch vor ihrer Verabschiedung durch den Kongress aufkündigte, schadeten dem nationalen Interesse der Vereinigten Staaten. Präsident Trump betont dabei, dass seine Administration all ihre (relationale) Macht einsetzen werde, um die vorteilhaftesten Handelsabkommen für die Vereinigten Staaten zu schließen. Zugleich hebt er allerdings auch hervor, dass er Verständnis dafür habe, dass andere Länder genauso handeln, beziehungsweise empfiehlt es ihnen sogar. Die Kritik an der Rolle der Vereinigten Staaten als wohlwollender Hegemon beschränkt sich nicht nur auf die Handelspolitik, sondern umfasst alle Themenbereiche wie die Sicherheits- und Umweltpolitik. So stellte Präsident Trump zum Beispiel bereits häufiger die Organisation des Nordatlantikvertrags (NATO) in Frage und forderte von den NATO-Verbündeten eine Aufstockung ihres Verteidigungsetats.

Waren vorherige US-Administrationen, insbesondere nach dem Zweiten Weltkrieg, aber auch nach Ende des Kalten Krieges, mehr oder weniger bereit gewesen, die relationale Macht der Vereinigten Staaten zu beschränken, um über Metamacht langfristig eine internationale Ordnung zu schaffen, welche den Führungsanspruch der Vereinigten Staaten verfestigen sollte, widerspricht das Credo *America First* diesen Vorstellungen. Präsident Trump ist nicht mehr gewillt, die relationale Macht der Vereinigten Staaten, insbesondere in Form von Drohungen und Zwang, in irgendeiner Weise zu beschränken, da er ausschließlich in dieser Kategorie denkt. Treu seinem Motto, das stets seine Handlungen bei Immobiliengeschäften leitete: „*Use your leverage*" (Trump und Schwartz 1987, S. 53). Der Verzicht auf relationale Macht zu Gunsten von Metamacht wird von Präsident Trump als Schwäche und Dummheit vorheriger Verhandlungsführer kritisiert. Einen möglichen Wert von Metamacht scheinen Präsident Trump und seine Administration nicht zu erkennen. Darüber hinaus vernachlässigt der einseitige Fokus der Trump-Administration auf harte Macht den daraus resultierenden Schaden für die weiche Macht und Führung (*leadership*) der Vereinigten Staaten. Die Verhandlungsstrategie, in jedweder Verhandlung stets seinen Verhandlungshebel, also harte Macht, maximal zu nutzen, schafft weder Attraktivität, noch überzeugt sie andere, freiwillig ihre Präferenzen zu ändern. Dieser Verlust an weicher Macht wird zugleich die zukünftigen Kosten der Vereinigten Staaten für die Aufrechterhaltung einer internationalen Ordnung erhöhen.

Die Infragestellung bestehender Institutionen und Handelsabkommen, wie der WTO und NAFTA, und die Eskalation im Zuge der Einführung von Zöllen auf Stahl und Aluminium ist vor diesem Hintergrund nicht nur als Kritik am liberalen Denken und der Vorstellung einer wohlwollenden Hegemonie der Vereinigten Staaten zu verstehen, sondern auch als Verhandlungsstrategie. Auch hier folgt Trump einer Devise, die er bei seinen Immobiliengeschäften befolgte: „The worst thing you can possibly do in a deal is seem desperate to make it" (Trump und Schwartz 1987, S. 53). Indem Trump die bestehenden Abkommen in Frage stellt und mit weiteren Vergeltungszöllen als Reaktion auf die angedrohten Strafmaßnahmen seitens anderer Länder, die ihrerseits auf die anfänglichen US-Strafzölle auf Stahl und Aluminium reagieren, droht, möchte er signalisieren, dass die Vereinigten Staaten nicht auf die existierenden Kooperationen angewiesen seien. Hierdurch erhofft er sich, an Verhandlungshebel gegenüber den Handelspartnern zu gewinnen. Häufig scheint es, dass Trumps Kritik an bestehenden Kooperationen weniger durch verinnerlichte ideelle Vorstellungen bestimmt wird, sondern vielmehr einer Verhandlungsstrategie dient. Mögliche Kosten für die weiche Macht und Reputation der Vereinigten Staaten als zuverlässigem Kooperationspartner scheinen Präsident Trump dabei nicht bewusst zu sein oder werden scheinbar als vernachlässigbar angesehen.

5 Innenpolitische Zustimmung zu Trumps Kurswechsel in der Handelspolitik

Nach der Theorie der hegemonialen Stabilität kann der Wechsel in der US-Handelspolitik, den die Trump-Administration anstrebt, als Folge des stetig voranschreitenden Untergangs der hegemonialen Stellung der Vereinigten Staaten im Welthandel angesehen werden. So macht vor allem der Aufstieg Chinas die hegemoniale Stellung im Welthandel streitig. Lag der Anteil der Vereinigten Staaten am Welthandel (Exporte und Importe) noch bei 16 Prozent im Jahr 2000, sank dieser 2016 auf 11,8 Prozent. Im Vergleich dazu stieg der Anteil Chinas am Welthandel von 3,8 Prozent in 2000 auf 12,5 Prozent in 2016 (World Integrated Trade Solution o. J.). Auch beim Blick auf die volkswirtschaftliche Größe wird der Aufstiegs Chinas als neue Wirtschafts- und Handelsmacht deutlich, der die hegemoniale Stellung der Vereinigten Staaten in Frage stellt. Zwar stieg einerseits das Bruttoinlandsprodukt (BIP) der Vereinigten Staaten von 10,3 Billionen US-Dollars in 2000 auf 18,6 Billionen US-Dollars in 2016. Anderseits wuchs das BIP Chinas im gleichen Zeitraum von 1,2 Billionen US-Dollars auf 11,2 Billionen US-Dollars und verzehnfachte sich damit fast innerhalb von eineinhalb Dekaden (International Monetary Fund 2017). Der Theorie der hegemonialen Stabilität folgend ist die *America First*-Handelspolitik Trumps somit Ausdruck der strukturellen Veränderungen im Welthandelssystem und der sich verändernden wirtschaftlichen Machtverteilung.

Der globalisierungskritische Wahlkampf und die Wahl Trumps lassen zunächst vermuten, dass die strukturellen Veränderungen im Welthandel auch die Interessen der amerikanischen Wirtschaft und die politische Meinung der Wählerschaft globalisierungskritischer werden ließen. Ein näherer Blick auf die Interessenlage der Wirtschaft und Wählerschaft zeigt hingegen ein anderes Bild. Der Großteil der amerikanischen Wirtschaft befürwortet immer noch eine liberale Handelspolitik in Form von bilateralen und multilateralen Freihandelsabkommen wie NAFTA und TPP. So unterstützen führende verarbeitende Industrien wie die IT-Branche und Automobilunternehmen eine weitere Handelsliberalisierung. Diese Industrien sind dabei nicht nur an der Öffnung ausländischer Märkte interessiert, um ihre Produkte abzusetzen, sondern auch an den Vorteilen bei der Produktion durch einen Ausbau der internationalen Wertschöpfungskette. Auch die US-Agrarindustrie – mit wenigen Ausnahmen wie der relativ kleinen Zuckerindustrie – profitieren von Zugängen zu ausländischen Märkten. Insbesondere die Rindfleischindustrie ist international wettbewerbsfähig und setzt sich für eine Öffnung ausländischer Märkte ein. Darüber hinaus befürworten wirtschaftlich bedeutende Industriezweige wie die Pharma- und Filmindustrie Freihandelsabkommen vor allem aufgrund der Bestimmungen zu Rechten geistigen Eigentums. Und nicht zu guter Letzt die

Finanzindustrie unterstützt eine liberale Handelspolitik, da sie über Handelsabkommen auch eine Liberalisierung des Finanzsektors der Handelspartner vorantreiben kann. Auf der anderen Seite stehen importkonkurrierende Industrien wie die Zucker- und Stahlindustrie der weiteren Liberalisierung und Handelsabkommen kritisch gegenüber. Hierbei handelt es sich im Vergleich jedoch um relativ kleine Industrien, deren Einfluss im Vergleich zu den anderen Branchen als relativ gering anzusehen ist (Janusch 2016).

Auch die politische Meinung über Freihandel und Handelsabkommen entspricht nicht den Erwartungen, die der globalisierungskritische Wahlkampf vermuten lässt. Mit Blick auf die aktuelle Zustimmung für Freihandel belegen die meisten repräsentativen Umfragen über die Einstellung der amerikanischen Bürger, dass eine Mehrheit Freihandel grundsätzlich eher positiv gegenüber eingestellt ist. Nach einer Befragung des *Pew Research Center* sahen 2016 51 Prozent im Vergleich zu 39 Prozent Handelsabkommen als eine „gute" anstelle einer „schlechten Sache" an (Stokes 2016). Eine Umfrage von NBC kommt zu einem vergleichbaren Ergebnis, wonach 55 Prozent der Befragten Freihandel als gut für die Vereinigten Staaten und nur 38 Prozent Freihandel als schlecht ansehen (NBC News/Wall Street Journal 2016; NBC News 2016). Auch eine Langzeitumfrage des Meinungsforschungsinstituts Gallup belegt, dass in den meisten Jahren seit Beginn der 1990er eine Mehrheit der Befragten Außenhandel eher als Chance denn als Bedrohung für wirtschaftliches Wachstum wahrnehmen. Zwar fiel nach dieser Befragung die Zustimmung für einen offenen Außenhandel von 2002 stetig, bis sie einen Tiefpunkt während der Weltwirtschaftskrise 2008 erreichte, als eine Mehrheit von 52 Prozent Außenhandel eher als Bedrohung ansah. Doch in den letzten Jahren war wieder eine deutliche Mehrheit von 58 Prozent (2016) Freihandel eher positiv gegenüber eingestellt, während nur 34 Prozent (2016) Freihandel als Bedrohung wahrnahmen (Newport 2016). Auch im Langzeittrend ist die Zustimmung für Freihandel in der amerikanischen Gesellschaft seit Ende der 1970er Jahre gestiegen, wie ein Blick auf eine Studie der *Chicago Council on Global Affairs* belegt. Von 1976 bis 2002 fragte der *Chicago Council on Global Affairs* Bürger der Vereinigten Staaten, ob sie mehr mit jenen sympathisieren, die Zölle abschaffen wollen oder diese als notwendig ansehen. Nach der Umfrage nahm die Zustimmung für Zollsenkungen langfristig von 23 Prozent in 1976 auf 38 Prozent in 2002 zu. Zwar sah stets eine Mehrheit der Befragten Zölle als notwendig an (55 Prozent in 1976; 50 Prozent in 2002). Dies dürfte jedoch der Art der Fragestellung geschuldet sein. So impliziert die Fragestellung eher unilaterale Zollsenkungen anstelle einer gegenseitigen Abschaffung von Zöllen, wie bei Handelsabkommen üblich. Als die *Chicago Council on Global Affairs* ab 2004 die Frage änderte und nach der Beurteilung von Handelsabkommen fragte, war eine deutliche Mehrheit für Zollsenkungen in Form von Handelsabkommen (58 Prozent in 2004; 64 Prozent in 2014). Vor allem bevorzugten die meisten Befragten stets Handelsabkommen, die einen Ausgleich für Arbeitnehmer vorsehen, die durch den Außenhandel ihren Arbeitsplatz verlieren.

Eine Erklärung dafür, dass die Präsidentschaftskandidaten Donald Trump und Hillary Clinton sich während des Wahlkampfs trotz der öffentlichen Zustimmung für Freihandel gegen Handelsabkommen aussprachen, liefert das Wahlsystem der Vereinigten Staaten. Der Präsident der Vereinigten Staaten wird nicht direkt von den Bürgern gewählt, sondern von dem Wahlmännerkollegium (*electoral college*). In das Wahlmännerkollegium schickt jeder Einzelstaat so viele Delegierte wie er Abgeordnete im Kongress hat (plus drei Delegierte für den *District of Colombia*). Bei der Wahl zählt das *Winner-takes-all*-Prinzip, das heißt, der Kandidat, der die meisten Stimmen in einem Einzelstaat gewinnt, bekommt alle Wahlmännerstimmen zugesprochen. Der Wahlkampf findet deswegen vor allem in den sogenannten *swing states* oder *battleground states* statt, also jenen Staaten, in denen keine klaren Mehrheitsverhältnisse herrschen. In den entscheidenden *swing states*, darunter Ohio, Michigan, Pennsylvania und Virginia, steht eine Mehrheit der Wählerschaft Freihandel allerdings kritisch gegenüber (Hendrix 2016). Diese Wählerschaft ist zugleich gewillt, Kandidaten und Parteien bei der nächsten Wahl zu bestrafen, wenn sie weitere Handelsliberalisierungen unterstützen (Jensen et al. 2016). Präsidentschaftskandidaten können also mit einer globalisierungskritischen Haltung in den *swing states*, die entscheidend für die Wahl sind, punkten. Darüber hinaus messen Kritiker von Freihandel dem Thema eine höhere Bedeutung zu als deren Befürworter. So lassen sich mit einer Kritik am Freihandel also durchaus Stimmen gewinnen, aber kaum welche verlieren (Stokes 2016; Smeltz et al. 2016).

Der Blick auf die Interessen der Wirtschaft und die politische Meinung der Öffentlichkeit verdeutlicht, dass ein Großteil der Wirtschaft und die Mehrheit der Wähler weiterhin Freihandel und Handelsabkommen befürworten, auch wenn die Wähler negative Folgen für die Arbeitsplätze, insbesondere in den Beziehungen mit China, erkennen. Dass Trump dennoch mit einem globalisierungskritischen Wahlkampf gewinnen konnte, sollte nicht mit einer Zustimmung für eine isolationistische und protektionistische Handelspolitik verwechselt werden. Widerstand regt sich dabei auch in den Reihen der republikanischen Partei. So brachte der republikanische Senator Bob Corker ein überparteiliches Gesetz in den Senat ein, dass eine Erhebung von Strafzöllen aus Gründen der nationalen Sicherheit von der Zustimmung des Kongresses abhängig machen würde. Hierdurch würde der Kongress eine Kompetenz, die der Kongress in einem Gesetz 1962 an den Präsidenten delegierte hatte, dem Präsidenten weitestgehend entziehen.

6 Schlussfolgerungen

Präsident Trump verspricht unter dem Credo *America First* eine Neuausrichtung der Außen- und Handelspolitik der Vereinigten Staaten, die wieder den Interessen der amerikanischen Arbeiter und Unternehmen höchste Priorität einräumt. Neu an der Handelspolitik unter Präsident Trump ist allerdings nicht die Bevorzugung amerikanischer Interessen vor denen des Auslands. Bereits vorherige Administrationen orientierten ihre Handelspolitik primär an den Interessen amerikanischer Unternehmen und Arbeitnehmer. Auch unterscheidet sich die Trump-Administration nicht grundsätzlich von den vorherigen US-Administrationen in ihrer Kritik an den unfairen Handelspraktiken und Währungsmanipulationen wichtiger Handelspartner wie China, auch wenn sie zu einer extremeren Rhetorik neigt. Das Credo *America First* kennzeichnet vielmehr zwei Prinzipien, die eine Kehrtwende in der Handelspolitik signalisieren. Erstens beinhaltet es eine Voranstellung wirtschaftlicher und sicherheitspolitischer Interessen gegenüber amerikanischen Werten wie Demokratie und Freihandel. Mit Blick auf die Handelspolitik stellt die Trump-Administration das liberale Welthandelsregime, das maßgeblich von den Vereinigten Staaten geprägt wurde, in Frage. Anstelle der liberalen Vorstellung, dass Freihandel ein Positivsummenspiel darstellt, vertritt die Trump-Administration vielmehr eine merkantilistische Sichtweise, wonach Handelsüberschüsse Gewinner und Handelsdefizite Verlierer kennzeichnen.

Zweitens beinhaltet die *America First*-Außenpolitik eine Kritik an der Vorstellung, dass die Vereinigten Staaten die Rolle eines wohlwollenden Hegemonen übernehmen sollten. Die Trump-Administration ist nicht bereit, im Sinne einer wohlwollenden Hegemonie, höhere Kosten für die Bereitstellung einer internationalen Ordnung und öffentlicher Güter wie Freihandel zu übernehmen, um so langfristig ihre Gestaltungsmacht und Führungsanspruch zu sichern. Zwar handelten bereits vorherige Administrationen nicht im Einklang mit der Idee eines wohlwollenden Hegemonen. Dennoch waren die Vereinigten Staaten, zumindest in der Handelspolitik, stets bereit, ein regelbasiertes Welthandelsregime und Handelsabkommen, welche den Einsatz harter Macht begrenzen, insbesondere bei der Lösung von Handelsdisputen, zu akzeptieren. Die Trump-Administration hingegen kritisiert die internationalen Regelungen, da diese den Interessen der Vereinigten Staaten schadeten und die harte Macht der Vereinigten Staaten begrenzten. In diesem Zusammenhang lässt sich die Kritik Trumps an vorherigen Administrationen verstehen, dass diese sich hätten über den Tisch ziehen lassen, da sie ihren Verhandlungshebel nicht vollständig nutzten. Im Unterschied zu vorherigen Präsidenten Bush und Obama wählt Präsident Trump einen aggressiven und konfrontativen Verhandlungsansatz, der das Risiko eines möglichen Handelskrieges beinhaltet. Aufgrund der merkantilistischen Sichtweise wäre ein Handelskrieg nach Wahrnehmung der Präsident Trumps allerdings nicht tragisch für die Wirtschaft der Vereinigten Staaten. Neben dem Risiko eines schädlichen Handelskrieges vernachlässigt die Trump-Administration jedoch zudem einen möglichen Schaden für die weiche Macht der Vereinigten Staaten, der durch die *America First*-Außenpolitik entsteht, und gefährdet den Führungsanspruch der Vereinigten Staaten. Für die Trump-Administration zählt nur zwingende beziehungsweise harte Macht. Metamacht und weicher Macht werden keine Beachtung geschenkt.

Dennoch lässt sich entgegen der Hypothese der Theorie der hegemonialen Stabilität, die als Folge des Aufstiegs Chinas und dem hegemonialen Untergang der Vereinigten Staaten eine Phase des Protektionismus prognostiziert und vorläufig durch den globalisierungskritischen US-Wahlkampf und die Wahl Trumps bestätigt wird, innenpolitisch keine mehrheitliche Zustimmung erkennen. Sowohl ein Großteil der amerikanischen Wirtschaft als auch die Mehrheit der amerikanischen Öffentlichkeit sehen weiterhin oder sogar zunehmend Globalisierung, Freihandel und Handelsabkommen als Chance und nicht als Bedrohung. Auch wenn die wohlwollende Hegemonie und eine liberale Handelspolitik der Vereinigten Staaten bis zu einem gewissen Grad ein Ende unter der Trump-Administration findet und ein drohender Handelskrieg dramatischen wirtschaftlichen, sozialen und politischen Schaden anrichten kann, könnte die mehrheitliche Befürwortung für Freihandel in der amerikanischen Wirtschaft und Öffentlichkeit einen dauerhaften Kurswechsel in der Handelspolitik verhindern.

Literatur

Acemoglu, Daron, D. Autor, D. Dorn, G. H. Hanson, und B. Price. 2014. Import Competition and the Great U.S. Employlemt Sag of the 2000s. *NBER Working Papers No. 20395.* http://www.nber.org/papers/w20395.pdf. Zugegriffen: 18. April 2017.

Bachrach, Peter, und M. S. Baratz. 1963. Decisions and Nondecisions: An Analytical Framework. *American Political Science Review* 57 (3): 632–642.

Bachrach, Peter, und M. S. Baratz. 1970. *Power and Poverty: Theory and Practice.* New York: Oxford University Press.

Barnett, Michael N., und R. Duvall. 2005. *Power in Global Governance.* Cambridge: Cambridge University Press.

Baumgartner, Tom, und T. R. Burns. 1975. The Structuring of International Economic Relations. *International Studies Quarterly* 19 (2): 126–159.

Behrens, Maria, und H. Janusch. 2013. Business as usual: Der ausbleibende Protektionismus in der Wirtschaftskrise. *Zeitschrift für Außen- und Sicherheitspolitik* 6 (5): 179–196.

Borger, Julian. 2017. Rex Tillerson: 'America first' means divorcing our policy from our values. *The Guardian*, 4. Mai. https://www.theguardian.com/us-news/2017/may/03/rex-tillerson-america-first-speech-trump-policy. Zugegriffen 14. März 2018.

Collard-Wexler, Allan, und J. de Loecker. 2015. Reallocation and Technology: Evidence from the US Steel Industry. *American Economic Review* 105 (1): 131–171.

Destler, Irving M. 2005. *American Trade Politics*. Washington, DC: Institute for International Economics.

Digeser, Peter. 1992. The Fourth Face of Power. *The Journal of Politics* 54 (4): 977–1007.

Evenett, Simon J., und M. Meier. 2008. An Interim Assessment of the US Trade Policy of 'Competitive Liberalization'. *World Economy* 31 (1): 31–66.

Gallarotti, Giulio M. 2011. Soft Power: What It Is, Why It's Important, and the Conditions for its Effective Use. *Journal of Political Power* 4 (1): 25–47.

Gilpin, Robert. 1981. *War and Change in World Politics*. Cambridge: Cambridge University Press.

Guzzini, Stefano. 1993. Structural Power: The Limits of Neorealist Power Analysis. *International Organization* 47 (3): 443–478.

Hendrix, Cullen S. 2016. Protectionism in the 2016 Elections: Causes and Consequences, Truths and Fictions. *Peterson Institution for International Economics*. https://piie.com/system/files/documents/pb16-20.pdf. Zugegriffen: 12. Dezember 2017.

International Monetary Fund. 2017. IMF Data Mapper: World Economic Outlook (October 2017). http://www.imf.org/external/datamapper/datasets/WEO/1. Zugegriffen: 12. Dezember 2017.

Janusch, Holger. 2015a. *Das Scheitern internationaler Verhandlungen: Eine vergleichende und qualitative Analyse der US-Handelspolitik*. Wiesbaden: VS Verlag für Sozialwissenschaften.

Janusch, Holger. 2015b. Labor Standards in U.S. Trade Politics. *Journal of World Trade* 49 (6): 1047–1071.

Janusch, Holger. 2016. *Bilaterale Verhandlungen der Vereinigten Staaten über Freihandelsabkommen: Von der Clinton-Ära bis zur Obama-Administration*. Wiesbaden: VS Verlag für Sozialwissenschaften.

Janusch, Holger. 2017. America First und der Rust Belt: Handelspolitik unter Donald Trump. *Politikum* 4: 16–25.

Janusch, Holger, und M. Witold. 2017. America First: Power and Geopolitics in US Trade Policy under President Trump. *Security and Peace* 35 (3): 110–114.

Jensen, J. Bradford, D. P. Quinn, und S. Weymouth. 2016. Winners and Losers in International Trade. The Effects on U.S. Presidential Voting. *NBER Working Paper*. http://www.nber.org/papers/w21899.pdf .Zugegriffen: 12. Dezember 2017.

Kennedy, Kevin. 2005. GATT 1994. In *The World Trade Organization: Legal, Economic and Political Analysis*, Hrsg. P. F. J. Macrory, A. E. Appleton und M. G. Plummer, 89–186. Dordrecht: Springer.

Keohane, Robert O. 1984. *After Hegemony: Cooperation and Discord in the World Political Economy*. Princeton: Princeton University Press.

Keohane, Robert O., und J. S. Nye. 1977. *Power and Interdependence: World Politics in Transition*. Boston: Little Brown and Comp.

Kindleberger, Charles P. 1973. *The World in Depression, 1929–1939*. Berkeley: University of California Press.

Krasner, Stephen D. 1976. State Power and the Structure of International Trade. *World Politics* 28 (3): 317–347.

Krasner, Stephen D. 1985. *Structural Conflict*. Berkeley: University of California Press.
Krugman, Paul, und M. Obstfeld. 2012. *Internationale Wirtschaft: Theorie und Politik der Außenwirtschaft*. München: Pearson.
Mearsheimer, John J. 2001. *The Tragedy of Great Power Politics*. New York: W.W. Norton & Company.
Murray, Mark. 2016. Majority of Voters Support Free Trade, Immigration: Poll. *NBC News*, 17. Juli. https://www.nbcnews.com/storyline/2016-conventions/majority-voters-support-free-trade-immigration-poll-n611176. Zugegriffen: 14.03.2018.
Navarro, Peter, und W. Ross. 2016. Scoring the Trump Economic Plan: Trade, Regulatory, & Energy Policy Impacts. https://assets.donaldjtrump.com/Trump_Economic_Plan.pdf. Zugegriffen: 18. April 2017.
NBC News/Wall Street Journal. 2016. NBC News/Wall Street Journal Survey, Hart Research Associates. https://de.scribd.com/document/318518107/NBC-News-Wall-Street-Journal-July-National-Poll. Zugegriffen: 12. Dezember 2017.
Newport, Frank. 2016. American Public Opinion on Foreign Trade. *Gallup*, 1. April. http://www.gallup.com/opinion/polling-matters/190427/american-public-opinion-foreign-trade.aspx. Zugegriffen: 12. Dezember 2017.
Nye, Joseph S. 2002. *The Paradox of American Power: Why the World's Only Superpower Can't Go It Alone*. Oxford [u. a.]: Oxford University Press.
Nye, Joseph S. 2011. *The Future of Power*. New York: PublicAffairs.
Pearson, Daniel R. 2017a. Au Contraire, Mr. President: Trade Deficit Is Not a Big Deal. *Cato Institute*, 9. Februar. https://www.cato.org/publications/commentary/au-contraire-mr-president-trade-deficit-not-big-deal. Zugegriffen: 18. April 2017.
Pearson, Daniel R. 2017b. Trade Deficit: Ask the Wrong Questions, Get the Wrong Answers. *Cato Institute*, 11. April. https://www.cato.org/publications/commentary/trade-deficit-ask-wrong-questions-get-wrong-answers. Zugegriffen: 18. April 2017.
Schattschneider, Elmer E. 1963[1935]. *Politics, Pressures and the Tariff: A Study of Free Private Enterprise in Pressure Politics, as Shown in the 1929–1930 Revision of the Tariff*. Hamden: Archon Books.
Smeltz, Dina, C. Kafura, und L. Wojtowicz. 2016. Actually, Americans Like Free Trade, Chicago Council on Global Affairs. *Chicago Council on Global Affairs*, 7. September. https://www.thechicagocouncil.org/publication/actually-americans-free-trade (Zugegriffen 12.12.2017).
Stokes, Bruce. 2016. Republicans, Especially Trump Supporters, See Free Trade Deals as Bad for U.S. Pew Research Center, 31. März. http://www.pewresearch.org/fact-tank/2016/03/31/republicans-especially-trump-supporters-see-free-trade-deals-as-bad-for-u-s. Zugegriffen: 12. Dezember 2017.
Trump, Donald J., und T. Schwartz. 1987. *Trump: The Art of the Deal*. New York: Random House.
United States Trade Representative. 2017. The President's 2017 Trade Policy Agenda. *Annual Report*. https://ustr.gov/sites/default/files/files/reports/2017/AnnualReport/Chapter%20I%20-%20The%20President's%20Trade%20Policy%20Agenda.pdf. Zugegriffen: 18. April 2017.
Weber, Max. 2002 [1921]. *Wirtschaft und Gesellschaft: Grundriss der verstehenden Soziologie*, 5. Aufl. Tübingen: Mohr Siebeck Verlag.
World Integrated Trade Solution. o. J. Database. *Worldbank*. https://wits.worldbank.org/WITS/WITS/Restricted/Login.aspx. Zugegriffen: 12. Dezember 2017.

Printed by Printforce, the Netherlands